國立中央圖書館出版品預行編目資料

中道探微 / 王甦著. -- 初版. -- 臺北市 : 文史哲, 民83
面 ; 公分. -- (文史哲學集成 ; 330)
ISBN 957-547-905-X(平裝)

1. 儒家 - 論文,講詞等

221.207 83010991

330 文史哲學集成

中道探微

著者：王甦
出版者：文史哲出版社
登記證字號：行政院新聞局局版臺業字五三三七號
發行人：彭正雄
發行所：文史哲出版社
印刷者：文史哲出版社
台北市羅斯福路一段七十二巷四號
郵撥〇五一二八八一二彭正雄帳戶
電話：三五一一〇二八

實價新台幣四八〇元

中華民國八十三年十一月初版

ISBN 957-547-905-X

自序

我中華文化博大精深，源遠流長，繼繼繩繩，歷五千年而業益光，道益盛，放之四海而皆準，百世以俟聖人而可法，其所以能繼天立極，歷久彌新者，一言以蔽之，執中而已，論語堯曰篇云：

「咨！爾舜！天之歷數在爾躬，允執其中，四海困窮，天祿永終。」舜亦以命禹。

「允執其中」一語，乃二帝三王相傳之心法，舜之執中，見於中庸；湯之執中，見於孟子，文王演易，見於史記，武王周公，並承家學，易道深矣，時中是尚，文武、周公遠承堯舜禹湯相傳之中道，至孔子集其大成。孔子「祖述堯舜，憲章文武」，心儀周公，脈絡分明，中庸載孔子之言曰：「君子而時中」，孟子稱孔子爲「聖之時」者。孔子作彖傳，言時者二十四卦，言中者三十五卦，象傳言時者六卦，言中者三十八卦。時中之義，至孔子而大明，孔子之孫子思，「括大易之要最，而爲中庸一書」，中庸明言：

喜怒哀樂之未發，謂之中；發而皆中節，謂之和。中也者，天下之大本也；和也者，天下之達道也。致中和，天地位焉，萬物育焉。

此數語指出萬化之本原，一心之妙用，學問之極功，聖人之能事、皆不出「中和」二字。大哉中道，永爲中華文化之基石，孟子精通於易，其進退辭受，惟義所在，屹然卓立於橫流，獨立於中道，有如大匠，守定繩墨。其集義養氣之說，只是要求事事合宜，件件至當，其欲正人心，息邪說，距詖行，放淫辭，旨在使之歸乎中道而已。論孟中庸皆言「中」，大學雖未言「中」，然大學之「止於至善」，即止於中也。蓋中與至善，名異而實同。天下事事物物莫不有「中」，中者，不偏不倚，停停當當，天理之所存是也。故王陽明云：「中者天理」。天下之事，豈有外於天理者乎？

近人孫智燊氏以「三至主義」釋時中曰：「動機至善，手段至當，效果至佳。」其言頗有可採。若大舜之「執兩用中」，顏子之「擇善固執」，皆可為「三至主義」之註脚。故明儒呂坤云：「除了中字，再沒道理。」就天時言，寒暑失中，四時失序，則萬物病；就人事言，飲食失中，起居失序，則一身病。進而言之，任何事業之成功，無不暗合乎中道；任何事業之失敗，亦莫不敗於失中。於此可知，中道是道理之恰好處，亦為成敗之關鍵所在。質言之：得中則成，失中則敗。是以聖人執中，以立天地萬物之極。堯舜之道，執中而已。吾人作事，一事得中，即是一事之堯舜，十事得中，即是十事之堯舜，推之萬事，莫不皆然。

中國者，禮義之國也，儒教者，禮義之教也。禮所以行其常，義所以盡其變。行其常者，經也；盡其變者，權也。經權兼舉，而皇極以立。夷夏之分在此，人禽之辨亦在此。然中道誠未易知，未易行。孔子曰：「人莫不飲食也，鮮能知味也。」飲食雖至平常之事，然若以其至平常而忽之，何由知味？必飲食工夫至當至精，然後能知味，能知味則能知中。書所謂「惟精惟一，允執厥中」者，必先有「惟精惟一」之至當工夫，而後有「允執厥中」之最佳效果。

易文言云：「知進退存亡，而不失其正者，其惟聖人乎！」能「不失其正」，而後能「允執其中」。大易之道，即大中至正之道，即可大可久之道。中道用於修身，則能心平氣和，文質彬彬，無入而不自得。用於爲學，則能溫故知新，擇善固執，精益求精，日新又新。用於齊家，則能父慈子孝，兄友弟恭，夫和妻順，敦親睦鄰。用於治國，則能知人善任，政通人和，民生樂利，弊絕風清。故云：「致中和，天地位焉，萬物育焉。」於此益可見「中」爲天下之大本，「和」爲天下之達道。聖人之能事，學問之極功，亦於此彰顯無遺。

當前之時代，乃是憂患之時代，人慾滋而天理翳，戾氣張而大義乖，異端充斥，邪說橫行，高唱民主以破壞民主，假借自由以妨害自由。傳統道德破產，憂患意識式微。此孟子所謂「上無道揆，下無法守。君子犯義，小人犯刑」之亂象，有識之士，莫不引以爲憂。正本清源之道，惟有發揚中道精神，加強憂患意識，崇尚倫理道德，重建社會秩序。須知重法治即所以保障民主，守秩序即所以保障自由。天下斷無無法治而有民主之國家，亦無無秩序而有自由之社會。舉凡街頭示威活動，群衆抗爭訴求，皆有違儒家之中道精神，流爲「小人而無忌憚」之徒。以此手段求治，無異抱薪救火，治絲益棼。中庸謂「萬物並育而不相害，道並行而不相悖」，並育並行，是統而觀之，以見大德之敦化。不害不悖，是析而觀之，以見小德之川流。如此則萬物各得其所，各遂其生，共存共榮，生生不息。此即中道精神之具體表現。

本書共收論文十七篇，約二十八萬言。其中以「中道」名篇者四：即「中道探微」、「用中之道」、「中道的時代意義」、「孟子的中道思想」。以「心學」名篇者二：即「孔子的心學」

、「孟子的心學」。凡此六篇，皆爲討論中道及實踐中道之切要工夫。其餘各篇，雖未涉及中道，然就其理言，則亦不離乎中道。本書首篇「中道探微」，原載於孔孟學報四十六期，今以篇名爲書名，其理由在此。其餘各篇，大都曾在「孔孟學報」或「孔孟月刊」發表。文字稍有增損，內容一仍舊貫。

輓近西方有識之士，知科學之昌明，不足以解決人類社會問題，而特別重視研究中華文化，尤其重視「時中」原理之運用，如杜威即主張時有變遷，惟求其當。此即禮記學記「當其可之謂時」之義。中華文化實以中道爲本，吾人如能將中道精神，落實於政治，落實於社會，所謂「執其兩端，用其中於民」，合內外之道，而時措之宜。大本旣立，則能撥亂反正，化民成俗。而中道文化必將成爲維繫世界和平之動力。行見二十一世紀，將成爲中道文化發揚光大之世紀。

本書承仁棟陳廖安、李兆蘋整理校正，諸多辛勞，謹此致謝。

中道探微 目次

中道探微

一、前　言

孔子德配天地，道冠古今。是偉人中的偉人，聖人中的聖人。達巷黨人贊美孔子說：「大哉孔子，博學而無所成名。」（論語子罕），其實，聖人之所以偉大，不止在於「博學」，而是在於道全德備，衆望所歸。子貢說：「他人之賢者，丘陵也，猶可踰也。仲尼日月也，無得而踰焉。人雖欲自絕，其何傷於日月乎？」（子張）日月，又高又明。孔子之道，有如日月經天，萬古常明，而光景常新。宋儒說：「天不生仲尼，萬古如長夜。」（註一）孔子是宇宙的光輝，人類的太陽。孔子不止是中國的大聖人，也是世界的大聖人。十九世紀中葉美國文學家艾默生曾說：「孔子的誕生，是全世界各民族的光榮。」（註二）孔子學說「本於人心，達於大同，始乎人文，通乎天地」（註三）。放之四海而皆準，百世以俟聖人而不惑。其影響於亞洲及歐洲各國，近者如日本、韓國、越南、泰國、馬來西亞、印尼、星洲等地。遠者如西德、法國、美國、烏拉圭等，對於孔子的思想，都表示很高的推崇，大韓民國於一九七〇年十一月成立孔子學會，日本最近研究孔子與論語的著述，不下百餘種之多。西德於名城科隆仙夢園中，興建中國城及孔子廟。美國衆議院通過九月二十八日爲美國教師節。一九八二年美國舊金山市舉行祭孔大典，雷根總統在賀詞中推崇孔子爲全人類的聖人，孔學爲世界永恆之路。烏拉圭首都的「和諧路」，已易名爲「孔夫子路」。至於歐美學者的著作中，對孔子學說深表推崇者頗不乏人，尤以晚近由於物質文明突飛猛進，而社會道德日趨低落，西方有識之士，轉而注意孔子思想的研究，以期拯救西方的文化危機，由此益證孔子思想的偉大。

抗日戰前，張孟劬曾說：「世界上三大寶物：一、易經，二、論語，三、老子。」（註四）先師魯先生也曾說：「中國有三件寶貝：一、方塊文字，二、歷史，三、儒家思想。」張、魯二位先生所說的論語和儒家思想，就是指的孔子學說。

二、隨時處中

中庸說：「君子之中庸也，君子而時中。」孟子說：「孔子聖之時者也。」（萬章下）所謂「時中」，就是「隨時處中」。「時」之義是在變化不同處，能於變化不同處得其「中」，便是時中，所謂「聖之時」的「時」字，即有「時中」之義。孟子稱孔子「可以仕則仕，可以止則止，可以久則久，可以速則速。」（公孫丑上）仕、止，是指出處而言，久、速，是指去就而言。

孔子說：「篤信好學，守死善道。危邦不入，亂邦不居。天下有道則見，無道則隱。」（論語泰伯）所謂「危邦不入，亂邦不居」，這就是去就之義；所謂「有道則見，無道則隱」，這就是出處之義，能夠仕止久速，皆得其宜；出處去就，無不合義，這就是「時中」。要做到「時中」，不是一件容易的事。中庸所謂「君子而時中」，這個「而」字耐人尋味。這句話含有「既是君子，又要時中」的意思。君子如果在窮理致知和實踐力行方面，稍有差失之處，就難免有「時」而不「中」了。所以張橫渠說：

時中之義甚大，須精義入神，始得觀其會通，以行其典禮，此方是眞義理也。行其典禮而不達會通，則有時而不中者矣。君子要多識前言往行以蓄其德者，以其看前言往行熟，則自能見得時中，此是窮理致知功夫。（註五）

梁任公認爲「時中兩個字，確是孔子學術的特色。」他說：

孔子所建設的是流動哲學，那基礎是擺在社會的動相上頭，自然是移步換形，刻刻不同了。時中，就是從前際後際的兩端，求出個中來適用。（註六）

時中是「流動哲學」，隨時變易，刻刻不同，必須因時制宜，不可執一無權。

三、精一執中

論語載堯授舜說：

「咨！爾舜！天之歷數在爾躬，允執厥中，四海困窮，天祿永終。」舜亦以命禹。（堯曰）

堯命舜這一段話，最重要的就是「允執其中」四個字，這四個字最重要的就是一個「中」字。至於舜命禹的話，尙書大禹謨增加了三句，而成爲「人心惟危，道心惟微，惟精惟一，允執厥中。」十六個字。朱子作中庸章句序，以此十六字爲舜禹以來相傳的道統，其後眞西山編心經，以此十六字冠首，認爲這是萬世心學的淵源。大禹謨雖是僞古文，但荀子解蔽篇亦有「人心之危，道心之微」的話，稱其出於道經，可見其說淵源有自，未可一概以僞視之。以現代的眼光來看，這十六個字就是一種憂患哲學。所謂「人心惟危，道心惟微。」就是一種憂患意識；「惟精惟一，允執厥中。」是善處憂患的方法。孔子說：「操之則存，舍之則亡。」（孟子告子上）「操之則存」，便能以道心爲主，而使人心聽命。「舍之則亡」，人若失去了主宰，那就要「危者愈危，微者愈微」，天理亡而人欲肆了。孔子贊美顏子說：

回之爲人也，擇乎中庸，得一善則拳拳服膺，而弗失之矣。（中庸）

顏子的「擇善」，就是「惟精」的工夫；顏子的「服膺弗失」，就是「惟一」的工夫。能做到「惟精惟一」，便能「允執厥中」。這個道理，朱子的中庸章句序說得最清楚，他說：

心之虛靈知覺，一而已矣。而以爲有人心道心之異者，則以其或生於形氣之私，或原於性命之正，而所以爲知覺者不同，是以或危殆而不安，或微妙而難見耳。然人莫不有是形，故雖上智不能無人心；亦莫不有是性，故雖下愚不能無道心，二者雜於方寸之間，而不知所以治之，則危者愈危，微者愈微，而天理之公，卒無以勝夫人欲之私矣。精則察夫二者之間而不雜也，一則守其本心之正而不離也。從事於斯，無少間斷，必使道心常爲一身之主，而人心每聽命焉。則危者安，微者著，而動靜云爲，自無過不及之差矣。（註七）

惟精偏重於致知的工夫；惟一偏重於力行的工夫。孔子教顏子博文約禮。博文貴致知，即是惟精，約禮重力行，就是惟一。中庸講「尊德性而道問學。」尊德性即是惟一；道問學即是惟精；其實，人心道心並不是二個心，惟精惟一亦不是兩件事，所以王陽明說：

人心之得其正者即道心，道心之失其正者即人心，初非有二心也。陽明又說：

惟一是惟精主意，惟精是惟一功夫，非唯精之外復有惟一也。（註八）

一個人能夠心存憂患意識，保持「臨深履薄」的戒愼態度，痛下「惟精惟一」的學問功夫，自然不難獲得「允執厥中」的效果。孔子說：

知及之，仁不能守之，雖得之，必失之。（衞靈公）

知及仁守，是進德修業的要法，知是擇善，守是固執，能夠擇善固執，知行並進，才能收到理想的效果。先總統　蔣公認爲「精一執中」的道理，是我國道統的正傳，而朱子的中庸章句序，是闡述這一道統的正解。「尤以動靜云爲自無過不及之差一語，以闡明中字之義，誠爲開示蘊奧明且盡者。」（註九）因而親書「精一執中」四字，加以詮釋，贈予哲嗣經國先生，作爲其六十生辰的賀禮，期其「對我國道統深切自勉」，庶幾能允執厥中，承擔國家重任。

四、中之特性

(一)主體性

主體性是「德性我」，它是以價值自覺爲內容。孟子所謂「本心」，所謂「良知」，皆指主體性而言，因其具有價值自覺。中庸說：

喜怒哀樂之未發，謂之中；發而皆中節，謂之和。中也者，天下之大本也；和也者，天下之達道也。

喜怒哀樂是情，未發時是性，以其無所偏倚，故謂之中。中是道之體，和是道之用。聖人之學，以中爲大本，中即是道，亦即是天理，亦即是天命之性，亦即是心靈之本體，亦即是道德之主體。他是一個超越的形上的眞實的主體。簡單的說，這個主體，也就是孔子所說的仁。這個主體是「寂然不動」、「感而遂通」的；是「生生不已」、「強誠不息」的。隨着道德主體的活動，而能「顯諸仁，藏諸用」。孔子說：

里仁爲美，擇不處仁，焉得知？（里仁）

何晏集解引鄭玄說：「里者，仁之所居，居於仁者之里，是爲美。求居而不處仁者之里，不得爲有知。」朱注：「里有仁厚之俗爲美，擇里而不居於是焉，則失其是非之本心，而不得爲知矣。」朱子略本鄭說而以擇鄰爲言，擇不處仁，即失其是非，其德性之主體便不能透顯。因擇里一事而失其本心，不無「言重」之嫌。然孟子曾說：「矢人豈不仁於函人哉？矢人惟恐不傷人，函人惟恐傷人，故術不可不愼也。孔子曰：『里仁爲美，擇不處仁，焉得智？』夫仁，天之尊爵也，人之安宅也。」（公孫丑上）孟子以「仁爲人之安宅」，則指立身宅心而言。皇疏引沈居士說：「言所居之里，尙以仁地爲美，況擇身所處，而不處仁道，安得智乎？」沈氏兼採孟子及鄭玄之說，於義較爲圓融。

道德的主體，是價值標準的根源，也是明辨是非的準則，只要主體不昧，天君泰然，便能透顯價值的自覺，而好其所當好，惡其所當惡。所以孔子說：

惟仁者，能好人，能惡人。（里仁）

朱註：「蓋無私心然後好惡當於理。」無私心便是「廓然大公」的本體，這是「中」之體；好惡當於理，便能無所偏倚，無過不及，這是「中」之用。王陽明說：「書所謂無有作好作惡，方是本體。」（同註八）「無有作好作惡」，正指無私心而言，所謂「能好人，能惡人」，其中兩「能」字乃表示必有充足之條件而後可，此充足之條件，即是「廓然大公」之仁體。仁者知此理在我，故能善善惡惡，泛應曲當。隨時裁處，允執其中。

㈡平衡性

水能載舟，亦能覆舟。風平浪靜，舟必平穩；風高浪大，舟易傾覆。水和舟的比重保持平衡，船行必安；水和舟的比重失去平衡，舟行必危。就物理而論，宇宙間的萬物時時在變化之中，其每一變化都有傾向平衡的趨勢，當此種平衡趨勢到達平衡之後，受到某種環境的影響，即改變其平衡趨勢，以期另行建立一個新的平衡體系。一個體系與其環境間的變化，慢慢地趨向平衡狀態，這樣變化的過程，稱爲平衡過程。例如調節室內溫度，以維持人體正常的溫度，因爲這樣的措施，是在適應體系的變化，使其經過平穩而持久，所以又可稱爲適性過程。（註一〇）一個人的修身立命，一個國家的長治久安，都需要好好運用這一平衡原理。

孔子的中道思想，即是基於平衡原理。中庸說：「喜怒哀樂之未發，謂之中。」這是指「寂然不動」的本體平衡狀態。又說：「發而皆中節，謂之和。」這是指「感而遂通」的發用的平衡狀態。大學說：

身（當作心）有所忿懥，則不得其正；有所恐懼，則不得其正；有所好樂，則不得其正；有所憂患，則不得其正。

大學所云忿懥、恐懼、好樂、憂患四者之所以不得其正，那是因爲「欲動情勝」，心理失去平衡。如果本體虛靈不昧，如鑑之空，如衡之平，妍媸高下，隨物賦形，那就能隨時得中，也就隨時得正了。孔子說：

亡而爲有，虛而爲盈，約而爲泰，難乎有恒矣。（述而）

有爲有，無爲無，盈爲盈，虛爲虛，泰爲泰，約爲約。實實在在，表裏如一，方能有恒。如果是「亡而爲有，虛而爲盈，約而爲泰」，這是作僞，這是不實。作僞不實，自欺欺人，反乎常道，心理失去平衡，內外不能合一，表現於行爲方面，便不能始終如一，自然也就難乎有恒了。

就政治方面而言，也是同樣的道理。一個國家的行政措施，必須合乎平衡的原則，才能維持政治的安定。魯哀公問孔子說：

何爲則民服？孔子對曰：舉直錯諸枉，則民服；舉枉錯諸直，則民不服。（爲政）

好直而惡枉，是人之常情。「舉直錯諸枉」，則人心得其平；「舉枉錯諸直」，則人心不得其平。得其平，自然相安無事；不得其平，就容易發生事端。所謂「不平則鳴」，就是這個道理。季氏將伐顓臾，冉有和子路去見孔子，孔子說：

丘也聞：有國家者，不患寡而患不均；不患貧而患不安。蓋均無貧，和無寡，安無傾。夫如是，故遠人不服，則修文德以來之。既來之，則安之。今由與求也，相夫子，遠人不服而不能來也，邦分崩離析，而不能守也，而謀動干戈於邦內，吾恐季孫之憂，不在顓臾，而在蕭牆之內也。（季氏）

安內始能攘外，一個國家應以安內爲主，攘外是不得已。孔子所說「均無貧，和無寡，安無傾」的話，就是安內的要求和效果。三句歸重在一個「均」字。「均」就是平衡，惟均才能和，惟和才能安。「遠人不服而不能來；邦分崩離析而不能守。」這兩句側重在下句的「不能守」，「不能守」，所以「分崩離析」，政治措施失去平衡，政治局面無法安定，就難免要發生蕭牆之變。季氏謀伐顓臾，違反了攘外必先安內的平衡原理。孔子教訓冉求和子路的一番話，深具政治哲理，可以作爲行政安民的指導原則。

㈢和諧性

宇宙是一個明確有序的和諧系統，宇宙間的星體，是有系統有規律的運動，各循軌道，和諧前進，時時調整，保持距離。宇宙萬物，也是相輔相成，而生生不已的。中庸說：

萬物並育而不相害，道並行而不相悖。小德川流，大德敦化，此天地之所以爲大也。

朱註：「所以不害不悖者，小德之川流；所以並育並行者，大德之敦化。小德者全體之分，大德者萬殊之本。」不害、不悖、並育、並行，這是自然的和諧。生態學家作一實驗，用一個眞空的玻璃瓶，放進一隻老鼠及一株植物，由於老鼠放出二氧化碳，而植物放出氧氣，結果二者都能生存。如二者去其一，則不能生存。可見萬物皆互相依賴，生態才能保持平衡，和諧共存，生生不已。

孔子是主張法天的，法天是要觀察宇宙自然和諧的法則，以建立人道當然的倫理。調和人與人之間的關係，達到和諧圓滿的境界。孔子對曾子說：

參乎，吾道一以貫之。曾子曰：唯。子出，門人問曰：何謂也？曾子曰：夫子之道，忠恕而已矣。（里仁）

就字形來講：中心爲忠，如心爲恕。就字義來講：盡己爲忠，推己爲恕。忠是盡其在我，側重修己；恕是推己及人，側重安人。忠恕二者，是永恒不變的共同道德法則。就儒家思想的精神而論，忠恕只是一理，修己安人只是一事。中庸說：「忠恕違道不遠，施諸己而不願，亦勿施於人。」此似以恕包含忠。子貢問孔子終身可行之道，孔子告以：「其恕乎，己所不欲，勿施於人。」忠是體，恕是用，發出忠的心，便是恕的事。「己所不欲，勿施於人」，實含有「自由平等」的精神。大學論絜矩之道說：

所惡於上，毋以使下；所惡於下，毋以事上；所惡於前，毋以先後；所惡於後，毋以從前；所惡於右，毋以交於左；所惡於左，毋以交於右，此之謂絜矩之道。

大學這一段話，無異是恕道的發揮。凡事能設身處地，爲他人着想；自然心平氣和，彼此各守分際，保持和諧的關係。由勉強而行，久而久之，習慣成自然，這便能到達高度和諧、善與人同的境界。孟子所謂「強恕而行，求仁莫近焉。」（盡心上）其道理也就在此。所以立夫先生認爲「忠恕之道、絜矩之道，均出於『中』的基本原理。」（註一一）

㈣權宜性

道之所貴者中，中之所貴者權。中須合乎禮，權須合乎義。知中然後能知權，守經然後能達變。孔子說：

可與共學，未可與適道。可與適道，未可與立。可與立，未可與權。（子罕）

立是立於禮，權是權於義。禮是常道，權是變道；禮是中，權是時中。邵康節說：「權所以平物之輕重，聖人行權，酌其輕重而行之，合其宜而已。」（註一二）聖人行權，取其應變適宜爲義。應變適宜，便寓反經合道之意。如孟子所說：「男女授受不親，禮也。嫂溺援之以手者，權也。」（離婁上）惟事有輕重，理有深淺，而權亦有不同的層次。如「嫂溺援之以手」之權，在常人亦能爲之，因爲生死關頭，重於授受小禮。兩者相權，輕重立判，不待智者而後知之。朱子說：「以義權之，而後得中。義似秤，權是將這秤去稱量，中是物得其平處。」（註一三）又說：「權是那精微曲折處，非見理大段精審不能識」。（同上）權是秤錘，義是秤。行權時須要將秤錘移來移去，以求「物得其平」，合乎中道。孔子說：「君子之於天下也，無適也，無莫也，義之於比。」（里仁）又說：「我則異於是，無可無不可。」（微子）這裏的「無可無不可」，就是「無適也，無莫也」的註脚。孔子下列的話，頗能表現「義之與比」的精神。

麻冕，禮也，今也純，儉，吾從衆。拜下，禮也，今拜乎上，泰也，雖違衆，吾從下。（子罕）

純是黑絲，較麻爲儉。孔子對於「冕」則違禮而從衆，對於「拜」則從禮而違衆。違禮與從禮，違衆與從衆，從違之間，在孔子必有一個準則，作爲道德實踐的依據。這個準則就是義。孔子所以要違禮從衆而用純冕，因爲純冕價廉而有合於義。所以要從禮違衆而拜乎上，因爲拜上驕泰而有害於義。至其對於義與不義、過與不及的判斷，是基於主體性的德性之知。由此德性之知所權度的中道，是屬於最高層次的絕對性，不爲任何事物所對偶。不過，由於現實環境的影響，有時不能不降而求其次，作爲判斷過或不及者之標準，或儼然與所判斷者，成爲對偶性之兩端。

（註一四）此在論語所載孔子對日常生活之提示，最能表現此種精神，茲舉數則如下：

①先進於禮樂，野人也；後進於禮樂，君子也。如用之，則吾從先進。（先進）

②奢則不孫，儉則固，與其不孫也，寧固。（述而）

③不得中行而與之，必也狂狷乎！狂者進取，狷者有所不爲也。（子路）

以上三條，皆爲「過與不及」者，「先進於禮樂」者，質勝其文，故時人謂之「野人」；「後進於禮樂」者，文勝其質，而時人反謂之「君子」，孔子欲救周末文勝質之弊，故主張「從先進」，意在移風易俗，在孔子的理想，當然是用「文質彬彬」的君子。但君子不可必得，故不得已而求其次。

②條「奢」與「儉」各爲一端，奢失之過，儉失之不及，二者皆不合乎中道。然奢之害大，儉之害小，故孔子權衡得失，主張寧固毋奢，亦是挽救時弊的權宜之計。

③條的「中行」就是「中道」，孟子申述說：「孔子不得中道而與之，必也狂狷乎？狂者進取，狷者有所不爲也。孔子豈不欲中道者，不可必得，故思其次也。」（盡心下）狂者有爲，而不免好高；狷者有守，而不免過激。孔子思有以裁抑狂者之過，而激勵狷者之不及，使狂狷皆能進於中道，這是孔子施教的理想目標。

至於對偶性的兩端，孔子或二者並重，或二者偏取其一。然在孔子的心目中，自有其理想的價值標準，自有其絕對的道德主體性，而「執兩用中」之「中」，即在道德的實踐上彰顯其價值，而表現聖賢學問的精義，細繹孔子下列各條的話，莫不有其至理。

①學而不思則罔，思而不學則殆。（爲政）

②君子和而不同，小人同而不和。（子路）

③晉文公譎而不正，齊桓公正而不譎。（憲問）

④可與言，而不與之言，失人；不可與言，而與之言，失言。知者不失人，亦不失言。（衛靈公）

①條主張學與思並重，學是學其事，思是思其理。「學而不思」與「思而不學」各有不良後

果，必須「學」與「思」互相補助，才能消除不良後果，而收相互發明、相得益彰的實效。就學思二者而言，孔子之意則較重於學，所以他曾說：「吾嘗終日不食、終夜不寢，以思、無益，不如學也。」（衞靈公）②條取「君子和而不同」，③條取「齊桓公正而不譎」，這是兩端而取其一端，且語寓褒貶之義。其中尤以「和而不同」四字，最能表現孔子的中道精神。和如和羹，異味而相調；同如雷同，隨聲而一致。異味相調，是實質的融和；隨聲一致，是表面的妥協。和是同道相濟，而無乖戾之心；同是貌合神離，而是各懷鬼胎。④條孔子教人以語默中節之宜，「可與言」與「不可與言」構成兩端。「可與言而不與之言」，這是當語而默；「不可與言而與之言」，這是當默而語。語默之當在於知人之明，語默之不當，在於知人之不明。所以本條的重點不在於語默，而在於知人。書經說：「知人則哲」（註一五）知者識見精明，權度素定，當語則語，當默則默，既不失人，亦不失言。孔子雖歸重在「知人」，然欲「知人」之明，亦必要能「知言」。所以孔子曾說：「不知言，無以知人也。」（堯曰）言爲心聲，能知言，則人無可遁之情，己有必明之理。此可見語默之宜，知人之明，其間正有極精微的學問工夫。功夫既熟，理明義精，是非了然於心，如持權衡以較輕重，自能發而中節，語默得宜。

五、中之表現

聖人之學，以中爲本，以和爲用，然吾人立身處事，何所準據而知「過與不及」，此須求之此心，心體不昧，自有權衡。然亦須平日內省修德，勤加學問之功，養之有素，義理昭著，自能泛應曲當，允執其中。以孔子之聖，猶以「德之不修，學之不講」爲憂，是知聖賢原無討便宜的學問，而中道的境界，更非一蹴可幾。孔子說：

天下國家可均也，爵祿可辭也，白刃可蹈也，中庸不可能也。（中庸第九章）

朱註：「均，平治也。」此章先擧三者之難，以見中庸之尤難。可均似智，如管仲之相齊，蕭和之相漢。可辭似仁，如介之推之逃隱，荷條丈人之不仕。可蹈似勇，如先軫之死於狄，子路之死於衞。以上三者，雖亦爲常人之所難，然皆不免出於氣質之偏，而未能合於義理之中。朱註說：「三者難而易，中庸易而難」，「難而易」，因其偏於氣質；「易而難」，因須恰到好處。所謂「中庸不可能」，只是義難到「精」處，仁難到「熟」處，克己難到「無私」處。

子路問強。子曰：南方之強與？北方之強與？抑而強與？寬柔以教，不報無道，南方之強也；君子居之。衽金革，死而不厭，北方之強也；而強者居之。故君子和而不流，強哉矯；中立而不倚，強哉矯；國有道，不變塞焉，強哉矯；國無道，至死不變，強哉矯。（中庸第十章）

衽，衣衽，此作動詞用，有穿帶之義。南方之人，以寬容柔順之態度教人，有時人以橫逆加之，亦不與之計較，這是有意含容，不無氣質之偏。與孔子的「誨人不倦」、顏子的「犯而不校」，有相當的距離。朱註說：「南方風氣柔弱，故以含忍之力勝人爲強。」這是南方之強的不及中處。北方之人，披甲持兵，勇於戰鬥，雖死不悔，朱註說：「北方風氣剛勁，故以果敢之力勝人爲強。」這是北方之強的過於中處。南方之強近於恕，猶有君子之風；北方之強近於悍，不過爲血氣之勇。孔子又提示君子之強的四種典型，以告子路，所以長其善而救其失，茲分別論述如下：

㈠和而不流

和以處衆，然處衆必先處己，秉心公正，作事合理，有和平之心，無乖戾之氣，不立異以鳴高，不矯情以絕物，不偏執私見，不同流合汚，站穩立場，外圓內方，這就是「和而不流」。孔子又說：「君子和而不同」（論語子路）「同」則失去立場，「不同」自然「不流」。以現代眼光觀之，「和而不同」是自由民主的精神，自由民主皆需要團結，惟「和」才能團結，惟團結才能進步。自由不是一盤散沙，而是於大和中保持小異。其實，不同、不流也就是對自由的尊重。所謂「己所不欲，勿施於人」（顏淵）彼此將心比心，便能和諧相處，這就是自由的保障。民主是要集思廣益，服從多數，綜合各種不同的意見，而以大多數人的利益爲依歸，這就是積極的「和」。但在另一方面，也要尊重少數人的意見，以表寬容異己的雅量，這就是消極的「和」。而「不流」與「不同」，正顯示出「和」的基本精神，也肯定了「和」的價值標準。更反映出易流之「和」與易同之「和」，均非君子之「和」。「和」是柔德，而柔中却含有「不流」、「不同」的剛德。

㈡中立而不倚

中立是中道而立，不偏不倚。偏則不中，倚則不正。中立是剛德，孔子說：「吾未見剛者。」

」或對曰：「申棖。」子曰：「棖也慾，焉得剛？」（公冶長）剛與慾相反，剛者不屈於慾，便能卓然自立。人心惟危，惟剛可以制之；道心惟微，惟剛可以扶之。剛即是中，剛即是強，擇乎義理之中，守而弗失，此即自強之道。所謂「不倚」，一是不倚於私智，而能克己自勝，以理自持。二是不倚於外力，而能立定脚跟，自我作主。三是服膺弗失，擇善固執，堅持到底。有人問朱子：

　惠和而不流，甚分明。夷如何是中立不倚處？曰：如文王善養老，他便來歸，及武王伐紂，他又自不從而去，只此便是他中立不倚處。（註一六）

所以「中立而不倚」要有定見，有主張，又能「有所爲，有所不爲」，一切操之在我。以今語譯之，就是一種獨立自強的精神。要能獨立自強，必須自己拿定主意，明辨是非，有爲有守。勿存依賴之心，更不可觀望等待，自我陶醉。而是要面對現實，堅苦卓絕，加強憂患意識，鬥志而不鬥氣。國父說：「存在之根源，無不在於國家及其國民獨立不撓之精神。」（註一七）今天我們堅持以「三民主義統一中國」的國策，就是這種精神的具體表現。

㈢國有道不變塞焉

塞是通塞之塞，指未達之時，常人達而得意，每易喪其所守。君子當國家有道之時，必能學以致用，行道濟時，而不至驕奢淫逸，以變其未達時之所守。孔子答子貢之問，以「富而好禮」（學而）爲尚。蓋因好禮者操持堅定，自能循理制欲，擇乎處達之理。

今天臺灣以蕞爾小島，人口不過一千八百萬，近兩年出口貿易總額達三百餘億美元，其經濟繁榮進步，民生安和樂利，創造了中國歷史上最大的奇蹟。（註一八）隨着物質文明的發展，國民所得的提高，導致物慾的沉迷，犯罪比率的上升。晏安酖毒的陷阱，可以埋沒中興復國的壯志，有識之士莫不引以為憂。蔣總統經國先生提出「勤儉建國」的昭示，就是匡救時弊的良藥。而其根本之圖，必須痛下克己的工夫。

㈣國無道至死不變

國家無道，政治黑暗，君子處境困窮，而能安貧知命，守義不屈。雖遭橫逆迫害，亦不枉道徇私。孟子所謂「貧賤不能移，威武不能屈」（滕文公下）即是此種精神的表現。推其行之極致，雖「殺身成仁」「捨生取義」，亦是甘之如飴，心安理得。朱子說：

> 國有道則有達之理，故不變其未達之所守。若國無道，則有不幸而死之理。故不變其平生之所守。不變其未達之所守易，不變其平生之所守難。（註一九）

千古艱難惟一死，「死或重於泰山，或輕於鴻毛」。（註二〇）如比干忠諫而死，顏杲卿罵賊而死，乃至革命先烈的殺身成仁，皆是死得其所，大義凜然，忠勇足式，永垂不朽。雖死之日，猶生之年。

六、結論

孔子之道，就是中庸之道。「中」離不開「和」，張九成說：「中即和，作事合理，人情自不乖。」（註二一）合情合理，自然能和。就中和而言，和以中爲體，中以和爲用。故言「和」而「中」在其中，「中」不可見，於「和」處見之。「中」之權衡在心，「中」之準則在理。理之所在，即是中道，惟窮理不深，則無所準則，而有過與不及之患。如宰予以短喪爲安，是以不可爲可。子路以正名爲迂，是以可爲不可。二子親炙聖人之教，名列四科之中，尚且有失中道，何況後之學者，豈可不加窮理之功？程子說：「中字最難識，須是默識心通。」（註二二）要能「默識心通」，必須窮理致知，窮理既明，準則在心。以之處己，便能中道而立，明善誠身；以之待人，便能和諸相處，和衷共濟；以之處事，便能條理井然，得其環中；以之治學，便能博文約禮，事半功倍；以之應變，便能因時制宜，胥得其當。中庸說：「君子動而世爲天下道，行而世爲天下法，言而世爲天下則。」這無異是中道精神極致的表現。

【附註】

註一：朱子曰：天不生仲尼，萬古如長夜。唐子西嘗於一郵亭梁間見此，語蔡季通云：天先生伏義、堯、舜、文王，後不生孔子亦不得。見性理大全卷三八，頁一。

註二：孔孟月刊二三五期鄒今幹「孔子禮讚點滴」，頁二九。

註三：陳立夫先生主編「孔子學說對世界之影響」頁二六。

註四：熊十力著「體用論」頁三三五。

註五：朱子語類卷六十三，中庸第二章。

註　六：梁啓超著「孔子」第六節。
註　七：「朱子大全」卷七十六「中庸章句序」。
註　八：「王陽明全書」第一册，「傳習錄上」。
註　九：中央日報「領袖精神萬古常新」頁四。
註一〇：參見孔孟月刊二三二期王一三先生「儒家政治思想的適應性和仁義的功能」。
註一一：見四書道貫正心篇，頁二九一。
註一二：宋元學案卷八，百源學案。
註一三：朱子語類卷三七。
註一四：參見朱維煥先生「執兩用中」釋義，人生三〇三期。
註一五：虞夏書臯陶謨。
註一六：「朱子異同條辨」中庸卷一，頁九三。
註一七：民國六年　國父所撰「中國存亡問題」之十。
註一八：詳見卜少夫「海峽兩岸對比」一文。
註一九：「朱子語類」卷六十三，中庸第十章。
註二〇：語見「太史公報任少卿書」，文選卷四十一。
註二一：「宋元學案」卷三十六，橫浦學案。
註二二：「二程全書」遺書十八，頁二四。

用中之道

一、前　言

中道就是中庸之道，什麼是中庸，程子說：「不偏之謂中，不易之謂庸，中者天下之正道，庸者天下之定理。」（註一）程子對中庸的解釋，容易使人發生誤解，以爲「不偏」就是中間路線，「不易」就是墨守成規。而程子的本意並非如此。其實，中庸只是一個詞，只是一件事，只是一個道理，不可分開來解釋。試看孔子下列的話：

中庸之爲德也，其至矣乎！民鮮久矣。（論語雍也）

人皆曰「予知」，擇乎中庸，而不能期月守也。（中庸第七章）

天下國家可均也，爵祿可辭也，白刃可蹈也，中庸不可能也。（中庸第九章）

君子依乎中庸，遯世不見知而不悔。（中庸第十一章）

以上皆以中庸二字連言，以中庸爲一個詞，爲一種德行。單言「庸」的，在中庸就只有「庸德之行，庸言之謹」一條，而單言「中」的地方卻很多，是知中庸二字，不是平衡對擧，不可等量齊觀。故徐復觀先生謂「中之觀念，實重於庸之觀念」（註二）。吾人只要通觀中庸全書，即可發現此理。可知對「中庸」的瞭解，必須基於對「中」的瞭解。所以中庸之道也就是「中道」，通觀四書，「中」的觀念無所不在，論語的「中行」，就是孟子的「中道」，大學雖不言「中」，而實際上大學之道，就是中道，大學的「至善」就是「中」，中與至善，其名雖異，其理則同，故韓儒李晦齋以「至善爲中」（註三），蕭天石謂「中則至善」（註四），皆強調「中」的重要，肯定「中」的價值。「中」是儒家思想的重要觀念，也是中華文化的傳統思想，是堯舜禹湯歷聖相傳的心法，至孔子而集其大成。華仲麐先生以其多年研讀論語的體驗，認爲「其中要義中的要義，就貫注在一個『中』字，處處表顯中庸的精神。」（註五）所以「中」字觀念，實在是孔學的特色。中庸說：「君子而時中」，實在是「夫子自道」。孟子稱孔子爲「聖之時」者（孟子萬章篇下）。這「聖之時」的「時」字，也就是中庸的時中。

二、「中」的涵意

什麼是「中」，中庸云：「喜怒哀樂之未發，謂之中，發而皆中節，謂之和。中也者，天下之大本也，和也者，天下之達道也。」

喜怒哀樂未發之「中」，是指本體而言，一個人在喜怒哀樂未發之前，心平氣和，無思無慮，寂然不動，無所偏倚，故謂之中。發而中節，情得其正，無所乖戾，故謂之和。此時的「和」，「中」在其中。中與和，是連續性的整體，是由靜到動的過程，「中就是靜的和，和就是動的中。所謂中和，就是本體實現的過程。」（註六）本體之中，就是性，儒家之學，體用兼賅，有體必有用。未發之中是體，已發之和是用。故言「和」則「中」在其中。朱子釋「中」云：「中者，不偏不倚，無過不及之名」（註七）「不偏不倚」，指未發的大本，也就是中之體而言。「無過不及」，指已發的達道，也就是中之用而言。中庸之「中」，實兼體用，但其大旨，歸重在時中上，未發之中是體，時中之中是用。前者是性理之本然，後者是事理之當然。由中和大本之中，發而為中庸時中之中，是乃由體而達用。（註八）王陽明認為「中只是天理」，天理如明鏡然，全體瑩澈，略無纖塵染着。以其無所偏倚，故謂之中。偏倚是有所染着，譬如病瘧之人，雖有時不發，而病根原不曾除，須是掃除私心，無復纖毫留滯，而此心全體廓然，純是天理，方可謂之喜怒哀樂未發之中。（註九）陽明所云之「中」，亦指本體而言。本體因不同的感，而產生不同的應，但必須本體瑩澈，才能機動靈敏，泛應曲當，使主觀的心性與客觀的環境，配合得恰到好處，若心有所染，或心不在焉，那就不得其正，發而不中節了，所以從本體的中和觀念來看中庸的中，必須經過省察克治的工夫，以去其外誘之私，存養其本然之善，使此心純乎天理，才能於靜時保持無所偏倚之中，於動時而有無所乖戾之和。

陳立夫先生云：在吾國文字中，中作為名詞時，其義為重心點；作為動詞時，其義為射中鵠的；作為形容詞，其義為恰到好處，詞性不同，三義一貫。朱子所謂『不偏不倚，

無過不及』者，即恰到好處之義。（註一〇）

陳先生所云「恰到好處」的「中」，雖是指形容詞而言，但並不是單純的形容詞。因此種「恰到好處」，必須落實於本體之中，才有其意義與價值。蓋喜怒哀樂未發之中，與發而皆中節之和，乃是由體達用的過程，是傾向和諧、止於至善的境地。

蔣公中正云：這中庸之「中」，乃是「大中至正」、「中立不倚」、「屹立不搖」之謂。亦即所謂「主敬立極」，所謂「擇善固執」，所謂「允執厥中」之意。（註一一）可見恰到好處的中，有其至正至善的內涵，有其不倚不搖的特性。立夫先生所云「三義一貫」，也說明了「中」的多元性涵義，有其一貫性的關係。

三、「中」的原理

(一)中與仁

「恰到好處」的「中」，不是指空洞的形式，而是有其豐富的內涵，而此豐富的內涵，必有其活水源頭，此活水源頭，就是一個「仁」字。孔子贊美顏回「其心三月不違仁」（論語雍也）仁是心之德，順此德心便安，違此德心便不安。孟子云：「仁，人心也。」（孟子告子篇上）人心就是仁體，仁體即是「沖寂明覺之自性」（註一二）保持自性明覺，毫無私欲之萌，心與仁便一，一便不違，時時反求本心，洞識仁體，以求理得心安，便是守仁的實功，然此種工夫，實未易言，須臾有間，一念稍差，其心便放。故孔子教人「無終食之間違仁，造次必於是，顛沛必於是。」（論語里仁）所以必須時時提高警覺，一刻不可緩，一念不可放，保持平常的心情，循守自然的法度，能使「天理流行」，自然中節，才算「生活的恰好」。

梁漱溟云：「仁」與「中」異名同實，都是指那心理的平衡狀態。中即平衡、歸寂，即以求平衡。惟其平衡，則有不合此平衡者就不安，而求其安，於是又得一平衡。（註一三）

梁氏謂「仁」爲心理平衡的狀態，這種平衡的狀態，就是中庸喜怒哀樂未發之「中」，所以他說「中即平衡、歸寂」，歸寂，所以通感，通感再求平衡。梁氏此說實本之明儒聶文豹，文豹主張「歸寂以通天下之感」（註一四），寂是性，感是情；寂是體，感是用。其實寂感無二理，性情非兩事。

聶文豹云：夫無時不寂，無時不感者，心之體也。感惟其時而主之以寂者，學問之功也。故謂寂感有二時者非也，謂夫無分於寂感，而不知歸寂以主夫感者，又豈得爲是哉？（同註一四）

寂感以心言，心之體即是仁體。即是釋氏之本心，陽明之良知，亦即牟宗三先生所云「道德的主體」（註一五）。常存戒懼，求復本體，然後能隨感而應，發無不中。明道云：「天地之間，只有一個感與應而已。」（註一六）感與應都是「仁」的作用，本體明徹，無所虧欠，無所偏倚，然後得感應之正：宰我安於短喪，孔子斥其「不仁」（註一七），不仁則失其本心，孔子教人求仁，就是要人做到理得心安。孔子云：「人而不仁，如禮何？人而不仁，如樂何？」（論語八佾）朱註引程子云：「仁者，天下之正理，失正理，則無序而不和。」仁爲禮樂之本，禮是仁之貌，樂是仁之和，古人具中正之體以制禮，具中和之體以作樂。故禮樂的精神，皆自仁體自然流出。人而不仁，則失其本心，失其正理，表裏不相應，故「無序而不和」，如此，禮樂便成虛文。其實，非止禮樂如此，凡事莫不如此。

㈡中與義

仁者，天下之正理；義者，天下之正道。故孟子云：「仁，人心也；義，人路也。」（告子上篇）義是行爲的準則，中庸云：「義者，宜也。」行爲適當，就是義，然行爲之適當，不僅在行爲的本身，尤在於能合情合理，韓昌黎以「行而宜之」釋義，王陽明以「心得其宜」爲義（註一八），前者重在「行」，後者重在「心」，其實，「行」不能離「心」，「心」亦不能離「行」，必須表裏一致，心得其宜而行得其中，做得「恰到好處」，才是義的極則。

作事「恰到好處」，就道德方面說，必須如此做，方可在道德上得到最高的評價。就利害方面說，必須如此做，才能在事業上得到最大的利益（註一九）。所謂必須如此做，就是要爲其所當爲。這一個「當」字很重要。「當」要合情合理，無過不及。孔子批評微生高云：「孰謂微生高直？或乞醯焉，乞諸其鄰而與之。」（論語公冶長）有人來乞醯，自家沒有，鄰人有之，或以實相告，或往助其求，皆無不可。而微生高乞諸其鄰，不告以求者之意，朱註謂其「曲意徇物，掠美市恩」，不合乎義，不得爲直。又如孔子批評臧文仲云：「臧文仲其竊位者與？知柳下惠之賢而不與立也。」（衞靈公）臧文仲是魯國大夫，有舉用賢才之責。爵位是國家待賢的公器，非個人可得而私。臧文仲知賢而不能舉，是見義而不能爲。存心不公，蔽賢抑能，尸位素餐，私心自用，孔子譏其竊位，有春秋責備賢者之意。

上述二事，微生高掠美市恩是「過」，臧文仲「知賢不舉」是「不及」，「過」與「不及」皆非中道。市恩有害於「直」，蔽賢有傷於「仁」，二者皆不得其宜，皆不合乎義，所以義爲行爲的準則。行爲合義則善，行爲違義則不善，行爲合義則「中」，行爲違義則失「中」。

胡止歸云：孔子所言之「中」，乃係「是」其所當「是」，「非」其所當「非」之「中」，而非游離於「是」「非」兩端之「中」。止歸案：依論語上論所考見，孔子所言於「奢」「儉」之「中」取其「儉」，「言」「行」之「中」取其「行」，「義」「利」之「中」取其「義」，「周」「比」之中取其「周」。字義之正反、善惡，顯然可辨。蓋乃恆依「德行」而言，其「中」乃係倫理的「中」（註二〇）。

胡氏謂孔子所言之「中」，乃係是其所當是，非其所當非之「中」。其實，這種觀念，不止是孔子，可以說是儒家共同的觀念。董仲舒的「正其誼不謀其利，明其道不計其功」（註二一）就是這種觀念的結晶，正誼明道，不求功利，所求者一個「是」而已。故程子云「有殺身以成仁者，只是成就一箇『是』而已」（註二二），而朱子亦謂「學者工夫，只求一個是。天下之理，不過是與非兩端而已。」（註二三）至王陽明則云：「是非只是箇好惡，只好惡，就盡了是非，只是非，就盡了萬事萬變。又曰：是非兩字，是箇大規矩，巧處則存乎其人。」（註二四）

「是」與「非」是屬於價值判斷，「是」即善，「非」即惡。而是非的標準是「理」，合理則是，不合理則非。是其所當「是」，非其所當「非」，是「義」也是「中」。陽明謂「是非兩字，是箇大規矩」，「大規矩」人人皆知，未必人人能守，即使能守，亦未必能通權達變，允執其中，陽明謂「巧處則存乎其人」，此中大有事在。如何於其中「條分縷析，銖銖兩兩，辨個是中之非，非中之是，似是之非，似非之是」（註二五），此則須博求之事物，以會通其得失，權衡其輕重，隨時而動，從宜適變，務求順理而合義。陽明所謂「巧處」，乃聖功所在。非造道之深，知幾能權者，不能通其竅奧。

至於胡氏所云孔子於「奢」「儉」之「中」取其「儉」，「言」「行」之「中」取其「行」云云，實有商榷之處。因「奢」失之過，「儉」失之不及，二者皆不合中道（註二六）。孔子取其「儉」者，乃一時權宜之計，非以「儉」為「中」也。又謂「言」「行」之「中」取其「行」，此則不合孔子思想。孔子主張「訥於言而敏於行」（論語里仁），「言之必可行」（子路）「言顧行，行顧言」（中庸十三章）。孔子主張訥言敏行，言行相顧，未嘗主張「取其行」，因言行並舉，既「取其行」，則必「棄其言」。而事實上，「言」與「行」，不必為兩端，事有當「言」者，亦有當「行」者。當「言」而「言」，「言」必有中，當「行」而「行」，「行」必有成，二者皆合乎義。若當「言」而默，當「行」而止，皆不合乎義。孔子嘗云「君子恥其言而過其行。」（憲問）朱註：「恥者，不敢盡之意；過者，欲有餘之辭。」由此可知，「行」可過其「言」，「言」不可過其「行」。此可為孔子重「行」之證。重其「行」與取其「行」義自不同者，此則是「是其所當是，非其所當非」之「中」，此是「中」，亦是「義」。就不偏言謂之「中」，就合宜言謂之「義」。胡氏下文所云「義」與「利」、「周」與「比」，孔子取其「義」「周」，而棄「利」「比」。

孔子云：君子之於天下也，無適也，無莫也，義之與比。（里仁）

君子之於天下，就應事而言，天下之事，不是可，便是不可，皆有一定之理。理之所在，即義之所在，若不問其理是否當爲，一味要做，就是「適」，一味不要做，就是「莫」，君子則不存成見，唯義是從。孟子云：「言不必信，行不必果，惟義所在。」（離婁下篇）即論語此章的最佳註脚。蓋理無定在，事有時宜，順理合時，允執其中。當守經則守經，當通變則通變。時措之而得其宜，此便是時中。以受人餽贈爲例，有昔日不當受的，而今日當受的；有今日不當受的，而來日當受的。不可執於一偏，而須權衡事理之當，凡事總有一個恰好當然之理，當理合時，從宜適變，而後無過不及之失。

㈢中與禮

義是「中」的準則，禮是「中」的常道，也是行爲的規範。禮記仲尼燕居云：「夫禮所以制中也。」所謂「制中」，即是使之合乎中道。說苑修文篇載：

子夏三年之喪畢，見於孔子，孔子與之琴，使之絃。援琴而絃，衎衎而樂，作而曰：「先王制禮，不敢不及也。」子曰：「君子也。」閔子騫三年之喪畢，見於孔子，孔子與之琴，使之絃。援琴而絃，切切而悲，作而曰：「先王制禮，不敢過也。」孔子曰：「

君子也。」子貢問曰：「閔子哀不盡，子曰：『君子也。』子夏哀已盡，子曰：『君子也。』賜也惑，敢問何謂？」孔子曰：「閔子哀未盡，能斷之以禮，故曰：君子也。子夏哀已盡，能引而致之，故曰：君子也。夫三年之喪，固優者之所屈，劣者之所勉。」（註二七）

這段記載說明禮有「制中」的作用，最爲貼切。閔子哀不盡，守禮而不敢過；子夏哀已盡，守禮而不敢不及。前者是俯而就，後者是企而及。這是情感上的「齊之以禮」，而使之合乎「中」。所謂「優者之所屈，劣者之所勉」，「所屈」與「所勉」因禮而得以調和一致。禮記坊記謂「禮者，因人之情而爲之節文，以爲民坊者也。故聖人之制富貴也，使民富不足以驕，貧不至於約，貴不慊於上，故亂益亡。」這是說禮可以節制情感，有助於調和身心，維持社會秩序。「富不足以驕，貧不至於約，貴不慊於上」，這是一種安定和平的力量，富有富的禮，貧有貧的禮，貴有貴的禮，各守其禮，各安其位，社會秩序得以維持，個人身心得到調和。

論語載：子貢曰：「貧而無諂，富而無驕，何如？」子曰：「可也，未若貧而樂，富而好禮者也。」（學而）

論語的「貧而無諂，富而無驕」與前述禮記的「富不足以驕，貧不至於約」意義差不多。張敬夫云：「居貧而有一毫求之之意，處富而有一毫恃之之心，皆諂與驕也。此病未除，而曰：『吾樂於好禮』，未之聞也。」（註二八）子貢所說的「無諂」「無驕」，是就貧富上起見，未免泥跡，張敬夫以「求之之意」「恃之之心」發明子貢之意，可謂鞭辟入裏，透於人情，而又切於義理。禮以謙讓爲懷，觀子貢之問，不無自矜之意。孔子勉以「富而好禮」，見得義理無窮，學無止境，未可以一得自足，以一善自滿。且「好禮」的「好」字，是就性情上說。既「好」，則不待勉強而能，然此種工夫，談何容易。

朱子云：「禮者，天理之節文，人事之儀則也。」（註二九）禮是人心自然的條理，自然的秩序，表現於人事，就是合理的態度和規矩。天理在中而表現於人事，這是由體以達用，人事在外而根原於中，這須由用以顯體。禮有「節」便不至於「太過」，禮有「文」，便不至於「不及」，所以「天理之節文」，是合乎中道的。「儀」指容儀，「則」指準則。「儀」在外則有可觀，「則」在內則有可守。有「可觀」則能產生示範作用，有「可守」則能產生感化作用。孟子云：「中也養不中，才也養不才。」（離婁篇下）「中」主要是指「禮」的恰好處。一個「中」於「禮」的君子，他的儀容舉止，庸言庸行，自有法度可觀，所謂「誠於中形於外」，故必能產生薰陶感染的力量，使左右的人潛移默化，此即孟子所云「君子所過者化，所存者神」的道理。（盡心篇上）

(四)中與智

存神是過化之根，這個「神」字很重要。「神」是義精仁熟後所到達的境界，所以朱註謂「心所存主處便神妙不測」。「神妙不測」也可說就是智的最高境界。須知「無過不及」之中，不能離開「智」的抉擇。換句話說，「智」是「中」的先決條件。孔子云：「多聞，擇其善者而從之。」（述而）「擇善而從」，正是「智」的作用。

中庸云：子曰：「人皆曰予知，擇乎中庸而不能期月守也。」又曰：「回之爲人也，擇乎中庸，得一善，則拳拳服膺而弗失之矣。」

人皆曰「予知」之「知」，是智的初文。自以爲聰明，實際上是笨伯。能「擇」而不能「守」，可見其知不眞。顏回能「擇乎中庸」，又能「服膺弗失」，「擇乎中庸」是眞知，「服膺弗失」是力行。知之深，則行之力。知得「中」，則行得「正」。

程子云：中字最難識，須是默識心通，且試言一廳則中央爲中，一家則廳中非中，而堂爲中。言一國而堂非中，而國之中爲中，推此類則可見矣。且如初寒時則薄裘爲中，如在盛寒而用初寒之裘，則非中也。更如三過其門不入，在禹稷之世爲中，若居陋巷，則不中矣。居陋巷在顏子之時爲中，若三過其門不入，則非中也。（註三〇）

「中」之所以難識，以其並無定體，隨時變易。故欲求「中」，必須認清客觀的事物，及其所處的環境，又能設想諸種可用的方法，及其可能發生的後果，而判別其利害得失，而後擇取其中收效最佳的途徑，把握最適當的時機，發爲最適宜的行爲，然後才能合乎中道。由認識、設想、計劃、預測、判別、行動諸階段，各須正確無誤，才能「允執其中」，設或其中稍有偏差，則全局受其影響，所謂「牽一髮而動全身」，則其後果便不能期於理想。在此由未發到已發的全部歷程中，在在都需要「智」的指導。易繫辭說：「精義入神，以致用也。」「入神」，是「義」的至妙處，也是「智」的至妙處。「義」至於「精」，「精」至於「神」，然後應事接物，不論小事大事，雖千變萬化，改頭換面，亦能洞若觀火，明無不照。如快刀斬亂麻，無不迎刃而解。

禮記檀弓下篇載：

齊大饑，黔敖爲食於路，以待饑者而食之。有餓者蒙袂輯屨，貿貿然來。黔敖左奉食，右執飲，曰：「嗟來食！」揚其目而視之，曰：「予唯不食嗟來之食，以至於斯也。」從而謝焉；終不食而死。曾子聞之曰：「微與？其嗟也可去，其謝也可食。」

黔敖爲食以救飢民，用意甚善，然其「嗟來食」的態度，殊不足取。飢者不食嗟來之食，情有可原，然黔敖既已謝過，而飢者猶堅持不食，以至於死，未免狷介失中。曾子所謂「其嗟也可去，其謝也可食」，是就事論事，衡之以理。理之所在，即「中」之所在。然理有精粗，苟窮理不深，則漫無準則，而有過與不及之差。黔敖以「爲食於路」爲仁，不知「其嗟也可去」，飢者以「不食嗟來」爲義，不知「其謝也可食」，曾子之言，正是示人以中道之理，故張橫浦云：「學者欲識中道，試以此求之。」（註三一）

孔子云：蓋有不知而作之者，我無是也。多聞，擇其善者而從之，多見而識之，知之次也。（述而）

朱註：「不知而作，不知其理而妄作也。」知有「知其理」的德性之知，有「多聞多見」的博學之知。孔子既以聞見之知爲次要，可知必以德性之知爲首要。所謂德性之知，亦即陽明所云之良知。陽明云：「良知不由見聞而有，而見聞莫非良知之用。故良知不滯於見聞，而亦不離於見聞。」（註三二）良知是內在的靈根，有明辨是非的功能，故能「不滯於見聞」。然除却見聞事態，亦無良知可致，故亦「不離於見聞」。以航海爲例，良知是指南針，也是方向盤，良知能辨別正確的方向，也能把握方向，但水流的緩急，航道的深淺，潮汐的升降，天氣的變化，暗礁的大小，則非良知所知，而有待於聞見之知，提供良知作爲參考，以選擇最安全的航線，最適當的時機，才能一帆風順，到達成功的彼岸，即如擇善而從，多見而識，既云「擇」，又言「識」皆是良知的作用，故若無內在的靈根，則聞見之知，只是外在事理的依附，不能發生主導作用，其弊將流於無忌憚，正如陽明所云「知識之多，適以行其惡也；聞見之博，適以肆其辯也。」（註三三）故學者不患事變之不能盡，只患此心之不能明。

孟子云：智譬則巧也，聖譬則力也。由射於百步之外也，其至，爾力也；其中，非爾力也。（萬章下篇）

射之中的由於「巧」，「中」處即是「巧」處。然巧力非兩事，巧而無力，只是徒巧；力而不巧，亦是徒力。欲中其「的」必先知「的」之所在，又知「中」之之法。知「的」之所在，此爲德性之知，知「中」之之法，此爲聞見之知。力是才力，才力雖有分限，亦靠平時踐履。蓋知之明，而後行之至。此以射之中的，喻聖人之時中。射之中的由於巧，聖人之時中由於智，此可見「中」與「智」關係之密切。

(五)中與權

「中」是恆常的「權」，「權」是變動的「中」。以「權」與「經」言，循理守常曰「經」，臨危制變曰「權」。以「權」與「義」言，有常之宜曰「義」，臨時之宜曰「權」。「權」之爲義，取類權衡，乃隨時以處中，反經以合道。

孔子云：可與共學，未可與適道。可與適道，未可與立。可與立，未可與權。（子罕）朱註云：「權，稱錘也。所以稱物而知輕重者也。可與權，謂能權輕重使合義也。」「權輕重使合義」，頗得權字的正解，因「中」是隨時變遷，沒有定型，必須「精義入神」，才能權之得「中」，而無過與不及之失。論語之「可與權」難於「可與立」，「可與立」謂「立於禮」，禮有一定的儀範可守，權則須隨時制宜以應變。故楊龜山云：「中所以立常，權所以盡變。」（註三四）立常指「禮」，盡變指「義」。「義」沒有客觀存在的規範，而是「時措之宜」，此須本於良知，依於經驗，深於義理，透於人情，當機立斷，不容安排。朱子云：「可與立者，能處置得常事，可與權者，即能處置得變事。」（註三五）處置常事易，處置變事難。惟論語此章之義，僅謂「可與權」之難於「可與立」，並未將「權」字局限於經權之「權」。至於孟子，始有「執中無權」及「嫂溺援手」之權，而經權之義始顯。

孟子曰：子莫執中，執中爲近之，執中無權，猶執一也。（盡心上篇）中無定體，隨時變易，如何可執？子莫之執中而無權，則泥於死法，不知變通，其實是執一。故朱子有「中之活者」與「中之死者」之論。（註三六）「中之活者」是君子之時中，「中之死者」是子莫之執中。

「道之所貴者中，中之所貴者權」（註三七）「權」不在「中」之外，「中」不在「道」之外。非「權」不足以爲「中」，非「中」不足以爲「道」。「權」者「道」之用。漢儒以反經合道爲「權」（註三八），蓋本於孟子。

孟子曰：男女授受不親，禮也。嫂溺援之以手者，權也。（離婁上篇）

由此可知「禮」是常，「權」是變。朱子云：「嘗記龜山云：『權者，經之所不及。』這說却好，蓋經者只是存得箇大法正當底道理而已，蓋精微曲折處，固非經之所能盡也。所謂權者，於精微曲折處曲盡其宜，以濟經之所不及耳。」又曰：「經是萬世常行之道，權是不得已而用之，須是合義也。」或曰：「權莫是中否？」曰：「是此一時之中，不中則無以爲權矣。」（註三九）

男女授受不親之禮是常道，嫂溺援之以手之權是應變，由孟子比喻，可知「經」與「權」有別，「權」可濟「經」之窮，楊龜山之言，深得孟子之意，然嫂溺援手之「權」，與孔子可與權之「權」，有深淺之不同，因爲「不授受」是禮的小節，「援手」是生死大事，生死重於授受，大事重於小節。孰得孰失，孰輕孰重。不待智者而後知之，不待賢者而能救之。如此之「權」，何足爲難？如此之「中」，何足爲貴？朱子謂權於「精微曲折處曲盡其宜」，自非見得道理之精密透徹純熟者，不足以語權，此可見「權」之難能，亦可見「中」之可貴。

要之，「權」是一時之計，不得已而用之。馮用之云：「聖人知道德有不可爲之時，禮義有不可施之時，刑名有不可威之時，由是濟之以權也。」（註四〇）馮氏所云「道德」「禮義」「刑名」皆指常道，指規範。「道德」句如伊尹放太甲，周公誅管蔡、「禮義」句如文王食其子之肉，漢王索其父之羹、「刑名」句如舜父殺人，孟子主張舜竊負而逃之類，此皆「權之大者」。馮氏又云：「始離而終合，始逆而終順，始非而終是，始失而終得，權之旨也。」（同註四〇）

所謂離、逆、非、失即是「反經」，所謂合、是、順、得即是「合道」。亦即公羊傳云「反於經而後有善」之義（註四一），「反於經而後有善」即「權」而後能「中」。

四、用「中」之法

論語載堯授舜有「允執其中」之語（堯曰），孔子稱舜之大智，以其能「執其兩端，用其中於民」（中庸第六章）。既云「執」，又言「用」，可見中道貴在實踐，前文云中道根於「仁」，離開「仁」，即無「中」可言，故此種實踐，乃是道德的實踐，此種道德的實踐，有其精深的義理，並無一定的成規，必須體認中道的原理，培養德性的主體，發揮良知的作用，充實廣博的知識，根據豐富的經驗，運用高度的智慧，至於用功之久，到得仁精義熟，有至明以察其幾，有至健以致其決，自能無所疑滯，發而中節，所謂「清明在躬，氣志如神」（註四二）「神而明之，存乎其人」（註四三）然而中無定體，難以講求，下列各項，不過略舉大端，稍加說明，以供學者升高行遠之參考：

(一)直覺法

「中」是中於「理」，理之所在，即中之所在，故求「中」之法，貴在精察此心之天理，亦就是直指道德主體之本心。子云：「仁遠乎哉！我欲仁，斯仁至矣。」（述而）蓋心之本體，虛靈不昧，一提便覺，一喚便醒。孔子當下指點，才欲仁，仁即至。當下便是工夫，蓋此心「操之則存」，心存處，便是理得處。此心便是「道心」，「道心」是內在固有之權衡。程子所謂「須尺度權衡在胸中無疑，乃可處之無差」（註四四），「道心」如明鏡，隨感而應，無物不照。體立則用行，體明則理明，理明則道明，朱子謂「道心常爲一身之主，而人心每聽命焉。……而動靜云爲，自無過不及之差矣。」（註四五）亦是此意。王陽明云：「利根之人，直從本源上悟入人心。本體原是明瑩無滯的，原是未發之中，利根之人，一悟本體，即是功夫，人已內外一齊俱透了。」（註四六）此即孟子「反身而誠，樂莫大焉」之境界。然此種工夫，此種境界，常人未易幾及。惟有戒愼不睹，恐懼不聞，以存理遏欲，明善誠身，而後能有所準則，此即「精義入神，以致用也」之理。

(二)折中法

折中就是介於兩極端之中，或是佔有中心之位置，前者如一條直線，共長十尺，中就是其間之半。後者如一個圓圈，直徑十尺，其中心就是半徑五尺之處。以二人合夥經商言，其雙方條件相同，營利亦當均分，方爲公平合理，以射箭比賽言，箭箭命中靶心，方爲最佳成績，又如論語下列記載：

子曰：質勝文則野，文勝質則史，文質彬彬，然後君子。（雍也）

集解包曰：「彬彬，文質相半之貌。」文質相半，即有折中之意（註四七）。西哲亞里斯多德亦有「中庸學說」，主張「處於兩端之間的中庸，是合理的態度」，氏曾表列若干種德目，以見何者爲過與不及之中庸：例如果敢是粗暴與膽怯之中，義取義與是豪奢與吝嗇之中，慷慨是俗氣與小氣之中，撝謙是羞縮與無恥之中，義憤是嫉妬與奸詐之中（註四八）。此種兩極端之中，有其一定之適用範圍，不能普遍實用於其他德目。然亦自有其價値所在。禮記雜記云：「張而不弛，文武不能也；弛而不張，文武不爲也；一張一弛，文武之道也。」「張而不弛」是太過，「弛而不張」是不及。「一張一弛」介乎二者之間，最合乎中道。以待人爲例，其態度宜不卑不亢，與人握手，其程度宜不輕不重。前者折卑與亢之中，後者折輕與重之中。惟何者爲卑，何者爲亢，何者爲輕，何者爲重，並無客觀的標準。故不卑不亢、不輕不重，雖不失爲折中之狀態，但此種折中，仍須因人而異。以甲乙二人握手而言，在甲認爲不輕不重，恰到好處，在乙則未必以此程度爲適中，因此之故，如何認清對象，把握時機，發爲適中之程度，此則有賴於實踐之智的巧妙運用。

(三)比例法

折中法是折二者之中，而比例法則衡量實際情況，了解事物本質，針對事實需要，以確定適當的比例，而期獲得最佳的效果。

孟子云：夏后氏五十而貢，殷人七十而助，周人百畝而徹，其實皆什一也。（滕文公上篇）

朱註「五十而貢」云：「夏時一夫受田五十畝，而每夫計其五畝之入以爲貢。」由此可知孟子所云「什一」，謂政府對於農民，授田定賦，取其所得十分之一。十取其一，合乎中道。故有若答魯哀公之問，亦以「盍徹乎」爲言（註四九）。此即孟子「百畝爲徹」之「徹」。又舊約聖經，上帝亦要其子民奉獻所得十分之一（註五〇）。是知「什一」之稅，乃中西之所同。其合乎中道，應無疑問。

以經商而言，管仲曰：「吾始困時，嘗與鮑叔賈，分財利，多自與，鮑叔不以我為貪，知我貧也。」（註五一）管仲所謂「分財利，多自與」，在表面上看，似乎有欠公平，但因鮑富而管貧，管仲之「多自與」，亦屬情理之常。管仲雖未明言「多自與」的數量，在原則上一定有其比例可資依據。

以作戰而言，領袖　蔣公主張「八分準備，二分實施」（註五二）。又謂「一次成功的心理作戰，出於良好的設計者，佔十分之八九，至於其進行的方式和技術，乃不過只佔十分之一二而已。」（註五三）此說可為前者之補充。如以精神與物質之關係而言，則以精神為體，以物質為用，二者相輔，不可分離。國父認為「兩相比較，精神能力實居其九，物質能力僅得其一。」（註五四）而領袖　蔣公則謂：「戰爭勝負的因素，關於精神方面的至少為十之七，關於物質方面的，最多為十之三。」（註五五）精神與物質所佔之比例，國父與領袖所見微有差異，但都認為精神重於物質。又如我國對日抗戰時期，領袖常強調「三分軍事，七分政治」、「三分敵前，七分敵後」，此種比例，旨在說明軍事與政治、敵前與敵後如何配合才適當，以昭示國人遵循的原則，此與二加二等於四之數學公式不同。

(四)極端法

毒蛇噬腕，壯士斷臂，斷臂是一種極端的方法，然不如此，不足以保全生命。所謂「當斷不斷，反受其亂」（註五六）。當一個國家政治腐敗，朝綱解紐，權臣用事，國脈將絕，民不堪命之時，溫和之改革不被採納，只有訴諸非常手段，以掃除革命的障礙，方能救亡圖存，復興國家。國父謂：革命有非常之破壞，如帝統爲之斬絕，專制爲之推翻。有此非常之破壞，則不可無非常之建設。是革命之破壞，與革命之建設，必相輔而行，猶人之兩足，鳥之雙翼也（註五七）。

國父所云「非常之破壞」，就是指極端的方法。有「非常之破壞」，而後有「非常之建設」。領袖蔣公曾云：「拚命才能保命，毀家才能保家。」（註五八）「拚命」是激烈的行動，「毀家」是極端的方法。二者皆是非常的手段，但却能獲得「保命」「保家」的效果。可見極端法有時是非常重要，也是非常必要的。在論語中有下列一則記載：

陳成子弑簡公，孔子沐浴而朝，告於哀公曰：「陳恆弑其君，請討之。」公曰：「告夫三子。」孔子曰：「以吾從大夫之後，不敢不告也。」（憲問）

春秋之義，亂臣賊子，人人得而誅之。蓋弑君之賊，法所不容。孔子曾爲大夫，義所當告。孔子請討陳恆，是基於春秋大義，合乎中道思想。「誅亂臣，討賊子」與「治亂世，用重典」，都是用極端方法，以收整肅紀綱之效。

又如孔子弟子冉有，幫助季氏聚斂，子曰：「非吾徒也，小子鳴鼓而攻之可也。」（論語先進）季氏富於周公，爲富不仁。冉有助其聚斂，爲臣不義。朱註指其「黨惡而害民」，孔子對冉有深表不滿，而使弟子「鳴鼓而攻」聲討其罪。有「與衆棄之」之意（註五九）。根據論語記載，孔子對弟子的制裁，以此章最爲嚴厲。此亦屬於極端法的一種。唯此種極端法，皆是出於不得已。孟子云：「仲尼不爲已甚者」。（離婁下篇）朱子云：「言聖人所爲，本分之外，不加豪末。如人合喫八棒，只打八棒，不可說這人可惡，更添一棒。」（註六〇）對於孔子之責冉有。亦可作如是觀。可知極端法，並不是偏激，不是過分，而是理所當然，分所當爲。

(五)徹底法

徹底法與極端法，相類而不相同。極端法多用於非常之時，徹底法多用於平常之時。極端法多出於不得已，徹底法多由於不容已。極端法富於政治意識，徹底法富於道德意識。極端法偏重於安人，徹底法偏重於修己。

徹底法之中道，在層次上爲絕對性，在性質上爲道德性，在實踐上爲主體性，在工夫上爲一貫性。以立誠而言，易謂「閑邪存其誠」，又云「修辭立其誠」（乾文言）此「誠」字爲宇宙之動能，爲道德之源泉。誠是無對之辭，只有誠不誠之分，而無欺與僞之防。誠是實有，不誠是實無。中庸云：「誠者，物之終始，不誠無物。」（二五章）「物之終始」，正是徹上徹下工夫。「不誠無物」，則無始無終，一片空白。王夫之云：「誠者，約天下之理而無不盡，貫萬事之中而無不通。」（註六一）「無不盡」「無不通」，自然亦「無不成」，是以君子誠之爲貴。王夫之又云：「盡天地只是箇誠，盡聖賢學問只是箇思誠。」（註六二）中庸的「擇善固執」，學問思辨，都是思誠之事。一念之誠，即全體之誠。孟子謂「反身而誠，樂莫大焉」（盡心上篇）。「反身而誠」，見得此理具足，無所虧欠。理得心安，樂莫大焉。此種「反身而誠」的工夫，是最高層次的「求是」。「求是」是勇往直前，義無反顧的。是自強不息，於穆不已的。

「求是」雖無兩端可以折中，但有時爲符合中道之德行，作爲判斷之標準，儼然與所判斷者，成爲對偶性之兩端，實則仍保持其最高層次之「中道」義，如下列各句之對比：

子曰：君子坦蕩蕩，小人長戚戚。（述而）

子曰：君子和而不同，小人同而不和。（子路）

子曰：君子泰而不驕，小人驕而不泰。（子路）

子曰：君子周而不比，小人比而不周。（爲政）

子曰：晉文公譎而不正，齊桓公正而不譎。（憲問）

亦有以一句表示相對性者，例如：

子曰：君子貞而不諒。（衛靈公）

子曰：君子矜而不爭，羣而不黨。（衛靈公）

子曰：君子惠而不費，勞而不怨，欲而不貪，泰而不驕，威而不猛。（堯曰）

此外，如劉先主云：「勿以惡小而爲之，勿以善小而不爲。」（註六三）劉念臺云：「見得是處，斷然如此，雖鬼神不避。見得非處，斷然不如此，雖千駟萬鍾不回。」（同註二五）此皆屬於徹底法，以其是非分明，善惡立判，不容有中立之餘地。

(六)權宜法

權宜法是權衡輕重，以求適宜。事既有輕重，理亦有淺深。有時是中有非，非中有是，同中有異，異中有同。如何明其義理，辨其得失，而採取最適當的方法，發揮最高度的效用。惟在精義入神，神而明之。故權有不同的層次，不同的巧妙，不同的方法，玆略舉數例，以見一斑：

1.降格：降格在面對現實，遷就事實，以求得其宜。

子曰：先進於禮樂，野人也；後進於禮樂，君子也。如用之，則吾從先進。（論語先進）

「先進於禮樂」者，雖質勝其文，猶存淳素之風，而時人謂之「野人」；「後進於禮樂」者，文勝其質不免澆薄之弊，而時人反謂之「君子」。孔子欲救周末文勝之弊，故主張「從先進」，以期移風易俗。然孔子理想中之君子，則爲「文質彬彬」合乎中道者。但此種君子不可必得，不得已而求其次（註六四）。又如論語下列兩則記載：

子曰：不得中行而與之，必也狂狷乎！狂者進取，狷者有所不爲也。（子路）

子曰：聖人吾不得而見之矣，得見君子者斯可矣！子曰：善人吾不得而見之矣，得見有恆者斯可矣！亡而爲有，虛而爲盈，約而爲泰，難乎有恆矣。（述而）

中行，就是中道。中道之人，兼有狂狷之長而無其短。聖人是天人並至者，君子是天人尙未盡至者，善人是天至而人未至者，有恆是人未至而天亦不相遠者。孔子不得中道而思狂狷，不得聖人而思君子，不得善人而思有恆者，皆降一等而說，此是遷就事實，理合如此。但遷就事實，亦須有其原則。末章兩言「斯可矣。」這「斯可」二字，耐人尋味。章末明言無恆之失，以見有恆之義。有恆就是表裏如一，質實無僞。人能有恆，作聖之基已立，由此而進德，必有水到渠成之日。

2.回護：回護是本於人情，依於義理。而曲護其短，使之合宜。論語載：

陳司敗問：「昭公知禮乎？」孔子曰：「知禮。」孔子退，揖巫馬期而進之曰：「吾聞君子不黨，君子亦黨乎？君取於吳爲同姓，謂之吳孟子，君而知禮，孰不知禮？」巫馬期以告。子曰：「丘也幸，苟有過，人必知之。」（述而）

魯是孔子父母之邦，昭公爲魯之先君，陳司敗以他國之大夫，問本國之君是否知禮，其存心已屬無禮，孔子告以「知禮」，有回護之情，無偏私之心。使孔子直指魯君之非，則有失君臣之禮。吳氏曰：「夫子受以爲過，則昭公不得爲知禮可知。隱諱者臣子之私，是非者天下之公。夫子答司敗與期，可謂兩盡其旨矣。」（註六五）孔子答巫馬期之言，只說「知」過，不說「改」過。見得此「過」本不可免，亦不可改。聖人渾融之妙，蘊含多少義理。所謂「賢者識其大者」，孔子之答，可以爲萬世之法。論語又載：

葉公語孔子曰：「吾黨有直躬者，其父攘羊而子證之。」孔子曰：「吾黨之直者異於是，父爲子隱，子爲父隱，直在其中矣。」（子路）

天理不外乎人情，父子主恩，於情當相隱，於理亦當相隱。順天理而合人情，則「直」在其中。違天理而悖人情，則其「直」亦不足取。故朱註云：「父子相隱，天理人情之至也，故不求爲直，而直在其中。」且直躬是人之細行，父子是人之大倫，表現一己之細行，傷害天下之大倫，其心必不自安。故隱其所當隱，則理得心安，而直在其中。葉公只知偏曲之小義，不知全體之大用。所謂「不賢者識其小者」，識小必遺大，逐末而捨本。本心既失，則偏而不中矣。

3.變通：事有常有變，守常易，應變難。守常有法，應變無方。易曰：「變通者，趣時者也。」（繫辭下）又曰：「窮則變，變則通」（同前書）事到常理行不得處，須隨時改變，以制其宜。韓詩外傳載：

曾子有過，曾晳引杖擊之仆地，有間乃蘇。魯人賢曾子，以告夫子，夫子告門人，參來。汝不聞昔者，舜爲人子乎？小箠則待笞，大杖則逃。索而使之，未嘗不在側；索而殺之，未嘗可得。今汝委身以待暴怒，拱立不去，非王者之民，其罪何如？（註六七）

此事雖未必可靠，然其所謂「小箠則待，大杖則逃」，此語實含至理，「小箠則待」是守常，「大杖則逃」是達變。若大杖不逃，仆地不起，殺身以陷父，於父爲不義，於己爲不孝。又據左傳載秦兵襲鄭，過周而東，鄭商人弦高將西販牛，道遇秦軍，乃矯鄭伯之命，以乘韋先，牛十二犒師，秦以爲鄭國有備，遂滅滑而退軍（註六八）。弦高矯君之命，而却秦存鄭，矯命之罪小，存鄭之功大。弦高可謂能通權達變。又東晉安帝時，王華年幼，戰亂中與其父相失，隨沙門釋曇永逃難，時劉牢之搜覓華甚急，曇永使華提衣幞隨後，津邏咸疑焉。華行遲，曇永呵罵云：「奴子怠懈，行不及我！」以杖捶華數十，衆乃不疑，由是得免（註六九）。曇永杖華以釋邏者之疑，杖華數十，救華一命，此亦反常合道之一例。

4.叩端：端指兩端，有些突發事件，情形特殊，性質複雜，孰是孰非，何去何從，必須愼重考慮，精義入神，始能應付得宜，而無不良後果。論語載：

子曰：吾有知乎哉？無知也。有鄙夫問於我，空空如也，我叩其兩端而竭焉。（子罕）

凡事皆有其兩端，所謂「無可無不可」，須衡以義理，明辨是非，折衷至當，無過不及之差。故兩端不竭，「中」亦不見。理愈辨愈明，窮理不深，則擇亦不精。叩端而竭，義理乃明。詩毛傳云：

魯人有男子獨處於室，鄰之嫠婦又獨處於室，夜暴風雨至而室壞，婦人趨而託之，男子閉戶不納。婦人自牖與之言曰：「子何爲不納我乎？」男子曰：「吾聞之也，男子不六十，不閒居。今子幼，吾亦幼，不可以納子。」婦人曰：「子何不若柳下惠，然嫗不逮門之女，國人不稱其亂。」男子曰：「柳下惠固可，吾固不可。吾將以吾不可，學柳下惠之可。」孔子曰：「欲學柳下惠者，未有似於是也。」（註七〇）

鄰之嫠婦室壞，要求入室避雨，魯男子閉而不納，似嫌不近人情。然孤男寡女，夜處一室，在古代男女授受不親之社會，此事之大膽非同尋常。魯男子不顧鄰婦之指摘，堅守男女之大防，可謂明禮之君子。其所謂「以吾不可，學柳下惠之可」，是他能立處，亦是他能權處。

朱子云：兩端只是箇起止二字，猶云起這頭至那頭也。自極厚以至極薄，自極大以至極小，自極重以至極輕，於此厚薄大小輕重之中，擇其說之是者而用之，是乃所謂中也。或極厚者說得是，則用極厚之說。極薄之說是，則用極薄之說。厚薄之中者說得是，則用厚薄之中者之說。至於輕重大小，莫不皆然，蓋惟其說之是者用之。不是棄其兩頭不用，而但取兩頭之中者用之也（註七一）。

「中」只是求「是」，求「是」在正常狀況下易，在非常狀況下難。且「是」只是大規矩，大節目。如何去權度精切，至於至當無偏，則須精察此心之天理，又能多識前言往行，以致其精一之功，而後能發而中節，允執其中。

五、結　論

宇宙天地得「中」而運行不已，人類萬物得「中」而生生不息。吾國名爲「中國」，以爲是居世界之中，（註七二）乃是偏於心理因素，實則在文化上更富意義，「允執其中」四字，成爲堯舜以來歷聖相傳的道統，至孔子集其大成，稱爲「時中」之至聖。而中庸一書，更爲儒家傳述中道之寶典，其首章性道教三者，即明示人以中道。天命之性，是不偏不倚的「中」，率性之道，是無過不及的「中」，修道之教，是裁其過不及者，而使之達於無過不及之「中」。然「中」無定體，隨時而在。「中」者天理，理之所在，即「中」之所在。而理具於心，心主乎身，反身而誠，誠則能中。故中庸云：「誠者，天之道也；誠之者，人之道也。誠者，不勉而中，不思而得，聖人也。誠之者，擇善而固執之者也。」「擇善」是知，「固執」是行。知得一分，行得一分。知有一分不到，則道有一分不行。故行道必由乎知，知必出乎誠。中庸云「誠者，自成也，而道者，自道也。誠者，物之終始，不誠無物，是故君子誠之爲貴。」朱註：「誠以心言，本也；道以理言，用也。」誠者自成，是一己天命之性的肯定，也是自性的完成。道者自道，是率性之道的彰顯，也是宇宙本體的完成。誠是自我感知的主體，道是流行宇宙的實理，心有覺而道無爲。故宇宙之實理，必須透過主體生命來彰顯，此即「人能弘道」（衞靈公）之義。自性誠體的靈明，亦是內在固有的權度。其權度精切，方能泛應曲當。王陽明云：「學者惟患此心之未能明，不患事變之不能盡。」（同註九）欲此心之明，須下「精一」之功，「精」在求知之「精」，「一」在求守之「一」。精是知之至，一是行之力。中庸的博學、審問、愼思、明辨是「惟精」，篤行是「惟一」；明善是「惟精」，誠身是「惟一」。顏子的擇乎中庸是「惟精」，服膺不失是「惟一」。由此可知「精一」是「執中」的前題，「執中」是「精一」的結果。

【附註】

註一：見朱子中庸章句。

註二：見徐著「中國思想史論集」第七十三頁。

註三：韓儒李晦齋云：「中」爲明德、新民之極，明德而知至善之爲中，則高不溺於空虛，卑不失之汚賤。新民而知至善之爲中，則過之者抑而就之，不及者引而進之，無不協于中矣。見晦齋全書第五七三頁「續大學或問」，韓國成均館大學出版。

註四：蕭說見「人生內聖修養心法」第五三頁。其言云：「中則至善，至善即道。大學之止於至善，即止於中、止於道也。」

註五：見孔孟月刊二四〇期「論語要義」第二六頁。

註六：詳見成中英「中道、中和與時中」；載於孔孟月刊二五二期。

註　七：見朱子中庸章句題下注。
註　八：參見袁俊翁「四書疑節」卷六、「中庸中和二中字同否」。
註　九：詳見王陽明傳習錄上、門人陸澄錄。
註一〇：見陳著「人理學研究」第二三〇頁，中華書局。
註一一：見蔣公著「科學的學庸」第一二六頁，中央委員會印。
註一二：語見熊十力「新唯識論」卷下、第八章第二七九頁，河洛出版社。
註一三：見梁著「東西文化及其哲學」第四章、第一五四頁。
註一四：見明儒學案卷一二、姚江學案六、第一四六頁，正中書局。
註一五：見「中國哲學的特質」第二講，第十三頁：「儒家則從人生正面入，它正視主體性與道德性的特色」。
註一六：見「近思錄」卷一、第二〇頁，商務人人文庫。
註一七：詳見論語陽貨篇。
註一八：見韓愈「原道」，王陽明「傳習錄」中「答顧東橋書」。
註一九：參見馮友蘭「新世訓」第八四頁「道中庸」。
註二〇：見胡著「論語辨證」第二一一頁。
註二一：見新校本漢書卷五六、第二五二四頁。
註二二：論語衞靈公篇志士仁人章朱註引程子之言。

註二三：見朱子語類卷一三，第六頁。

註二四：王陽明全書第一册、第九二頁，傳習錄下。

註二五：劉念臺語，見明儒學案下册、第五三六頁，正中書局。

註二六：本書「中道探微」有說原載孔孟學報四六期第一二一頁。

註二七：亦見毛詩素冠傳，淮南子繆稱篇，孔子家語六本篇，而文字與說苑小異。

註二八：見張栻「癸巳論語解」卷一、第六頁。

註二九：見論語學而篇「禮之用、和爲貴」章朱子集註。

註三〇：二程遺書一八、第二四頁，中華書局。

註三一：見宋元學案卷三六、第四二六頁、橫浦學案、正中書局。

註三二：見王陽明「傳習錄中」答歐陽崇一。

註三三：「傳習錄中」答顧東橋。

註三四：「楊龜山集」荆州所聞。引見古今圖書集成、學行典、第七四卷經權部。

註三五：朱子語類卷三七、第三九七頁、漢京文化公司。

註三六：朱子大全卷五八第一五頁答宋深之書。其略曰：三聖相授，允執厥中，與孟子所論子莫執中者，文同而意異。由三聖以爲中，則其中活，由子莫以爲中，則其中死。中之活者，不待權而無不中，中之死者，則非學乎聖人之學，不能有以權之而常適於中也。

註三七：見孟子盡心子莫執中章朱註。

註三八：論語子罕篇朱註引程子之言。案所謂漢儒，蓋指董仲舒、董子春秋繁露玉英篇云：「權雖反經，亦必在可以然之域。」

註三九：朱子語類卷三七、第三九五、三九六頁。

註四〇：全唐文卷四〇四、馮用之「權論」。

註四一：見公羊傳桓公十一年。

註四二：語見禮記孔子閒居。

註四三：語見易經繫辭上。

註四四：遺書二上、第八頁。

註四五：見朱子「中庸章句序」。

註四六：見傳習錄下，錢德洪錄。

註四七：案朱註：「彬彬，猶班班，物相雜而適均之貌。」又蔡清云：「須用七分質、三分文，方是彬彬。」（見論語蒙引）與包說不同。

註四八：引見曾繁康「亞里斯多德與孔子論中道之比較研究」一文，載於中庸論文資料彙編，高雄師院國文系編。

註四九：論語顏淵：哀公問於有若曰：「年饑，用不足，如之何？」有若對曰：「盍徹乎？」曰：「二，吾猶不足，如之何其徹也？」

註五〇：舊約聖經瑪拉基書第三章十節：萬軍之耶和華說：「你們要將當納的十分之一，全然送入倉庫。」
註五一：史記卷六二管晏列傳。
註五二：見「科學辦事方法的示範」，總裁言論選集第二輯、第一九六頁。中興山莊編。
註五三：「心理作戰和羣衆心理」，蔣總統嘉言錄㈢第二一〇頁。
註五四：「軍人精神教育」，見總理全集第二集，第二四六頁。
註五五：「解決共產主義思想與方法的根本問題」，見總裁言論選集、第三集、第二二八頁。
註五六：語見漢書卷六八、霍光傳。
註五七：孫文學說第六章、第五四頁。黎明文化公司。
註五八：民國「三十八年國慶前夕告全國軍民同胞書」。
註五九：蔡清曰：「聲其罪，謂宣其罪於衆，使人共知之。古人刑人於市，與衆棄之，亦此意。」見論語蒙引。
註六〇：朱子語類卷五七第五三二頁。
註六一：讀四書大全說卷三第一三四頁。
註六二：同前書卷九第六〇五頁。
註六三：三國志集解卷三二、蜀書、先主章武三年。
註六四：參見本書「中道發微」第一二一頁。
註六五：「朱子異同條辨」論語卷七、第九三頁，近譬堂本。

註六六：詩經小雅巷伯毛傳，第四二八頁，藝文十三經注疏本。

註六七：見韓詩外傳卷八、第一三三頁，新興書局漢魏叢書本。又說苑建本篇、孔子家語六本篇，並載此事，謂「曾子芸瓜，誤斬其根，曾晳怒，援大杖擊之」云云。

註六八：事詳見左傳僖公三十三年。

註六九：事詳見宋書卷六三王華傳。

註七〇：詩小雅巷伯毛傳。

註七一：朱子語類卷六三、第四頁。

註七二：民族主義第三講。

中道的時代意義

一、中道的淵源

中道思想是中華文化的基本精神，也是孔子思想的一大特色。這種思想的產生，是有其歷史淵源的。論語載：「堯曰：咨爾舜！天之曆數在爾躬，允執其中，四海困窮，天祿永終。」（堯曰）堯命舜的這一段話，最重要的是「允執其中」四字。堯旣以此四字授舜，見得堯能懸中道以爲政教的準則，而舜亦能唯命是從，唯中是用，不負堯之所託，此可於孔子下列的話見之：「舜其大知也與！舜好問而好察邇言，隱惡而揚善，執其兩端，用其中於民，其斯以爲舜乎！」（中庸）其後舜亦以命禹，並加三語於其上，此即「人心惟危，道心惟微，惟精惟一，允執厥中」（尚書大禹謨）十六字心法，而爲宋儒奉爲道統之正傳（註一），此點容後詳論。

禹之後有湯，亦以中道爲治事之準則，孟子稱：「湯執中，立賢無方。」（離婁下）執謂守而不失，中者無過不及，恰到好處之意。能執中，則能處事適當，處義精審，擇善固執，貫徹始終。亦能知人善任，用人惟才，做到人盡其才，才盡其用。至於文武周公，雖古籍未見執中之文，然周書洪範有「建用皇極」之言，皇極即有「大中」之意（註二），其下文且有「無偏無陂，遵王之義；無有作好，遵王之道；無有作惡，遵王之路。無偏無黨，王道蕩蕩；無黨無偏，王道平平；無反無側，王道正直。」這一段話，無異是中道精神的最佳註脚。孔子祖述堯舜，憲章文武，祖述憲章，無非中道。至於周公，興禮樂、立制度，思兼三王，以施四事，仰而思之，夜以繼日，幸而得之，坐以待旦（註三）。孔子心儀周公，形諸夢寐（註四）。周禮地官說：「司徒以五禮防萬民之僞，而教之中；以六樂防萬民之情，而教之和。」五禮由中而制，六樂由和而作。禮節民心，樂和民聲，周公制禮作樂，必然合乎中道，蓋周監於二代，禮文尤具，所謂「禮儀三百，威儀三千」（中庸），孔子贊美說：「郁郁乎文哉，吾從周。」（論語八佾）又說：「周公成文武之德。」（中庸）周文是指禮之文，周德是指德之禮。文中子說：「禮其皇極之門乎！」（註五）一語道破中道的眞諦。

中道即是中庸之道，論語載孔子的話說：「中庸之爲德也，其至矣乎，民鮮久矣。」（雍也）而中庸則說：「中庸其至矣乎！民鮮能久矣。」論語所載和中庸所引孔子的話大同小異，前者言中庸之德，後者言中庸之道，可能因記者觀點的不同，而有此小異。雙峯饒氏說：「此章有『之爲德也』四字，以中庸之德言也。中庸無『之爲德也』四字，以中庸之道言也。以德言，則不消言『能』而能在其中，以道言，則有能知與不能知、能行與不能行，故中庸下句不可無『能』字。此章言民鮮此德，是以世教之衰，民不興行而然。中庸言民鮮能此道，是以氣質之異，有過不及而然。意此是夫子本語，彼是子思櫽括。」（註六）饒氏就道德二字析論精微，言之成理，然是否合乎子思增損聖言之意，恐怕還有問題（註七）。其實，中庸之所以難能，孔子早有說明（註八）。中是恰到好處，庸是平常之理，行平常之理而能恰到好處，就合乎中庸之道。所謂「道不遠人」，也就是這個道理。

二、中道與憂患意識

中道思想是心學的淵源，而舜禹授受的十六字心法，是中道的精義所在。所謂「人心惟危，道心惟微」，照朱子的解釋，人心是「生於形氣之私」，道心是「原於性命之正」（同註一）如飢者欲食，渴者欲飲，這是人心。食所當食，飲所當飲，這是道心。人心惟危，危未必不好，只是易流於人欲，才是不好。道心發於義理，義理精微難見，又因理在氣中，易為氣所左右，而使微者愈微。其實，人心道心，只是一心。人心之合乎道者，就是道心。要知危求安，知微求著，必須痛下精一的工夫，誠如朱子所說：「精則察夫二者之間而不雜也，一則守其本心之正而不離也，從事於斯，無少間斷，必使道心常為一身之主，而人心每聽命焉。則危者安，微者著，而動靜云為，自無過不及之差矣。」（同註一）以現代的話來說：「人心惟危，道心惟微」，就是一種極精微、極深刻的憂患意識。而「惟精惟一，允執厥中」，就是善處憂患的最佳途徑。

中庸一書的作者，深憂道之不行，於是推本堯舜以來相傳之意，發揮精一執中之理，以為後世學者修己明道的準則。如中庸所說的擇善固執，擇善就是惟精，固執就是惟一。又如博學、審問、愼思、明辨是惟精，篤行是惟一。道問學是惟精，尊德性是惟一。明善是惟精，誠身是惟一。修道是惟精，率性是惟一。而允執厥中，便是惟精惟一的最高境界。

由此可知中道思想，即是根源於憂患意識。而中華文化在憂患意識中成長發展，經由憂患的歷鍊，陶鑄成一種堅韌的毅力，和前瞻的智慧。憑着這種智慧和毅力，敢於面對現實，仁爲己任，力挽狂瀾，轉危爲安，開創國家的機運，延續民族的生命。今天我們所處的時代，是一個憂患的時代。海峽兩岸的中國人，生活在兩種不同的制度之下，三民主義的仁政和共產主義的暴政，形成強烈的對比，這是極權與民主、自由與奴役、天堂與地獄的對比。三民主義統一中國，這不是一句口號，而是海峽兩岸中國人共同的心聲。然而統一的前途，仍然存在着重重的阻礙，重重的危機。中共的四個堅持（註九），統戰花招，經濟的誘惑，臺獨的分化，以及復興基地高度經濟發展所帶來的後遺症，使我們的社會滋長奢靡享樂之風，減損同仇敵愾之氣，而憂患意識亦轉趨低沉。此時此地，我們應提高警覺，加強憂患意識，振奮蓬勃的朝氣，以促進社會的進步，厚植反共的潛力。至於如何加強憂患意識，至少應體認下列幾個重點。

(一)莊敬意識

莊敬是自強的前提，也是修己的工夫。孔子說：「君子莊敬日強，安肆日偷。」（禮記表記）禮以莊敬爲主，最能強健精神。莊敬能建立道德的秩序。國父說：「有道德始有國家，有道德始成世界。」（註一〇）道德的秩序，亦爲國家的秩序，世界的秩序。先總統　蔣公曾以「操危慮患，莊敬日強」勖勉國人（註一一）。並曾解釋莊敬的意義說：「所謂莊，乃爲莊以立身，亦即堂堂正正的做人；所謂敬，乃爲敬以治事，亦即切切實實的做事。」（註一二）如何做到堂堂正正、切切實實，此須反求諸己，痛下愼獨存誠的工夫。平時要保持戒愼恐懼，戰兢臨履的心情，要從不睹不聞的地方做起，做到蔡元定所說的「獨行不愧影，獨寢不愧衾」（註一三）。也就是俯仰無愧，自反而縮的地步。才能「清明在躬」、「天君泰然」，外物不搖，橫逆不懼，且能在艱彌厲，愈益顯示其砥柱中流的道德勇氣，發揚其憂勞興國的大義血忱。

(二)戰鬥意識

憂患的時代，就是戰鬥的時代；憂患的人生，就是戰鬥的人生。孔子主張「有文事者，必有武備」（史記孔子世家），孟子則說：「無敵國外患者，國恒亡」（告子下）。戰鬥的勝利，取決於事前的準備。而戰鬥的武裝，最重要的是精神武裝。「無敵國外患」，就會苟且偷安，甚至縱慾逸樂，毫無敵情觀念，等於解除了精神武裝，如何能應付突發的事變？復興基地數十年來，是處於「沒有砲聲的戰爭」之中，敵人統戰和談的陰謀，只是戰爭的另一形式。我們如果不能提高警覺，便容易鬆懈鬥志。蔣百里將軍曾說：「生活條件與戰鬥條件一致者強，相離者弱，相反者亡。」今天我們的生活條件不斷改善，而我們的戰鬥條件究竟如何？這是值得我們深切檢討的問題。無可諱言的，今天的復興基地，除金馬前線而外，到處洋溢歌舞昇平的氣氛，使人有「只把杭州作汴州」的感慨，僅在餐館消費方面，據說每年要吃掉一條高速公路，如此奢侈浪費，豈是國家之福？

孫院長曾說：「今天我們不能做一個爲自由而奮戰的鬥士，明天我們就會淪爲漂流海上的難民。」（註一四）孫院長的這句話，是一種憂患意識，也是一種戰鬥意識。隔海中共一日沒有崩潰，我們便一日不能鬆懈戰鬥的準備。

㈢前瞻意識

孔子說：「人無遠慮，必有近憂。」（論語衞靈公）所謂「遠慮」，就是前瞻意識，今人所說的「未來學」，就是前瞻意識的產物。美國有一位社會學家，名叫杜佛勒，他寫了一本「未來的震盪」的書，書中談到科技的快速發展，最近幾十年內的速度，要超過以前幾個世紀。因此，對於未來將發生的事，我們必須及早準備。否則，一旦事情發生，我們便不知所措，窮於應付了（註一五）。所以我們做一件事，必須眼光遠大，計畫周詳，以適應於未來，而防患於未然。例如我們的高速公路，當初設計時如果能考慮到未來的需要，就不會發生今日擁擠的現象。

另外一個例子是國內的裕隆公司，裕隆過去出產的汽車，受到不少的批評，有許多地方亟待改進。自吳舜文女士接手負責以後，不斷研究發展，她在辦公室中，掛了兩個鏡框，一個鏡框裏貼滿了世界各國的名牌汽車，在上面寫了幾個大字：「這是她們的。」另外的一個鏡框裏，却是一片空白，上面也有幾個大字：「我們的在那裏？」（註一六）這就是一種前瞻意識的自覺，有了這種自覺，才能發憤圖強，知恥知病，求新求行，迎頭趕上別人的優點。可知在前瞻意識中，必須有競爭意識，才能勇猛精進，日新又新。

㈣團結意識

孟子說：「天時不如地利，地利不如人和。」（公孫丑下）所謂「人和」，就是指的團結。紂有臣億萬，有億萬心；武王有臣三千而一心，這就是武王伐紂的致勝要素。師克在和不在衆，中外歷史以寡勝衆的戰鬥，都是精誠團結、萬衆一心的結果。我國在八年抗戰期間，各民主黨派一致擁護政府，當時的口號是「意志集中，力量集中」，由於上下團結一致，發揮了總體戰的偉大力量，所以能獲致最後勝利。

先總統　蔣公手書的黃埔校訓「親愛精誠」四字，就是團結的眞諦，惟有做到親愛精誠，才能團結無間，「合億萬人爲一人，合億萬心爲一心」（註一七），才能發揮國家的總體戰力，予敵人以致命的打擊。

蔣總統經國先生說：「大家都應體認同舟一命的處境，要以合萬衆爲一的團隊精神，同心同德、羣策羣力，發揮整體統合的功能，來粉碎敵人的陰謀，來擊敗敵人的統戰。」（註一八）「同心同德，羣策羣力」是精誠團結的表現，而「同舟一命」的處境，正是我們復興基地的同胞共同的體認。有了「同舟一命」的體認，便有了「同舟共濟」的團結意識，而能「同心同德，羣策羣力」，共同邁向三民主義統一中國的勝利大道。

(五)統一意識

中國的希望在臺灣，臺灣的前途在大陸。今天我們建設臺灣的成果，正是將來建設大陸新中國的藍圖。今天只有「中國問題」，沒有所謂「臺灣問題」。連中共也發出「經濟學臺灣」、「政治學臺北」的口號。海峽兩岸的中國人都有統一中國的意願，而有識之士尤富有「天下興亡，四夫有責」的憂患意識。然統一的基礎必須建立在合理的制度之上，這個合理的制度，就是中華文化滙歸的三民主義。而「三民主義統一中國」運動，已在海內外普遍展開，各地區大同盟紛紛成立，積極推行工作，熱烈展開活動（註一九）。這一大同盟的各項工作，應是每一位中華兒女義不容辭的事。

黨國元老于右任先生，昔年有「高雄遠望」詩說：「霸業東方何處尋？癡兒失算復南侵。天留吾輩開新運，人說中原有好音。撥亂非爲一代計，哦詩爭起萬龍吟，旂山當面莊嚴甚，無限光明照古今。」今天我們在復興基地的一千八百萬同胞，都應當有「天留吾輩開新運」的統一意識和責任感。而大陸人心思漢，嚮往自由祖國的繁榮，認同三民主義的眞理，這都是「中原有好音」的證明。中共空軍飛行員吳榮根、孫天勤、王學成相繼駕機投奔自由，以及卓長仁等六義士奪機起義來歸，更是中原好音的見證人。人人能「以國家興亡爲己任」，以統一中國爲職志，那就一定能撥亂反正，開創「無限光明照古今」的新局。

三、中道與民族文化

我們中華民族，立國於亞洲大陸，經歷了不少的內憂外患，仍能救亡圖存，撥亂反治，五千年來，在飽經憂患中，只見文明進步，不見民族衰微，所倚恃的，就是我們傳統文化的偉大力量。這種力量，能夠把侵略她的民族同化，而融合爲一家人，例如蒙古、滿洲等民族是也。甚至她能使不易受人同化的民族，改變其習慣傳統，而甘為中華民族的一部份，例如河南開封近郊移來的猶太民族是也。所以先總統　蔣公說：「我們中華民族對於異族，抵抗其武力，而不施以武力，吸收其文化，而廣被以文化。這就是我們民族生存與發展過程裏面最為顯著的特質和特徵。」（註二〇）「抵抗其武力」、「吸收其文化」，這是忠；「不施以武力」、「廣被以文化」，這是恕。換句話說，這就是中道精神的具體表現。

先總統　蔣公又說：「今日之反共鬥爭，推本溯源，實為思想與文化之戰爭，未取決於戰場，先取決於人心，不專恃武力以制敵，而尤繫於道德精神之重振。」（註二一）

先總統　蔣公所說的道德精神，也可說就是文化精神。我們要重振文化精神，必須先加強文化意識。要加強文化意識，就是要求理性之自覺、價值之自覺，而卓然立人道之尊，做一個眞正的人，做一個眞正的中國人。而我國歷代的聖賢豪傑、仁人志士，他們每當國家民族存亡絕續之際，便能毅然以天下國家為己任，發揚民族精神，恢弘固有道德，作文化的尖兵，挽狂瀾於既倒，擔當起弘道作人、轉移風氣的責任，大學所謂「一家仁，一國興仁；一家讓，一國興讓」，由少數人率先倡導，乃能逐漸影響多數人，這種風行草偃的效果，就是由剝而復的契機，就是救亡圖存的根本之道。

孔子所說的「仁者，人也。」（中庸）這個仁，就是理性生命、精神生命、文化生命。仁是宇宙眞理之所在，也是人生意義之所在。民國初年有人要「打倒孔家店」，他們不知「孔家」根本沒有一個「店」，孔子仁道主義的教訓，只是把人心中固有的知忠知孝、能忠能孝的道德心指點出來而已（註二二）。所以孟子說：「仁，人心也。」（告子上）意謂「仁」就在人的心中。王陽明說：「人胸中各有箇聖人。」（註二三）也是此意。牟宗三先生謂孔子「通體是文化生命，滿腔是文化理想」（註二四），這就是因爲孔子能以「仁爲己任」，而踐仁知天，成己成物，允執厥中，達到「天人合一」的最高境界。孔子指點出人心所同然之理，指點出人生所當由之道，肯定了個人的人格，肯定了人倫的關係，也肯定了國家民族的文化價值，茲分下列兩點說明。

(一)人禽之辨

孔子說：「道二，仁與不仁而已矣。」（孟子離婁上）仁與不仁，也就是天理和人慾的分野，存天理就能爲聖爲賢，肆人慾就不免淪爲禽獸。所以理慾之分，也就是人禽之別。天生就一個人，就是要盡爲人之道。也就是要光大理性生命、精神生命和文化生命。在文化生命的歷史長流中，我們必須立定脚跟，堂堂正正的做人。既不可逃避責任，更不能自暴自棄，孔子之時，天下滔滔，長沮桀溺耦耕隴畝，以避世爲高。孔子蒿目時艱，不忍逃避現實，尤不忍世人墮落而淪爲禽獸，所以他說：「鳥獸不可與同羣，吾非斯人之徒與而誰與？」（論語子張）孔子既不願與鳥獸同羣，亦不忍坐視人心之陷溺。長沮桀溺避人避世，潔其身而求苟全性命，自外於文化生命，只有冷漠與荒涼，故其高蹈終歸沉寂。而孔子則能面對現實，以其宇宙人生的大慈大悲，通於歷史文化的洪流之中，體天道以立人道，從仁心中湧現出全幅的文化理想。由「人能弘道」，而「人文化成」。其富而後教的主張，就是發自強烈的文化意識，發自惻怛的淑世情懷。因爲「飽食煖衣，逸居而無教，則近於禽獸」（孟子滕文公上）。這裏的教，便是文化之教，也是人倫之教。

孟子善學孔子，尤重人禽之辨，他說：「人之所以異於禽獸者幾希，庶民去之，君子存之。舜明於庶物，察於人倫，由仁義行，非行仁義也。」（離婁下）人欲異於禽獸，即須善盡人之所以爲人之道。王夫之說：「庶民者，流俗也。流俗者，禽獸也。」（俟解）人若不願爲禽獸，亦當力爭上游，不可止爲流俗之人。須知罔念作狂，克念作聖。聖狂之分，只在一轉念間。范浚心箴說：「心爲形役，乃獸乃禽。惟口耳目，手足動靜，投間抵隙，爲厥心病。一心之微，衆欲攻之，其與存者，嗚呼幾希。」（註二五）存理制慾，是辨人禽的根本方法。

今日物質文明進步神速，而精神文化不但未見進步，反有失調的現象。文化失調必將助長人欲的橫流，人心的物化。此種物化有軟性與硬性之分。軟性的物化是奢侈淫逸，硬性的物化是暴戾殘忍，前者足以腐化社會風氣，後者足以破壞社會秩序。物化的結果，必然使人精神墮落，生活僵化，而國家建設的成果，民族復興的機運，亦必受到嚴重的損害和不利的影響。這是一種可怕的危機。而人禽之辨，就是要正本清源，反物化，反僵化，以喚醒人性的自覺，提高人生的價值。而立脚於中道，立業於中興。

(二)夷夏之辨

人禽之辨是肯定個人的人格，夷夏之辨是肯定民族的文化與國家之國格。先總統　蔣公曾說：「我們民族的傳統精神，特重人禽之分，又嚴漢賊之辨。」（註二六）所謂「漢賊之辨」，也就是夷夏之辨。孔子的春秋大義，最重夷夏之辨。孔子對於相桓公、霸諸侯的管仲，一方面雖然不滿其器之小（註二七），一方面又大其功曰：「微管仲，吾其被髮左衽矣。」（論語憲問）「

被髮左衽」之禍，就是文化國格的喪失。孔子大其功是爲國家民族幸，是爲天下後世幸。所以顧炎武說：「君臣之分，所關者在一身，夷夏之防，所繫者在天下。故夫子之於管仲，略其不死子糾之罪，而取其一匡九合之功。蓋權衡於大小之間，而以天下爲心也。夫以君臣之分，猶不敵夷夏之防，春秋之志可知矣。」（註二八）照顧氏的說法，夷夏之防大於君臣之分，則其重要於此可見。

春秋重夷夏之辨，故內諸夏而外夷狄，董仲舒說：「春秋之常辭也，不予夷狄而予中國爲禮。」（註二九）春秋不予夷狄爲禮，就是以無禮者爲夷狄。例如魯宣公十二年，晉楚邲之戰，春秋書曰：「晉荀林父帥師及楚子戰於邲，晉師敗績。」公羊傳說：「大夫不敵君，此其稱名氏以敵楚子何？不與晉而與楚子爲禮也。」董仲舒說：「春秋無通辭，從變而移。今晉變而爲夷狄，楚而爲君子，故移其辭以從其事。」又如定公四年，吳楚伯莒之戰，春秋書曰：「蔡侯以吳子及楚人戰于伯莒，楚師敗績。」公羊傳說：「吳何以稱子？夷狄也而憂中國。」及「吳入楚，吳何以不稱子？反夷狄也。」（註三〇）晉爲周武王之子唐叔之後，吳爲太伯之弟仲雍之後，皆爲貴族之裔，而春秋竟以夷狄視之，此可見諸夏與夷狄之辨，以有禮義與無禮義爲斷，而非以種族與國土爲別。所以韓文公說：「諸侯用夷禮，則夷之；進於中國，則中國之。」（註三一）這在春秋經中，夷夏進退的例子很多。孔子的夷夏之辨，有其民族的尊嚴，有其文化的理想。春秋書法中的夷夏進退，是對事不對人。中國人而有夷狄之行者，視同夷狄；外國人以禮義相待者，視同中國。其在今日，國父遺囑「聯合世界上以平等待我之民族，共同奮鬥」，即是本於春秋大義。

而中共信奉馬列主義，十年文革，倒行逆施，毀滅中華文化，無所不用其極，其罪大惡極，較之夷狄猶有過之，衡以春秋大義，應與俄帝一併申罪致討。二十世紀是民族意識覺醒的時代，孔子「尊王攘夷」的主張，拿到今天來說，就是擁護代表道統，法統的中央政府，打倒漢奸國賊，也不爲歐風美雨所同化，屹然自尊，完成以三民主義統一中國的神聖使命。

四、中道與民主政治

民主政治的意義，簡單的說，就是以民意爲主的政治。就歷史事實而言，民主政治是西方文化的產物，這種產物，原是人權運動的結果。所以　國父說：「歐美兩三百年來，人民所奮鬥的、所競爭的，沒有別的東西，就是爲自由，所以民權便由此發達。」（註三二）他們常說：「不自由，毋寧死！」由此可知自由的可貴。而自由的可貴，正反映出不自由的痛苦，這是由於他們的階級對立，衝突明顯，而統治者殘酷的專制，使人民忍受不了，才起來革命。但在中國則不同，　國父說：「外國人說中國人是一片散沙，究竟一片散沙的意思是甚麼呢？就是個個有自由，和人人有自由。」（同註三二）因而中國社會的演變，政權的轉移，並不以階級對立爲主要關鍵。孟子所說的天爵人爵（註三三），皆就道德價值觀念而言。人爵雖然是政治社會的，但必以天爵爲其本源，所以說：「修其天爵而人爵從之」（同註三三），由於中國沒有像西方那樣的階級對立的觀念，統治者也沒有西方那樣的專制淫威，人民不覺得痛苦，也就不願犧牲身家性命去打不平，所以中國人的政治意識，遠較西方人薄弱。

此外一個重要的特色是：中國自堯、舜、禹、湯、文、武、周公、孔子以來，聖聖相傳的中道思想，不但對於國家的統一、民族的融合，產生了積極的正面的影響；而且對於安身立命和治平天下，都有其最高的指導原則，這就是所謂內聖外王之道。這個內聖外王之道，至周公粲然大備，至孔子而集其大成。周公以禮樂爲教，孔子以忠恕爲道，忠恕和禮樂，皆以仁爲本。梁漱溟說：「仁與中，異名同實。」（註三四）故仁道即是中道，根源中道思想來發展民主，比根據人權思想來發展民主，更爲完善。因爲人權思想是西方的，國人對於人權的觀念曖昧不清，如果運用不當，很容易發生越軌的弊病，而爲少數別有用心的人，假借人權之名，而作違法亂紀之實，如高雄暴力事件的發生，就是一個明顯的例子。

中道之所以合乎民主，是因其以仁爲本，以民意爲歸。所謂「天視自我民視，天聽自我民聽」（孟子萬章上），所謂「民之所好好之，民之所惡惡之。」（大學）皆重民意之證。先總統蔣公說：「世界上最有力量最鞏固的政治，一定是建築在民意之上，一定是以人民的利害爲利害，以人民的視聽爲視聽。」（註三五）「建築在民意之上」的民主政治，既不偏於個人主義之極端放任，更不偏於極權主義之獨裁專政，所以是合乎中道的仁政。

(一)忠恕與自由平等

民主的本質，是自由與平等，而自由與平等的精神，就是忠恕一貫之道。曾子說：「夫子之道，忠恕而已矣。」（論語里仁）朱註說：「盡己之謂忠，推己之謂恕。」忠恕是仁之表現，其意義在於實踐。而實踐必先從本身做起，所以說「盡己之謂忠」，能盡己而後能推己及人，所以說「推己之謂恕。」然忠必有其對象，或忠於人，或忠於事。孔子說：「忠告而善道之。」（顏淵）這是忠於人。又說：「行之以忠。」（同前），這是忠於事。無論對人對事，都能盡其在我，俯仰無愧，就是盡己之忠。

至於恕，是忠的推衍。顧名思義，如心爲恕，也就是「將心比心」的意思。孔子說：「己欲立而立人，己欲達而達人。」（論語雍也）又說：「己所不欲，勿施於人。」（顏淵）前者是積極的恕，後者是消極的恕。程子說：「恕者所以行乎忠也，忠者體，恕者用，大本達道也。」（註三六）其意以忠爲大本，以恕爲達道，所以子貢問孔子說：「有一言而可以終身行之者乎？」子曰：「其恕乎！己所不欲，勿施於人。」（衞靈公）忠者無妄，無一毫自欺，無一毫不盡。耶穌說：「你要盡心盡性盡意盡力」（註三七），這就是忠，又說：「你們願意人怎樣待你們，你們也要怎樣待人。」（註三八）這就是恕。待人以忠必誠實，做事以忠必負責。能做到忠，便能理得心安，精神上自由自在。恕是將心比心，體貼別人，因己之所欲，而知別人所欲；因己之不欲，而知別人之不欲，稱物平施，愛人如己。由「己所不欲，勿施於人」，而使人與人之間，互相體諒，互不侵犯。尊重別人，自己也受到尊重，保持人與人之間的安全距離，世間必無妨害自由的事件發生。有了這個安全的控制器，自由就有了堅強的保障。

同時，將心比心，推己及人，彼此是立於平等的地位。因爲看重自己，也看重別人，則「己立」也想到「立人」；「己達」，也想到「達人」，這種「立人」「達人」的精神，便能縮短人我之間的距離，增進人我之間的關係。推其行之極致，便能由盡己之性，而盡人之性。這是仁道的實踐，所以孟子說：「強恕而行，求仁莫近焉。」（盡心上）

自由與平等，必須相輔而行，自由的限制，是基於平等的原則。承認人人平等，才能保障自由。但平等是消極的，容易產生流弊，而自由的濫用，更是罪惡的護符。無怪羅蘭夫人要發出「自由自由！多少罪惡假汝之名以行」的慨歎。所以自由與平等，必須以良好的民主制度來保障。但徒法不能以自行，若能以道德爲基礎，在消極方面做到「己所不欲，勿施於人」，在積極方面做到「己立立人，己達達人」。這樣，便能充分發揮民主的精神，爲國家社會服務。也就是國父所說的「聰明才力愈大者，當盡其能力而服千萬人之務，造千萬人之福。聰明才力略小者，當盡其才力以服十百人之務，造十百人之福。所謂巧者拙之奴，就是這個道理。至於全無聰明才力者，亦當盡一己之能力，以服一人之務，造一人之福。」（註三九）能這樣人盡其才，才盡其用，以修己爲根本，以服務爲目的，才是人道的準則，才是平等的精義所在。陳立夫先生曾說：「忠恕之道，絜矩之道，均出於中的基本原理。」（註四〇）絜矩之道，就是「己所不欲，勿施於人」的推衍，其實也就是忠恕之道。

要做到忠恕之道，必須痛下克己的工夫。人之常情，往往以自我爲中心，希望別人善待自己，未必能設身處地，善待別人。不希望別人這樣對待自己，却往往這樣對待別人，這就不合乎儒家的恕道。要糾正這種心理和行爲，就要時時省察克治，事事爲別人着想。待人要有度量，處己要無私心。有度量才能容人，無私心才能律己，要做到忠恕並不簡單，孔子弟子子貢曾說：「我不欲人之加諸我也，吾亦欲無加諸人。」子曰：「賜也，非爾所及也。」（公冶長）克己之不易，於此可見。

(二)禮樂與民主政治

禮是行爲的規範，是生活的規矩。孔子說：「不學禮，無以立。」（季氏）這是孔子教其子伯魚的話。禮是立身之本，也是治事之本。不能立身，亦必不能治事。孔子教其得意弟子顏回要「克己復禮」，並以「非禮勿視，非禮勿聽，非禮勿言，非禮勿動。」（顏淵）四者爲要目，這是以禮爲視聽言動的準則。孔子又說：「恭而無禮則勞，愼而無禮則葸，勇而無禮則亂，直而無禮則絞。」（泰伯）這是以禮爲涵養德性的基本條件。

而禮的作用，「貴絕惡於未萌，而起敬於微眇，使民日徙善遠罪而不自知。」（註四一）禮可養成良好的習慣，對於維持社會秩序，改善社會風氣，關係極爲重大。所以孝經說：「移風易俗，莫善於樂；安上治民，莫善於禮。」（廣要道章）禮樂是國民道德的基本，也是社會教育的利器，然推本而言，禮只是一個序，樂只是一個和。所以禮記樂記說：「樂者天地之和也。禮者天地之序也。」序是禮的最大作用，和是樂的最大作用。孔子主張正名，認爲「名不正則言不順，言不順則事不成。」（子路）不正、不順，就是亂序，亂序就不會成功。社會國家如果無禮，便要成爲無秩序的社會和無法守的國家。古代政教的功能，道德的水準，都可從禮樂方面得到表徵。所以子貢說：「見其禮而知其政，聞其樂而知其德。」（孟子公孫丑上）禮樂都是德教中事，今天的民主政治，一切都講法治。民主與法治，是一體的兩面。法律之前，人人平等；法律之內，人人自由。

先總統　蔣公說：「民主生活不僅是一種自由的生活，同時是一種秩序的生活，自由與秩序是永不分離的。」（註四二）這裏所說「秩序的生活」，就是以禮爲規範的生活。正秩序，守分際，是禮的精神。禮的精神，正是法治的基礎。所以孔子說：「禮樂不興，則刑罰不中。刑罰不中，則民無所措手足。」（論語子路）儒家言禮，常濟之以樂。因爲禮樂二者，相爲表裏。孔子常以禮樂對舉，即欲以二者相濟爲用，相輔相成。樂記說：「樂者爲同，禮者爲異。同則相親，異則相敬。樂勝則流，禮勝則離。」「同」是情感的和諧，「異」是秩序的分明。相親而不敬便會流於怠慢，相敬而不親便會隔離疏遠。必須禮樂相濟，以樂調和情感，以禮規範行爲。做到樂記所說「樂至則無怨，禮至則不爭」的境界，那就能收到「揖讓而治天下」的理想要求。

美國總統艾森豪在其競選期間，對現代民主思想，提出三要點爲：和諧、均衡與進步。這三要點就是儒家的中道精神。民主政治有兩種力量，一個是自由的力量，一個是維持秩序的力量。自由本是國民的權利，國父遺囑明白指示國民革命的目的「在求中國之自由平等」。中華民國憲法以明文保障人民應享的自由權利。但自由不是放縱，不是散漫，更不是混亂。自由是要發展個性，積極的服務人羣，自由要以不侵犯他人的自由爲範圍，才能維持社會的秩序，而維持秩序的力量，要靠理與法。禮是自然的規範，法是強制的約束。前者是積極的、自動的，後者是消極的、他動的。孔子說：「道之以政，齊之以刑，民免而無恥。道之以德，齊之以禮，有恥且格。」（論語爲政）只靠政治與法律，以規範人的行爲，使人不敢爲非，在生命的安頓上，終屬勉強，所以說：「民免而無恥。」禮是社會道德的節文，是人心自然的規範，守禮的人必然能守法，守法的人未必能守禮。所謂「有恥且格」，有恥便能有所不爲，有所不爲而後可以有爲。其爲與不爲，一循於理。其所依據，全是其自由意志，此自由意志，亦可說是其心之天則。人之行爲能本此天則，便可歸於性情之正。此對生命的安頓，可謂理得心安，十分和順。而「和順集中」則「英華發外」。所謂「禮節爲治事之本」禮節的客觀化，便是政治與法律。所以禮與法是同出一源，禮治與法治相輔相成。禮常與樂相關。禮節民心，其失易流爲機械；樂和民聲，其失易流爲浪漫，有子曰：「禮之用，和爲貴」（學而）。和便有樂的精神，禮與樂，同體而異用，人際關係的恰好處，便是和，然和實由序來。程子說：「天下無一物無禮樂，且置兩隻椅子，纔不正便是無序，無序便乖，乖便不和。」（註四三）民主政治，最重和諧，然和諧必以秩序爲前提。序是禮而和是樂，禮樂相濟，有相得益彰之美，推其極致，則天地位焉，萬物育焉。

今日的時代，是一個禮衰樂勝的時代，禮衰易生乖戾之氣，樂勝易滋浪漫之風，乖戾與浪漫，對於社會的和諧，有嚴重的影響，且能助長精神污染，有損心理健康。根據司法院的統計，最近兩年受理的民刑案件顯著增加（註四四），而報章雜誌的社會新聞，誨淫誨盜，觸目驚心。這種物化與腐化的現象，必須速採有效的對策。而正本清源之道，就是要注重國民道德教育，提倡正當活動，加強禮樂的教化功能。做到如先總統　蔣公所昭示的「袪除虛浮，務必篤實，力戒因循，崇尚果敢。思想必切實際，生活必循紀律，任事必負責任，行動必守秩序。實事求是，精益求精。」（註四五）而後乃能建立現代民主政治的基礎，邁向三民主義統一中國的勝利之路。

五、結論

中庸說：「君子而時中」，先總統　蔣公解釋說：「時字的意義，是具有時代性和進步性的。中字的意義，則是具有合理性和科學性的。這亦就是要學者日新又新與允執厥中的意思」（註四五）。所謂時代性，就是要「與時偕行」，配合時代的要求。因時有萬變，中無定體，時中就是隨時處中，也就是要在一定的時間和空間，對於一定之事，發爲「恰到好處」的行爲。禮記禮器說：「禮，時爲大。」時，就是指時代環境而言。孔子稱甯武子「邦有道則智，邦無道則愚」（論語公冶長）。又說：「天下有道則見！無道則隱」（泰伯）。可見孔子對於智與愚，仕與隱，並無一定的成見，而是視當時政治的有道無道，以爲智愚仕隱的準則。

至於進步性，則是要日新又新，精益求精。大學引湯之盤銘曰：「苟日新，日日新，又日新。」又引詩曰：「周雖舊邦，其命維新。」可知不斷求新，才能合乎中道。求新才會進步，因爲學無止境，道無止境。中是積極的力求圓滿至善，無論成聖成賢，都是「死而後已」的無限修行過程。詩經周頌說：「維天之命，於穆不已」。惟其不已，便能不斷進步。

中字的合理性與科學性，是今日民主政治的最大特徵。民主政治所以優於其他專制制度，而日益發皇，蔚爲時代潮流，就是因爲民主政治順乎天理，合乎人情。連最專制的共產國家，也要假借民主之名，以行其獨裁之實。由此可知人性是不能抹殺的，時代潮流是不可抗拒的。三十多年來，大陸與復興基地的對比，證明我們實行民主制度的成功，大陸實行共產主義的失敗，這是有目共睹的事實。

民主政治貴在安定團結，理性和諧，儘管各人的意見有不同，但可循民主政治的常軌，溝通協調，異中求同，服從多數，尊重少數，顧全國家的利益，全民的福祉，以尋求積極性的意見，作爲行政的依據。在安定中求進步，在和諧中求發展，彼此相忍謀國，建立共識與互諒。明大義，識大體，要能從善如流，不作意氣之爭。

例如，民國七十二年增額立委選舉，在選罷法的規定下，候選人發表政見，應該就事論事，公平競爭。要理性化，不要情緒化，要有建設性，不要有破壞性。但事實上，有些候選人的言論，情緒多於理性，破壞多於建設，甚至以譁衆取寵爲能事者，這就觸犯選罷法的規定，有違中道的合理性，這種候選人除非見風轉舵，不被選民所唾棄者幾希。選舉是民意的具體表現，也是民主政治的基礎。上次的增額立委選舉，其過程公平公正，理性和諧，選民的明智抉擇，肯定了「民主憲政在安定中成長」的道理，雖有小疵，瑕不掩瑜，是一次相當成功的選舉。

中道就是眞理，眞理是經得起考驗的。國父手創的三民主義，就是中道思想的結晶。例如民族主義崇尚王道，有異於國家主義之霸道，民權主義崇尚民主，有異於極權主義之獨裁，民生主義崇尚均富，有異於共產主義之均貧，及資本主義之貧富不均。且此三個主義，其一貫精神是自由平等，自由平等正是民主的本質，也是中道的表現。而我們復興基地實行三民主義的寶貴經驗，正是將來統一中國的指針。

二十世紀是三民主義的世紀，也是三民主義統一中國的世紀。三民主義具有時中維新的精神，弘揚時中精神，有助三民主義的順利推行，而實踐三民主義，就是弘揚時中精神的具體方案。先總統　蔣公說：「三民主義率天下以仁，而民從之；共產主義率天下以暴，而民不從。」（註四六）今日大陸上最覺得沒有前途的，是「吃共產黨奶水長大的」青年人，他們飽受文革浩劫的痛苦，不滿下放勞改的農奴生活，自然是迫切要求變革的一輩。他們對暴政的反感，可從下列的順口溜窺其端倪：「三十年「國家窮了，社會亂了，人心散了。」「回頭看，錯誤多端；現在看，左右爲難；未來看，前途暗淡。」」（註四七）對他們來說，三民主義才是令他們感到最新鮮、最吸引人的事。借用鄧小平的話說：「實踐是檢驗眞理的唯一標準」，經過三十多年的實踐，三民主義的眞理愈益光輝，而爲大陸十億人心所嚮往的聖火明燈。這就是三民主義統一中國的有力保證。

【附註】

註一：詳見朱子中庸章句序。

註二：尚書洪範：「建用皇極」疏：「五行志注：應劭曰：皇，大；極，中也。」見皇清經解卷七五一孫星衍尚書今古文注疏。

註三：語見孟子離婁下。趙注：三王、三代之王也，四事，禹湯文武所行事也。

註四：論語述而：子曰：「甚矣，吾衰也。久矣，吾不復夢見周公。」

註五：中說卷六禮樂：「子曰：禮其皇極之門乎！聖人所以嚮明而節天下也，其得中道乎。」

註六：引見朱子異同條辨卷六雍也、頁八六、近譬堂藏板。雙峯饒氏，名魯，字伯輿，黃榦門人，爲朱子之再傳弟子，事見宋元學案雙峯學案。

註七：韓儒李退溪說：「論語以中庸之人言之，故曰爲德。既稱爲德，則可無能字。子思以中庸之道論之，故去三字，既無三字，則須有能字，然於斯二者之間，未知其果孰增孰損？又安知其不出於偶然？而必欲強爲之說以求子思增損聖言之非乎！」增補退溪全書第二册，頁三〇八。

註八：中庸：「子曰：道之不行也，我知之矣，知者過之，愚者不及也。道之不明也，我知之矣，賢者過之，不肖者不及也。人莫不飲食也，鮮能知味也。」案四書辨疑卷十五認爲此段「行明二字，當相易讀之。」因爲知與愚，就「知」言，賢與不肖，就「行」言，二字互易，意更顯豁。中庸又曰：「子曰：天下國家可均也，爵祿可辭也，白刃可蹈也，中庸不可能也。」

註九：四個堅持：「社會主義路線」、「無產階級專政」、「共產黨的領導」、「馬列主義及毛澤東思想」。

註一〇：民國二年，國父在日本對中國留學生講演「學生須以革命精神努力學問」。

註一一：語見中山樓中華文化堂落成紀念文。又先總統　蔣公於「我們國家的立場和國民的精神」訓示中，昭示國人要「莊敬自強，處變不驚」。

註一二：六十一年總統對孔孟學會第十二次會員大會訓詞。
註一三：重編宋元學案六十二西山蔡氏學案。
註一四：六十八年一月十二日孫運璿院長對中共最近在海外進行各種統戰活動發表聲明。
註一五：參見吳怡「中國哲學的特色和精神」，頁二九。
註一六：詳見七十一年三月讀者文摘。
註一七：語見先總統 蔣公五十五年元旦告全國軍民同胞書。
註一八：六十八年四月二十日主持總統府 國父紀念月會講話。
註一九：詳情請參見中央日報「三民主義統一中國大同盟」盟訊特刊。截至七十三年一月二十九日，已出刊五期。
註二〇：中國之命運第一章。
註二一：五十一年對孔孟學會第二次大會訓詞。
註二二：參見牟宗三先生「中國文化大動脈的終極關心問題」，原文載於七十二年九月二十九日聯合報。
註二三：傳習錄下。
註二四：見牟著「道德的理想主義」，反共救國中的文化意識，頁二二九。
註二五：詳見宋元學案范許諸儒學案。
註二六：國父建黨革命六十年紀念詞。

註二七：論語八佾：「子曰：管仲之器小哉！」
註二八：原抄本日知錄卷九管仲不死子糾。
註二九：春秋繁露竹林第三。
註三〇：憂中國，指吳興師救蔡之事。反夷狄，指吳君妻楚王之母，惡其無義。此可見其進退之速。
註三一：語見韓愈原道。
註三二：民權主義第二講。
註三三：孟子告子上：「孟子曰：有天爵者，有人爵者，仁義忠信，樂善不倦，此天爵也，公卿大夫，此人爵也。」
註三四：東西文化及其哲學第四章「孔子所謂仁是什麼？」
註三五：總統訓詞「如何建立民主政治」。
註三六：見論語里仁朱註所引程子語。
註三七：馬可福音第十二章第三十節。
註三八：馬太福音第七章第十二節。
註三九：民權主義第三講。
註四〇：四書道貫正心篇，頁二九一。
註四一：大戴記第四六「禮察」。

註四二：四十六年對國大代表聯誼會年會紀念。

註四三：二程全書遺書十八，頁三二。

註四四：七十三年二月十六日聯合報第五版刊載：七十年一月至七十二年十月止，臺灣高等法院及分院受理民事案件計五萬八千三百零六件，受理刑事案件計十八萬一千七百四十三件。臺灣各地方法院及分院，近兩年受理民事案件，計一百零九萬三千六百零四件，受理刑事案件，計七十六萬八百零七件。

註四五：五十四年四月九日　總統對孔孟學會第一次會員大會訓詞。

註四六：五十五年元旦告全國軍民同胞書。

註四七：中央日報七十三年一月二十九日盟訊特刊第五期。

孔子的心學

一、前　言

自古聖賢學問，皆重心上工夫。宋儒陸象山嘗云：「學苟知本，六經皆我註脚。」（註一）象山所謂「本」，即是指「心」而言。其所教人，以發明本心爲始事。謂當「先立乎其大者，而後天之所以與我者，不爲小者所奪。苟本體不明，而徒致功於外索，是無源之水也。」蓋此心有主，而後可以應萬事。故世謂陸學爲「心學」。至明之王陽明，倡「致良知」之教，而心學始大。陽明之「致良知」，良知二字，本於孟子。象山之「先立其大」，亦爲孟子之語。高景逸謂「陽明、象山與孟子一脈」，皆心學也。其實，聖賢之學，無不以心爲本，不僅孟子、陸、王是心學，上遡孔子，亦是心學。

論語二十篇，言及「心」字者，共有六處，宋儒吳中隱居不仕，名重當時，有使者稅駕其門，因質曰：「論語言心凡幾等？」即應聲曰「『簡在帝心』，天地之心也；『從心所欲，不踰矩』，聖人之心也；『其心三月不違仁』，亞聖大賢之心也；『飽食終日，無所用心』，衆人之心也。」使者愕然歎服。（註二）吳中這種「四分法」是否適當，暫且不論。其所引論語四句，除「簡在帝心」外，其他三句皆爲孔子之言。論語所載孔子言「心」之語，也僅此三句而已。孔子言心，不僅與宋明儒不同，亦與孟子有異。所謂「聖人之心」，是就「不踰矩」言；「賢人之心」，是就「不違仁」言；「衆人之心」，是就「無所用」言。由此可知孔子言心，不是空談心性，不是空談本體，而是就其心上之工夫而言。心「不踰矩」，是工夫之極致；心「不違仁」，是工夫之效驗；心「無所用」，則全無工夫可言。心無工夫，此即大學之「心不在焉」，即孟子之「放心」。孔子言「無所用心」，其意在教人「求其放心」。「求其放心」，始能「有所用心」。可知孔子言心，是教人於心上做工夫。明儒曹月川云：「事事都于心上做工夫，是入孔門底大路。」（註三）曹氏此語，無異指出心學爲孔門之學脈，事實上亦是如此。

至於吳中將論語言心者分爲四等，似有未安。孔子云：「道二，仁與不仁而已矣。」（孟子離婁上）仁即道心，不仁即人心。尙書大禹謨云：「人心惟危，道心惟微，惟精惟一，允執厥中。」宋儒以爲是虞廷心法。此四句雖出於僞古文，然亦是語有所本，不是憑空杜撰。朱子以爲人心生於形氣之私，道心原於性命之正。（註四）語涉分析，不免啓人二心之嫌。實則，道心不離乎形氣，而亦不離乎形氣。王陽明云：「人心之得其正者即道心，道心之失其正者即人心。」（註五）故道心、人心，原是一心。孔子所言「不踰矩」、「不違仁」之心，即是道心；「無所用心」之心，即是人心。道心全善無惡，人心可善可惡。道心易雜於人僞，故曰「微」，人心易流於不善，故曰「危」。孔子之心學，即在經由學問工夫，以明其道心、制其人心而已。充其極致，則能從心不踰，從容中道，無欲不正、無念不眞，此爲心學之最高境界。

二、從 矩

孔門之學，旣爲心學，然孔子卻罕言心，其故安在？吾人須知，孔子爲道德實踐家，而非道德理論家。故其所教人，多言事，少言理；多言工夫，少言本體。多言事，而理即在其中；多言工夫，而本體即在其中。離開事，則理便落空；離開工夫，亦無本體可言。宋明儒者潛心理學，言心論性，剖析精微，此便與孔子不同。由宋儒上遡孟子，孟子論心之本體，歸之於理義。故其言曰：「心之所同然者何也？謂理也、義也。聖人先得我心之所同然耳。」（告子上）其論工夫，在求放心，謂「學問之道無他，求其放心而已。」（告子上）求其放心，即所以求仁，蓋仁者心之德，不仁之人，失其本心，放其心故也。本心存，則仁即在此。故孔子曰：「我欲仁，斯仁至矣。」（述而）只此一「欲」字，便是心上工夫。此欲仁之欲，乃道心之欲。孟子與孔子有異者，以其善言本體也。其盡心一篇，起首便云：「盡其心者，知其性也；知其性，則知天矣。」此處言心、言性、言天，發前聖所未發。曰性、曰天，皆指本體而言。性者，心之本體；天者，道之本體。故董仲舒云：「道之大原出於天。」（註六）

孔子雖罕言心，然論語載孔子之言，多與心學有關。其所教人，皆直指本心。如宰我欲去三年之喪，孔子謂曰：「食夫稻、衣夫錦、於女安乎？」曰：「安」。「女安則爲之。夫君子之居喪，食旨不甘，聞樂不樂，居處不安，故不爲也。今女安則爲之。」（陽貨）安則心忍，不安則不忍。心之安不安，由於忍不忍。心之忍不忍，知其仁不仁。孔子以一「安」字發之，教其反求本心也。孔子曰：「居上不寬，爲禮不敬，臨喪不哀，吾何以觀之哉！」（八佾）寬、敬、哀皆指心言。不寬則心狠，不敬則心放，不哀則心忍。聖人觀人必觀其本，寬、敬、哀皆其本也。本心既失，其餘不足觀也。

孔子論學言仁之處，尤爲心學之切要工夫。論語首章開宗明義即云：「學而時習之，不亦說乎！有朋自遠方來，不亦樂乎！人不知而不慍，不亦君子乎！」此章孔子示人以心學之實功。所云說、樂、不慍三者，皆指心之樂言。而一「學」字自是徹首徹尾之工夫。學之所貴，全在「時習」二字，習者習其所學，時時習其所學，則所學者熟。所學既熟，則所知益精，所能益固，所行益力，所得益深。則能心與理融，樂與道俱，其進自不容已。此即顏子「欲罷不能」之氣象。謝氏曰：「時習者，無時而不習。坐如尸，坐時習也；立如齋，立時習也。」（註七）謝氏之說偏重於行，然行亦不能離知。朱子云：「其謂須坐常常照管，教如尸，方始是習。立常常照管，教如齋，方始是習。」（註八）朱子所謂「常常照管」，即指在心上用工夫。若照管未至，即是心粗；若未曾照管，即是心放。王陽明云：「時習者，坐如尸，非專習坐也，坐時習此心也；立如齋，非專習立也，立時習此心也。」（註九）其說較爲深切。

蓋學貴得之於心，若心不在焉，更有甚事。宋儒饒魯，學於黃勉齋榦，勉齋問論語首論時習，習是如何用功，饒答曰：「當兼二義，繹之以思慮，熟之以踐履。」勉齋大器之。（註一〇）思慮屬知，踐履屬行。知行二者，皆須體之於身，驗之於心。爲學貴能時習，知行交養並進，則進益自不容已。

至於朋來之樂，程子謂「以善及人而信從者衆，故可樂。」（註一一）夫能以善及人，即有與人同歸於善之意。與人同歸於善，正君子之本心不容已處。此節初看似與「學」字無大關係，然細思之則不然。蓋有朋遠來，乃成學以後事。成學須在「時習」上用工夫，不能時習，亦必無以成學。不能成學，則亦不能有朋。即使有之，亦無遠來就我之理。

末節「人不知而不慍」，尤爲心學之切要工夫。常人之情，人不知而慍者，以有待於外也。有待於外，即非爲己之學。孔子云：「古之學者爲己，今之學者爲人。」（憲問）程子云：「爲己欲得之於己也，爲人欲見知於人也。」（同註一一）孔子「爲己爲人」之語，正就學者之用心而言。學者有一毫「見知於人」之心，即有一毫「不必得之於己」之意。蓋務外之心重，則務內之心輕。有一分務外之心，即有一分「人不知而不慍」之意。有一分慍意，便有一分懈心。此中消息，細入微芒。懈心一生，即非「時習」之學。君子學以爲己，不求人知，故能「不見是而無悶」。孔子一生好學不倦，純亦不已，不怨不尤，下學上達。故曰：「知我者其天乎！」（憲問）自足於內，故能無待於外。惟成德之君子，而後能不慍也。

姚承菴云：「學而一章，是孔子自摹的小影。」（註一二）此小影亦可謂之「心影」。因此章乃孔子自述心學之實功也，學而時習之，乃徹上徹下語，不獨通貫全章，亦可通貫論語全書。

孔子自謂「十室之邑，必有忠信如丘者焉，不如丘之好學也。」（公冶長）又謂「其爲人也，發憤忘食，樂以忘憂，不知老之將至云爾。」（述而）孔子於人之譽己，每謙讓不遑，生平惟以好學自居，學有未得，至於「發憤忘食」；學有所得，至於「樂以忘憂」。其好學之篤，至於「不知老之將至」，可謂難能矣。凡學之事，貴能心上知憤，又能心中感樂。由憤而樂，由樂而憤，一憤一樂，循環不已，此可謂之好學之心境。孔門弟子三千，好學者獨推顏子，可見好學者之難得。其所以難得，乃是由於學者之心，易誘於私慾，蔽於習氣。孔子曾慨乎言之：「吾未見好德如好色者也。」（子罕）又謂子路曰：「由，知德者鮮矣。」（衞靈公）知德、好德皆是心上事。知之好之，必須實有諸己，不欺其心。內足乎己，外物不搖。孔子所以大有功於天下後世，即在能爲瀕於陷溺之人心，指出一條平易可行之達道。此一達道，一直向前，一直向上。向前則可久，向上則可大。向前即是進步，向上才有光明。進步是美，光明是善。美即是智，善即是仁。仁智兼備，乃心學之極詣。到此境界，則已優入聖域。須知此一達道，並非可望不可及之理想。而是人人可行，人人能行。只要求其在我，盡其在我，即能行之有效，行無不成。

孔子自云：「五十有五，而志於學，三十而立，四十而不惑，五十而知天命，六十而耳順，七十而從心所欲，不踰矩。」（爲政）此章乃孔子一生之學譜。所謂志於學，「志」字吃緊。心之所之謂之志，志於學，則其心專一，念茲在茲。用志不分，乃凝於神。如飢渴之於飲食，此心不容稍已。學者才有悠悠，便不是立志。孔子所志者，即在要求此心合乎「從心不踰」之矩。使此心合乎此矩之學，即是心學。此矩即是天則，欲求此心合乎天則，須循一定之序，敬愼修持，時習不已。其下「三十而立」，即是時習之效。學至於能立，此時心有定守，不爲物遷，此即據德之地位，此德以禮敬爲主，故此時之「立」，亦可謂之立於禮。此禮在內爲自然之天則，在外爲當由之規範。能立於禮，即能攝心於規矩之中，而拔出乎流俗之外，此即頂天立地、仁爲己任之氣概。到「四十而不惑」，此心澄然瑩澈，清明在躬，其於事物之理，洞悉幾微，知無不明，行無疑滯，心與理融，不憂不懼，應酬之際，迎刃而解。至於「五十而知天命」，天命者，在天爲自然之理，在人爲當然之道。知天命只是事事循天理，盡人事。孔子「知其不可爲而爲之」，「知其不可爲」，即是知天命；「而爲之」，即是盡人事。盡人事即是循天理，循天理即是知天命。易謂「窮理盡性以至於命。」（說卦）此命亦是天命。知天命須能「窮理盡性」，「窮理盡性」須經學問之工夫，道德之實踐，此即「下學而上達」也。由此以至「六十而耳順」、「七十而從心所欲、不踰矩」，則已優入聖域，不思不勉，從容中道，此爲心學之最高境界，常人難以企及，自可存而不論。然孔子特於末句揭一「矩」字，頗有「畫龍點睛」之妙。故此境雖不可及，此矩不可不知，知則不可不勉，知所以自勉以求合此矩，即知所以學爲聖人之道。高景逸云：「聖人之學，全用逆法，只從矩，不從心所欲也。立者立於此，不惑者不惑於此。步步順矩，故步步逆欲，到五十而知天命，方是順境。故六十而耳順矣，七十而心順矣。」（註一三）「步步順矩、步步逆欲」，此爲心學之血脈準繩。孔子之耳順、從心，是從志學中致知力行、順矩逆欲、不斷修持、不斷涵養而來。舍「矩」不可以言心，舍心不可以言「學」。「矩」者，所以攝此心，「學」者，所以學攝此心以合此「矩」也。

三、操存

學者涵養之功，莫要於操存，所以然者，以人心最難把握也。孔子曰：「操則存，舍則亡。出入無時，莫知其鄉。」惟心之謂與？（孟子告子上）操則存，即易之「閑邪存誠」，即中庸之「戒愼恐懼」。高景逸曰：「孔子操則存四句，畫出『人心惟危，道心惟微』眞像」。（註一四）故操舍以理欲言。心在理上便存，心徇於欲便亡。夏東岩云：「纔提起便是天理，纔放下便是人欲。」（註一五）天理即道心，人欲即人心。人心道心，只是一心，但以存亡而異其名耳。此心不操即舍，不存即亡，中間無安頓處。孔子此言，以明心之不可須臾失其養也。故學者不論有事無事，必當汲汲於操存，而不可一息或懈也。誠能常存敬畏，以涵養此心。「造次顚沛而不違，參前倚衡而如見」。此即「道不可須臾離」之意。知「道不可須臾離」，則知心不可一息放。懈心一生，便是自暴自棄。

至於操存之術，莫要於克己復禮、主敬行恕，此可於孔子答顏、冉二子問仁之語見之：顏淵問仁，子曰：「克己復禮爲仁。一日克己復禮，天下歸仁焉。爲仁由己，而由人乎哉？」顏淵曰：「請問其目。」子曰：「非禮勿視，非禮勿聽，非禮勿言，非禮勿動。」顏淵曰：「回雖不敏，請事斯語矣。」（顏淵）朱註以爲「此章問答，乃傳授心法切要之言。」此章以「克復」爲綱，以「四勿」爲目。克己二字，馬融釋爲「約身」，（註一六）邢昺疏：「劉炫云：克訓勝也，己謂身也，身有嗜慾，當以禮義齊之。」朱註本劉氏之說，訓「克」爲「勝」，訓「己」爲「身之私欲」。清儒及近人多從馬氏之說。其主要理由，在於解「己」爲「私欲」，與下文「爲仁由己」之「己」字相矛盾，以爲下「己」字，斷不能解爲「私欲」之故也。（註一七）

愚案左傳昭公十二年云：「王揖而入，饋不食，寢不寐，數日，不能自克，以及於難。仲尼曰：古也有志：『克己復禮，仁也。』信善哉！楚靈王若能如是，豈其辱於乾谿。」楚靈王之不能自克，指不能克制自己之嗜慾。克字訓勝，原爲古義，見於爾雅。馬融訓克爲約，不如訓勝爲佳。約身二字，雖亦可通，然於義嫌泛。且論語屢言「約」字，孔子曾教人「約之以禮」（雍也），顏子亦謂夫子「約我以禮」（子罕），若克字訓約，孔子何不直言「約」字。「約」字既爲孔子所恆言，斷無諱而改字之理。下文孔子告以克己之目，則知克己之己，指非禮之處而言。朱註以己爲「身之私欲」，身之私欲即非禮之處也。由此可知朱註不違經義，且較馬說貼切。然依朱說，則有與下「由己」字不相應之嫌，清代以還，學者多有訾議。（見註一七）其實，此二己字，內涵雖有不同，前後並非矛盾。袁甫云：「前之己而曰克，此之己而曰由，豈有二己哉？曰：非有二己也。塵去鑑明，而即此鑑也。雲消月皎，而即此月也。未克己之前，雲也、塵也，皆蔽我累我者也，烏可以不克。既克己之後，月也、鑑也，本如是光明，本如是瑩潔。」（註一八）袁氏之論，可爲朱說之補充。今案「克己」之己，即生理之己；「由己」之己，即哲理之己。生理之己，即是「人心」；哲理之己，即是「道心」。人心未必皆不好，然不合於禮者必不好，不好即當克去。克如克敵之克，既克之後，則道心便明。以道心爲主，則「天君泰然，百體從令」（註一九）循理而行，羣邪退聽。己者我也，私欲生於我，爲仁亦在於我。水可載舟，亦可覆舟，載舟者水之正性，覆舟者非其正也。心亦猶是也。合理者其正也，非禮者非其正也。知何者爲非禮，何者爲合禮，凡非禮處勿視聽言動，即是克己；凡合禮處則視聽言動，即是復禮。「克己只是遠不仁，復禮方是仁」。（註二〇）復禮是爲其所當爲，克己是不爲其所不當爲。禮爲在內之天則，爲在外之節文。此天則與節文，皆爲心之不容已處，故克己復禮皆當於心上用工夫。視聽言動，四者實一，主於此心，非禮則勿，外中節文，內合天則。然後心無不安，理無不明，念無不正，事無不順，己無不克，禮無不復，到此境地，道心大同，範圍無外，故曰「天下歸仁」。

孔子稱顏淵「其心三月不違仁」，（雍也）三月不違，只是此心常存，無一毫私欲，無一息間斷。然顏子之心事，孔子從何處窺之，亦只在其視聽言動之間見之而已。孔子云：「顏氏之子，其殆庶幾乎！有不善未嘗不知，知之未嘗復行也。」（易繫辭下）知之未嘗復行，即是「不貳過」，即是「克己」之工夫。孔子又謂：「回之爲人也，擇乎中庸，得一善，拳拳服膺，而弗失之矣。」（中庸）擇乎中庸，此致知之功。拳拳服膺，此力行之事。每得一善，必先著之於心，而後見之於行。著之於心，見之於行，此即「復禮」之功。顏子之克己復禮，擇之精，守之固，行之力。擇之精是知，守之固是仁，行之力是勇。「克己」是由己克之，復禮是由己復之，「己」即此心也。此處工夫極切實，極細密。而其用力之處，全在一「勿」字。勿者，禁止之詞，斬釘截鐵，有正本清源之意。勿之與否，聖狂斯分。雖舜之聖，一罔念而狂；雖跖之惡，一克念而聖。毫釐之差，天壤易處。顏子見得分明，做得眞切。於此處用功，是一了百當之工夫。朱子曰：「常記胡侍郎云：我與顏子只爭一個『勿』字，顏子非禮便勿視，我非禮亦視，所以不及顏子。」（註二一）吾人所以非禮亦要視，即是因爲此心誘於私欲。克己工夫須有「掃除廓清」之決心，才有一毫非禮之念萌動，即時克去，不可苟且姑容，方是眞實用功。

仲弓問仁。子曰：「出門如見大賓，使民如承大祭，己所不欲，勿施於人。在邦無怨，在家無怨。」仲弓曰：「雍雖不敏，請事斯語矣。」（顏淵）本章孔子教仲弓主敬行恕，敬恕只是存心之工夫，心存而後可以復仁體。朱註云：「敬以持己，恕以及物，則私意無所容而心德全矣。內外無怨，亦以其效言之，使以自考也。」出門如賓二句是「敬以持己」，己所不欲二句是「恕以及物」。在邦無怨二句是敬恕之效驗。本章與上章義正相發，惟答顏子處工夫較爲深密，因顏子之四勿，是禁於非禮之前，如紅爐點雪，立時消融，此乃一了百當之工夫。仲弓是就出門、使民等處，逐件用工夫。「如見大賓」，此是威儀之莊敬；「如承大祭」，此是蒞事之篤敬。「勿施不欲」，此是以己之心，達人之情。敬所以存其心之德，恕所以推其愛之理，仲弓之敬恕，猶顏子之克復。勿施其所不欲，即是「克己」之工夫；蒞事如賓如祭，即是「復禮」之工夫。而「邦家無怨」，亦猶「天下歸仁」。仁乃此心與他人之會通。曰「天下」、曰「邦家」，便有大小之異；曰「歸仁」、曰「無怨」，便有深淺之殊。此亦可見心學之高下層次。

雲峯胡氏曰：「敬以持己，是收斂此心入來；恕以待人，是推擴此心出去。」（註二二）心不收斂，亦不能推擴。程子謂「無忠做不出恕來。」（註二三）此處孔子言敬恕而不及忠，蓋以敬攝忠。不忠必不能敬，能敬則必能忠，爲人謀而忠，則持己之敬可知。忠與敬，皆本心之發用，亦即本心之天則，順此天則便安，不順此便不安。

四、體用

孔門之學，以躬行爲主，故惟教人在實事上用力，使其由工夫而悟本體。做到一分工夫，便識得一分本體，做到十分工夫，便識得十分本體。若不肯去下工夫，徒恃聰明解悟，其解悟必不眞實，以其無實證故也。孔子答顏淵、仲弓問仁之語，皆就工夫而言，皆是下學之事，前已言之。又如答樊遲問仁，告以「居處恭，執事敬，與人忠，雖之夷狄，不可棄也。」（子路）此與答仲弓同條共貫，答仲弓言敬恕，此言恭敬忠。朱註謂「恭見於外，敬主乎中」。其實，恭亦是敬，未有內無敬而外能恭者。孔子言「修己以敬」（憲問），敬則恭在其中。前答仲弓，言敬恕而不言忠，以忠即在敬中。此答樊遲，言敬忠而不言恕，以能忠必能恕也，明儒史玉池云：「有本體自有工夫，無工夫即無本體，試看樊遲問仁，是向夫子求本體，夫子卻教他做工夫，曰：『居處恭，執事敬，與人忠』。凡是人於日用間，那個離得居處、執事、與人境界。故居處時便恭，執事時便敬，與人時便忠，此本體即工夫。學者求仁，居處而恭，仁就在居處；執事而敬，仁就在執事；與人而忠，仁就在與人，此工夫即本體。是仁與恭敬忠原是一體，如何分得開？」（註二四）所謂「本體即工夫」，謂恭敬忠之心，乃本體之發用。本體即是本心，本心不存，如無源之水，無根之木。故無本心即無恭敬忠之心。所謂「工夫即本體」，謂恭敬忠皆工夫之名，工夫所在，即本體所在。有眞工夫，即明眞本體。若不用眞工夫，即昧眞本體。故學者不患本體不明，只患工夫不切。而其工夫全要在關頭上用力。

孔子曰：「富與貴，是人之所欲也，不以其道，得之不處也。貧與賤，是人之所惡也，不以其道，得之不去也。君子去仁，惡乎成名？君子無終食之間違仁，造次必於是，顚沛必於是。」（里仁）孔子指點本心之仁，是在富貴、貧賤、造次、顚沛之關頭用力，能於此等關頭不動搖，不走作，方是眞工夫，眞操守。方是明本體，眞當下即是。顧涇陽曰：「富貴一關也，貧賤一關也，造次一關也，顚沛一關也，到此眞令人肝腑具呈，手足盡露，有非聲音笑貌所能勉強支吾者。故就源頭上看，必其無終食之間違仁，然後能於富貴、貧賤、造次、顚沛處之如一。就關頭上看，必其能於富貴、貧賤、造次、顚沛處之如一，然後算得無終食之間違仁耳。」（註二五）顧氏此論極眞切，所謂「就源頭上看」，此是「本體即工夫」，就關頭上看，此是「工夫即本體」。工夫與本體實不可分。學者只有工夫可做，本體上著不得力。故孔子教人，唯與之談工夫，而罕言本體，所以然者，「一則此非言說所及。二則強形容之，亦恐人作光景玩弄。孔子苦心處，後人固不識也。」（註二六）要之，孔學即仁學，證之論語，弟子問仁獨多。仁即本心，故孟子曰：「仁，人心也。」（告子上）孔子平生所學，不外反求本心，以明此心之明德而已。以顏子之深潛純粹，僅至「其心三月不違仁」，三月雖久，然猶未能恆常不違，顏子尚且如此，況其下焉者乎？此亦可見心學工夫之難能。蓋不違於言，不若不違於行；不違於行，不若不違於心。夫心者，萬事之本源，言行之樞機也。「樞機之發，榮辱之主」，（易繫辭上）爲善爲惡，操存舍亡。欲使此心不違，非防於未萌之先，克於方萌之際不可。防之克之，皆須在關頭上用功。一念不可放，一事不可苟。工夫至處，即是眞本體；工夫熟處，即是眞自然。孔子「七十而從心所欲，不踰矩」，此中義旨微妙，神用不測，要其所以至極，亦無非是工夫精熟而已。胡氏曰：「聖人之教亦多術，然其要使人不失其本心而已。欲得此心者，惟志乎聖人所示之學，循其序而進焉。至於一疵不存，萬理明盡之後，則其日用之間，本心瑩然，隨所意欲，莫非至理。蓋心即體，欲即用，體即道，用即義，聲爲律，而身爲度矣。」（註二七）胡氏此語，可爲聖人心學之註脚。聖人千言萬語，無非教人就實事上用功，以明此本心而已。識得此心，敬持勿失，如賓如祭，參前倚衡；富貴貧賤，不淫不移；造次顚沛，亦必於是。防檢精察於微漸，涵養無間於瞬息；絕悔吝於未萌，愼樞機於將發；斯能正位居體，閑邪存誠矣。

五、樂　道

西哲有謂「道德無假期。」（註二八）此語至堪玩味。吾人亦可謂「心學無假期」。既無假期，則不容稍懈，心有稍懈即是放。顏子之四勿，曾子之三省，仲弓之二如，皆所以操存此心，惟恐或失。然既無假期，必有眞樂乃可。不然，則攻苦食淡，情何以堪？是以宋儒周濂溪嘗教學者尋孔顏樂處，（註二九）孔顏之樂固未易言，欲問孔顏所樂何事？當先問孔顏所好何學？蓋樂由學生，學由樂成。不樂，則其學必有未至；不學，則其樂必有不足。故欲尋孔顏之樂，當先好孔顏之學。

鮮于侁問程子，「顏子何以不改其樂？」曰：「知其所樂，則知其不改。君謂其所樂者何也？」曰：「樂道而已。」曰：「使顏子以道爲可樂而樂之，則非顏子矣。」侁以語毘陵鄒公浩，公曰：「吾今始識伊川面。」（註三〇）鄒氏之意，以爲伊川已入禪去。平實論之，鮮于氏「樂道」之言，未爲不是。孔子亦謂「士志於道而恥惡衣惡食者，未足與議也。」（里仁）志者心之所之，樂者心之所悅。就層次而論，志道者淺，樂道較深。樂道必能志道，志道未必能樂道，其以「惡衣惡食」爲恥者，未能樂道之故也。顏子不恥「惡衣惡食」者，以其能樂道也。孔子以「志道」爲教，則必以「樂道」爲美。故其答子貢曰：「未若貧而樂（道），富而好禮者也。」（註三一）又讚顏子「一簞食、一瓢飲，在陋巷。人不堪其憂，回也不改其樂。」（雍也）孔子讚顏子之「不改其樂」，即是答子貢之「貧而樂道」。孟子亦謂「君子深造之以道，欲其自得之也。」（離婁下）深造自得，即能樂道。孟子又謂「理義之悅我心，猶芻豢之悅我口。」（告子上）此則一語道破「道」之可樂。可樂在道，然道非學不知，非學不明。道可樂，學亦可樂。論語首章已揭示此意。孔子贊顏子爲好學，特舉「不遷怒、不貳過」爲言。「不遷怒如鏡懸水止，不貳過如冰消凍釋」，（註三二）此即學道之效驗。到此境界，其心渾然瑩然，學處即是道，行處即是樂，萬物皆備於我，無入而不自得。夏尚朴云：「孔門沂水春風景，不出虞廷敬畏情。」（註三三）「沂水春風」之樂，其樂在心，而不在景。心存敬畏，內省不疚，俯仰無愧，則樂在其中。前言之操存工夫，不出敬畏之心。

於此欲深致其意者，學有無窮工夫，「心」之一字爲其大動脈。心有無窮工夫，「思」之一字爲其大動脈。孔子曰：「君子有九思。視思明，聽思聰，色思溫，貌思恭，言思忠，事思敬，疑思問，忿思難，見得思義。」（季氏）孔子言「思」之工夫，以此爲最備。九思無時不在心上用工夫。孟子云：「心之官則思，思則得之，不思則不得也。」（告子上）思之與否，得失斯分。九思須是逐一做工夫，無時不思，無事不思，出處語默，一念不懈；人倫日用，一事不苟。鄧元錫云：「九思不愼，是無心也。」（註三四）學貴思，思貴愼。思無不愼，則理無不得，理得則心安。不愼其思，則不免以欲爲理，認賊作父。孔子謂「棖也欲，焉得剛？」（公冶長）「欲」則蔽於物，蔽於物則累於心。惟深思能知其蔽而去之。蔽去則心無所累，而剛德自見矣。

孔子於九思之外，又揭「思無邪」之教，以正人心。心學至於「思無邪」，則所思莫非天理，其所言所行，亦莫非天理之發用流行矣。孔顏之樂，樂此也。孔顏之學，學此也。識孔顏之學，便識孔顏之樂。欲識孔顏之學，必須反求諸己。蓋聖賢之心，即吾心也。學者誠能博文約禮，擇善固執，行之於身，盡之於心。至於用力之久，則物無不順，心無不明，此即孔子所云「天下歸仁」之境界。

六、結　論

時有古今，而心無古今。道有內外，而心無內外。蓋人同此心，心同此理。孔子之心學，乃人心之所同然，天理之所當然。此心通乎古今，包乎內外。孔子揭一「仁」字爲心之全德，揭一「學」字爲入德之門，揭一「思」字爲操心之鑰，揭一「禮」字爲行仁之方，揭一「矩」字爲從心之則。而其一以貫之、終身以之者，則爲忠恕之道。故曾子曰：「夫子之道，忠恕而已矣。」（里仁）盡己之謂忠，推己之謂恕。己不盡，則心有不到之理，己不推，則物有不達之情。中庸謂「忠恕違道不遠」，「違道不遠」者，謂忠恕所以行道也。人能忠恕，則近道矣。就其下手工夫而言，則「恕」字尤爲切要。故子貢問曰：「有一言而可以終身行之者乎？」子曰：「其恕乎？己所不欲，勿施於人。」（衞靈公）恕以及人，當下便是。恕是忠之發用，言恕則忠在其中，故終身可行。孟子亦謂「彊恕而行，求仁莫近焉！」（盡心上）行恕而云「彊」，正爲學者用力而言。孟子此言，即承孔子、曾子之意而來。

夫國於天地，必有與立。立國必先立人，立人必先立己，立己必先立心。萬事皆從心生，皆由心成。哀莫哀於心死，樂莫樂於心存。人所以爲萬物之靈者，唯在有此心耳。然此心生於形氣，蔽以習染，或失其正，未免於昏。誠能善加涵養，操存無息，勿使一念不善潛伏於心中，則清明在躬，氣志如神。由此一立立定，便有頂天立地、仁爲己任之氣概。則凡成己成物，立德立事，皆發軔於此。

國父孫先生嘗謂：「有道德始有國家，有道德始有世界。」道德亦不外於心學，故必先於自己方寸之地，建立道德基礎，始能在廣大社會建立道德世界。今日科學之發達，物質之文明，已達於登峯造極之境，而人心之陷溺，人道之式微，則如江河日下，不知伊於胡底？人類之安危禍福，繫於人心之一念。罔念作狂，克念作聖，狂聖由心，操舍在己。故救危莫先於正心，正心莫要於操存。學貴躬行，不貴多言。孔子之心學，不離人倫日用之事。吾人如能取論語有關心學之言，虛心涵泳，切己體察，應之於人，施之於事，汲汲焉毋欲速也，循循焉毋敢惰也，好之既篤，爲之不厭，用功既久，自有「欲罷不能」之境，「俯仰無愧」之樂。此之謂善學。

【附註】

註一：宋元學案第三册、卷五十二、頁六三八、陸象山語錄、正中書局本。
註二：宋元學案第四册、卷七十六、雙峯學案、頁九九二、正中書局本。
註三：古今圖書集成、理學彙編、學行典卷一百二十一、心學部、曹月川集錄粹、頁二七〇、鼎文書局本。
註四：朱子中庸章句序云：「心之虛靈知覺，一而已矣。而以爲有人心道心之異者，則以其或生於形氣之私，或原於性命之正。」
註五：傳習錄上、徐愛錄。
註六：漢書董仲舒傳。
註七：論語朱註引。謝氏名良佐，字顯道，上蔡人，程門高弟。
註八：四書朱子異同條辨卷一學而、頁五，近譬堂藏板。

註　九：傳習錄上、答子仁問、薛侃錄。
註一〇：宋元學案、第四册、卷七十六、雙峯學案、頁九九〇、正中書局本。
註一一：引見朱註。
註一二：論語會箋上册、卷十、頁五四引。
註一三：明儒學案下册、卷四十三、東林學案（二）、高景逸講義、頁四九六。
註一四：學統卷一、正統孔子、頁二四、商務印書館本。
註一五：明儒學案上册、卷四、崇仁學案（二）、夏東岩文集、頁四八、正中書局本。
註一六：何晏集解引。
註一七：阮元揅經室集云：「己字，即自己之己，與下爲仁由己相同。若以克己字解爲私欲，則下文爲仁由己之己，斷不能再解爲私欲。而由己不由人，反詰辭氣，與上文不相屬矣。」臧庸拜經文集云：「劉光伯嗜慾之言，意主楚靈王，而邢叔明襲之以釋論語，遂開集注訓己爲私欲之端，與全部論語人己對舉之文方員鑿枘之不合矣。」劉寶楠論語正義云：「爾雅釋詁：克、勝也。又：勝，克也。轉相訓，此訓約者，引申之義。約如約束之約，約身，猶言修身也。」近人如陳百年先生論語臆解、錢賓四先生論語新解、毛子水先生論語今註今譯，及日本、安井衡四書集說皆主此說。
註一八：宋元學案第四册、卷六十八、絜齋學案、袁蒙齋經筵講義、頁八七五、八七六、正中書局本。

註一九：語見范氏心箴。李退溪全集下册、心經附注、卷四、頁十五、日本刻版、大韓民國退溪學研究院發行、一九七五年十一月。

註二〇：王夫之語。見四書箋解下論、頁二〇八、廣文書局本。

註二一：四書朱子異同條辨、論語卷十二、頁一九、近譬堂藏板。胡侍郎即胡寅，字明仲，官禮部侍郎，學者稱致堂先生。

註二二：原本備旨論語集註、卷十二、頁九、京城書籍業組合發行、大正六年十二月。

註二三：同註二一、論語卷十二、頁三一。

註二四：明儒學案下册、卷四十三、東林學案（二）史玉池論學、頁四八三、正中書局本。

註二五：明儒學案下册、卷四十二、東林學案（一）顧涇陽當下繹、頁四八〇、正中書局本。

註二六：熊十力新唯識論卷下、第八章、明心上、頁二六一、河洛圖書出版社、語體文本。

註二七：引見朱註論語爲政篇。

註二八：此美人詹姆士之語，引見方東美中國人生哲學概要、第六章、頁六八。

註二九：明道曰：「昔受學於周茂叔，每令尋仲尼、顏子樂處，所樂何事。」見宋元學案、第一册、卷九濂溪學案、附錄、頁一三二、正中書局本。

註三〇：同註八、卷六雍也、精義。頁三五、鮮于侁，字子駿，見宋元學案、原卷九十六、元祐黨案。鄒浩，字志完，見宋元學案、第二册、卷三十一、陳鄒諸儒學案。

註三一：論語學而「貧而樂」句，日本傳世諸古本，俱作「貧而樂道」，如彼邦傳刻之皇疏本即其一例。（皇本已由世界書局景印，編入十三經注疏補正、第十四册）而史記仲尼弟子傳引此文，亦有「道」字。足爲古本有「道」字之證。以文義審之，以有「道」字爲是。「樂道」正與下文「好禮」相對：如「樂」下無「道」字，易啓人誤會，以爲所樂是貧。

註三二：同註八、卷六雍也、語類、頁一一。

註三三：明儒學案上册、崇仁學案（二）、頁四七。

註三四：明儒學案上册、卷二十、姚江學案（十四）、頁二二五。

孔子的淑世精神

一、前　言

孔子德配天地，道冠古今，不僅爲中國之聖人，亦爲亞洲之聖人，世界之聖人。我中華文化，源遠流長，孔子以天縱之資，祖述堯舜，憲章文武，繼承往聖之文化遺產，而集其大成，而下開千萬世之眞精神，使我中華文化愈益明著光輝，照耀寰宇。且愈經搖撼摧夷，愈能光輝日新。宋儒謂「天不生仲尼，萬古如長夜」（註一），此語形容得恰好。孔子之道，如日月普照，萬古常新，此道即仁道也。仁之精義，如無孔子倡明而光大之，則此宇宙直陷於萬古之長夜矣，唐君毅氏云：

孔子對于周以來之傳統文化之精神唯是承繼之，孔子所進于以前者，唯是自覺其精神所在。不有孔子之自覺，則傳統文化之精神，唯存于禮儀威儀之社會文化中。有孔子之自覺，則此精神存于孔子之心，見諸孔子之行事。孔子以之垂教，乃使人人皆可知此精神

而實踐之。（註二）

有孔子之自覺，傳仁道於天下萬世，後之人乃可以大弘斯道，推而廣之，所謂「文王既沒，文不在茲乎！」（論語子罕）道之顯者謂之文，文也者，所以述是道而有傳也。文王既沒，孔子以斯文為己任，質言之，亦即以仁為己任。孔子嘗言：「道二，仁與不仁而已矣」（孟子離婁上）。又曰：「夫仁者，己欲立而立人，己欲達而達人」（雍也）。就心上說，己才欲立，便欲立人；己才欲達，便欲達人。就事上說，己立始能立人，己達始能達人。就感應上說，己立而人未立，猶己未立；己達而人未達，猶己未達。就工夫上說，立人即所以立己，達人即所以達己。此是徹上徹下之事，此是人我一體之懷，此種以仁存心，推己善羣之精神，可名之曰淑世精神。此種精神，係人人所固有（註三），惟孔子能躬行實踐，推而廣之，擴而充之，大而化之，故子貢曰：

夫子之得邦家者，所謂立之斯立，道之斯行，綏之斯來，動之斯和，其生也榮，其死也哀。（子張）

聖人道全德備，其感動之速，過化之妙，眞有與天地同流者。由於此種淑世精神之弘揚，才能使人羣社會、國家民族，達於安和樂利至善至美之境界，亦即「天下歸仁」之境界。

二、好學精神

孔子自謂「學而不厭，誨人不倦」（述而）。又謂「我學不厭而教不倦也」（公孫丑上）。學不厭，所以成己；教不倦，所以成物。成己成物，二者只是一事，成己必在於成物，成物乃所以成己。論語首章，開宗明義即謂：

子曰：學而時習之，不亦說乎！有朋自遠方來，不亦樂乎！人不知而不慍，不亦君子乎！

朱注：「學之爲言效也。人性皆善，而覺有先後，後覺者，必效先覺之所爲，乃可以明善而復其初也。」學者學爲君子，後覺必效先覺，始可明善誠身。學有修有悟，必先修而後悟，悟即覺也。學有知有行，必先知而後行，知即覺也。就效與覺而言，覺字之義尤重，蓋學貴自覺，不覺不足以言學，熊十力氏云：「學是覺義，覺是工夫，即是本體。聖人始學至成聖，工夫一步深一步，便是本體逐漸顯現。」（註四）學是由外在之倣效，引發內在之自覺，由于內在之自覺，而使本體隨之透顯。工夫愈深，本體愈顯。時習之說，即是基於內心之自覺，仁體之透顯。時習不已，即是工夫不息。工夫不息，本體透顯，如何不悅！學至於此，即是己立己達。由此而力量外透，便可立人達人。下文朋來之樂，即是由於仁體之透顯與感通，而能與人一體。此種感通之樂，出於自然，非可強求。朋之不來，君子無慍，而不改其樂。

要之，學兼知行而言，而以行爲重，學之之道，須時習不已，熟之於己，得之於心。使心與理相融，而所知者益精；身與事相安，而所能者益固。尤貴推己及人，然其大本仍須歸到自己身上，姚承菴云：「學而一章，是孔子自摹的小影。」（註五）學而時習之，乃徹上徹下語，自始學以至成聖，不外乎此。

孔子云：十室之邑，必有忠信如丘者焉，不如丘之好學也。（公冶長）

忠信言生質之美者，蓋美質易得，好學難求。美質不可恃，惟好學所當勉，苟能好學，雖聖人可學而至，不能好學，雖美質亦不免為鄉人。此章大旨，在以身示教，勉人好學。孔子一生，好古敏求，學而不厭，乃至於「終日不食，終夜不寢」（衛靈公），「發憤忘食，樂以忘憂，不知老之將至」（述而）。其好學之篤，樂學之深，實已登峯造極，無以復加。論語載：「子在齊聞韶，三月不知肉味」（述而）。史記記載此事，於「三月」句上，加「學之」二字，謂學之三月不知肉味，其義較為圓融，亦更能顯示孔子好學樂學之藝術心情與境界也。

子曰：知之者不如好之者，好之者不如樂之者。（雍也）

樂原於好，好原於知，真知則自好，真好則自樂。知而不好，則是知之未至；好而不樂，則是好之未至。孔子疏食飲水，樂在其中，顏子陋巷簞瓢，不改其樂，此種精神境界，極為難能可貴，雖非學者所易企及，然不可不以此相勉。聖人之好學，在能不恥下問，樂取諸人以為善，論語八佾云：

子入太廟，每事問，或曰：孰謂鄹人之子知禮乎？入太廟，每事問。子聞之曰：是禮也。

朱注以為孔子之問，是「敬謹之至」，熊十力氏辨之云：「書生初入太廟，於未曾見之禮器，未曾習之禮儀，自有喜樂玩索之情，不得不問耳。而朱子必釋曰「敬謹之至」，則將孔子當時一段活潑潑地精神，說成死板矣。」（註六）案熊說甚允，中庸言「博學」必繼之以「審問」，審問乃好學之表現。孔子嘗問禮於老聃，問樂於萇宏，問官於郯子，又嘗學鼓琴於師襄子。據史記仲尼弟子傳：「孔子之所嚴事，於周則老子，於衞蘧伯玉、於齊晏平仲、於楚老萊子、於鄭子產、於魯孟公綽」。子貢謂「夫子焉不學，而亦何常師之有？」（子張）無不學、無常師，其好學可知。

子曰：三人行，必有我師焉。擇其善者而從之，其不善者而改之。（述而）

唐甄云：「所謂三人行者，乃偶遇而與之偕行，非素共學之人也；所謂善不善者，乃偶見之行事，非可與論學之人也；而夫子教人之取益也，則若是矣。」（註七）以偶遇之人，學偶見之事，善則師之，不善則戒之，苟可以長善而救失，蓋無往而不可為師，即無時而不可為學。論語為政篇十五志學一章，即孔子自敍之學譜。

孔子以好學自居，於弟子中，獨稱顏回好學，（註八）又告子路以不好學之蔽云：

好仁不好學，其蔽也愚。好知不好學，其蔽也蕩。好信不好學，其蔽也賊。好直不好學，其蔽也絞。好勇不好學，其蔽也亂。好剛不好學，其蔽也狂。（陽貨）

以上仁、知、信、直、勇、剛六者皆美德，不好學則有所蔽而不美，於此可見好學之重要。

三、力行精神

學貴力行，不尚空言，孔門立教，躬行為重，四科以德行居首，則其微意可見，論語述而篇載：

子曰：文莫，吾猶人也，躬行君子，則吾未之有得。

文莫，即忞慔之假借字，說文：忞，彊也。慔，勉也。忞慔，猶言黽勉。（註九）此雖孔子之謙辭，然其勉人躬行之意，至為顯然。中庸論為學，於博學，審問、愼思、明辨之後，必繼以篤行。此亦可見躬行之重要。雍也篇云：

子曰：君子博學於文，約之以禮，亦可以弗畔矣夫。

朱注：「君子學欲其博，故於文無不考，守欲其要，故其動必以禮，如此則可以不背於道矣」。大抵為學工夫，不外博文約禮二者，博文是致知工夫，約禮是力行工夫，朱子云：「博文約禮，聖門之要法，博文所以驗諸事，約禮所以體諸身，如此用工，則博者可以擇中而居之不偏，約者可以應物而動皆有則。」（註一〇）「驗諸事」須能「擇」，「體諸身」要能「守」。能擇是知之眞，能守是行之力。博文是廣泛地探求知識學問，然探求知識學問之歸宿，必在於應用與實踐，而其應用實踐，必有規矩繩墨可循，循此規矩繩墨，躬行實踐，是謂約禮。蓋知欲其博，守欲其約。博而能約，則無泛濫支離之失，約而能博，則無偏狹固陋之病。二者交相助，交相益，博文工夫愈明，則約禮工夫愈密；約禮工夫愈密，則博文工夫愈明。顏子云：「夫子循循然善誘人，博我以文，約我以禮。欲罷不能，既竭吾才，如有所立卓爾，雖欲從之，末由也已。」（子罕）孔子之教顏子，所以循循善誘之者，不過博文約禮，顏子之「欲罷不能」，正見其用功之眞切篤實，惟其不能罷，自必竭其才，既竭其才可見其力行之工夫，已無一毫之不盡。故孔子贊美之云：「回之為人也，擇乎中庸，得一善則拳拳服膺，而弗失之矣。」（中庸）顏子之擇乎中庸，即「博文」之功；守而勿失，即「約禮」之效，而其重點則在於力行。朱子云：「約禮之事，則但知得合要如此用功，即便著實如此下手，更莫思前算後，計較商量。」（註一一）必如顏子之「欲罷不能，既竭吾才」，方見其爲學之實功，方顯其篤行之樂處。

近代學校，莫不先之以通才教育，而後歸於專精實踐，此實與孔門「博文約禮」之教相通。香港中文大學，且以「博文約禮」四字爲校訓，其意義極爲重大。據該校發言人稱：「中文大學以崇揚中國傳統文化，匯通世界共同潮流爲主旨，並以道德與智識並重，學理與實用齊軌，特懸此四字爲校訓。」（註一二）

文以載道，學文所以明道，然若不見諸行事，此道與我終不相干，故孔子曰：「知及之，仁不能守之，雖得之，必失之。」（衞靈公）知及之是知，仁守之是行，自其精明之無障者謂之知及，自其力行之無間者謂之仁守。

子曰：君子欲訥於言而敏於行。（里仁）

又曰：古者言之不出，恥躬之不逮也。（里仁）

又曰：先行其言，而後從之。（爲政）

觀孔子教人，拳拳於躬行者如此。君子當言行相顧，表裏如一，蓋行過其言，猶不失爲躬行君子；言過其行，或不免爲無實之人矣。述而篇載：

子以四教：文行忠信。

程子云：「教人以學文脩行而存忠信也，忠信，本也。」學文則知廣，敦行則身修，忠是實心，信是實理，忠信須於行處見之，非忠信則所行不成，是忠信於力行爲切，又學而篇載：

子曰：弟子入則孝，出則弟，謹而信，汎愛衆，而親仁。行有餘力，則以學文。

此章教人以躬行爲本，躬行以孝弟爲先，故有子曰：「孝弟也者，其爲仁之本與？」（學而）孝弟即躬行之事。「文行忠信」，是從外向內用功；「則以學文」，是從內向外用功。二者皆須身體力行。例如講學既明，而後見之於行，行之既善，更須反求諸心，無一毫不實，無一毫不盡，才算知及仁守，擇善固執，王應麟云：「四教以文爲先，自博而約；四科以文爲後，自本而末」（註一三），是知務本之學，貴在躬行。

子曰：二三子以我爲隱乎？吾無隱乎爾。吾無行而不與二三子者，是丘也。（述而）

子曰：予欲無言。子貢曰：子如不言，則小子何述焉？子曰：天何言哉？四時行焉，百物生焉，天何言哉？（陽貨）

雙峯饒氏云：「予欲無言，聖人是要人就他躬行處體認，莫只于他言語上求。此與吾無隱乎爾章大同小異，那是說行處無非至理，別無深晦底道理；此是說行處都是實理，不必于吾言語上求。」（註一四）此兩章均在教人躬行。無隱章之無行不與，可見道理不在深處，無言章之時行物生，可見道理不在虛處。蓋能法乎自然，行健不息，自能下學上達，而有水到渠成之效。子在川上曰：「逝者如斯夫，不舍晝夜。」（子罕）此言無息之體，勉人力行不已，自強不息。

子曰：譬如爲山，未成一簣，止，吾止也。譬如平地，雖覆一簣，進，吾往也。（子罕）

爲學如爲山，止者吾止，進則吾往，進止在我，而由人乎哉？荀子宥坐篇：孔子曰：「如垤而進，吾與之；如丘而止，吾已矣。」可爲此章之注脚，蓋爲者常成，行者常至，鍥而不舍，金石可鏤。力行不輟，事必有成。

尤有進者，孔子生當亂世，悲天憫人，栖栖皇皇，席不暇暖，歷干時君，志在行道，知其不可爲而爲之，其救世精神，智勇兼備，堪爲世人效法。憲問篇載：

子路宿於石門，晨門曰：奚自？曰：自孔氏。曰：是知其不可而爲之者與？

知其不可是智，而爲之是勇。晨門知世之不可而不爲，智高而仁不足，流爲冷清之智，冷清之智，構成寂寞之世界，即「天地閉，賢人隱」之世界。必攝智歸仁，勇於行仁，而後構成道德之世界，即「天地變化、草木蕃」之世界。子路曰：「君子之仕也，行其義也。道之不行，已知之矣。」（微子）彼晨門雖知世之不可以爲，而未知道之不可以已。道之不可已，即仁心之不容已，君子論是非，不論成敗，論道義，不論利害，知其不可而爲之，乃仁者救世之精神。董仲舒所謂「正其誼不謀其利，明其道不計其功」（註一五），即是孔子此種精神之傳承。歷史上志士仁人，蒿目時艱，所以能見危授命，奮鬥不懈者，莫不了然於正義明道之力行精神。

四、知恥精神

孔子之教，直指本心，教人行有不得，反求諸己，蓋人生天地間，必先有守而後始能有爲，有守必先知恥，有爲方能雪恥。公冶長篇載：

子曰：已矣乎！吾未見能見其過，而內自訟者也。

朱註云：「能內自訟，則其悔悟深切，而能改必矣。」悔悟深切，乃知恥之表現。人必有眞實爲己之心，始能反躬內省，有過即知，自責不已，必至改而後安。故知內自訟之工夫，乃聖門教人第一喫緊工夫。學者不可草草放過。顏子有不善未嘗不知，知之未嘗復行，此即能內自訟之最佳範例。孔子教人「行己有恥」（子路），行己有恥，必能自反自訟，勇於改過。

自反自訟爲知恥之工夫，然知恥須能謹言愼行。蓋「言行，君子之樞機，樞機之發，榮辱之主」（註一六）。是以不可不愼。憲問篇載：

子曰：其言之不怍，則爲之也難。

子曰：君子恥其言而過其行。

凡人有必爲之志者，當度德量力，臨事而懼，必不敢有易之之心。故知易其言者，實必不至。言之不怍，可見其本無必爲之意，而漫語欺人，其羞恥之心，存者蓋寡。袁枚云：「君子恥其言而過其行者，君子以言過其行爲恥，即欲訥於言而敏於行之本旨也，非謂行之可過也。」（註一七）案下一「恥」字便有愧怍之意，下一「過」字便有不敢盡之意。恥字與訥字有別，過字與敏字亦異。過謂言，敏謂行，言過其行，君子所恥。是以君子當言行相顧。孔子謂「古者言之不出，恥躬之不逮也」（里仁），可爲此章之註脚。

憲問恥。子曰：邦有道，穀；邦無道，穀，恥也。（憲問）

朱註：「邦有道，不能有爲；邦無道，不能獨善，而但知食祿，皆可恥也。」「穀」有食祿之義，言有道無道，但知食祿，尸位素餐，略無建樹，是可恥也。蓋恥者，立人之大節，君子立身天地間，只消得一個「恥」字。恥之明效，不外有守有爲二者。人須有所不爲，而後能有所爲。有所不爲，即是知恥；有所爲，即能雪恥。有知恥之心，懦夫亦能立志；有雪恥之勇，弱女亦能復仇。

子曰：邦有道，貧且賤焉，恥也。邦無道，富且貴焉，恥也。（泰伯）

雙峯饒氏曰：「邦有道而貧賤，是無學也；邦無道而富貴，是無守也。」（註一八）無守而富貴之可恥，尤甚於無學而貧賤之可恥。孟子曰：「恥之於人大矣。」又曰：「不恥不若人，何若人有！」（盡心上）恥者，羞惡之心，人能知恥，則能有所不爲，而進於聖賢；反之，若不能知恥，則將無所不爲，而淪於禽獸。教人有恥，即在激發其與生俱來之羞惡心。子曰：「知恥近乎勇」。（中庸）有知恥之心，則能奮厲自強，力爭上游，是即勇也。

子曰：「士志於道，而恥惡衣惡食者，未足與議也。」（里仁）

志於道者，心存義理；恥惡衣惡食者，心存物欲，夫有慕乎外者，亦必有遺乎內，有遺乎內，則信道不篤，執德不弘，是以「未足與議」。蓋理欲二者，所關甚大。理勝欲則道長，欲勝理則道消，顏子簞食瓢飲，此是不恥惡食，子路衣敝縕袍，此是不恥惡衣。不恥惡衣惡食，是不以外物而動其心，其志足以帥氣而不可奪，則能進於道而循乎理矣，陳澧云：「論語雖無理字，然其意以理欲對言者甚多：君子喻於義，小人喻於利。義即理也，利即欲也。君子懷德，小人懷土；君子懷刑，小人懷惠，懷德懷刑，即理也；懷土懷惠，即欲也。君子上達，小人下達。上達即理也，下達即欲也。君子固窮，小人窮斯濫矣。固窮即理也，濫即欲也。君子謀道不謀食，憂道不憂貧。謀道憂道，即理也；謀食憂貧，即欲也，志士仁人，無求生以害仁，仁即理也，求生即欲也。喻義喻利二語，尤爲包括。」（註一九）

知恥者循理，不知恥者徇欲。遠乎禮，必近乎欲；役於外，必輕乎內。遠理近欲，其識趣必卑。惟有志之士，不忮不求，進有可行之道，退有可守之節。清明在躬，外物不搖。

子曰：富與貴，是人之所欲也，不以其道，得之不處也；貧與賤，是人之所惡也，不以其道，得之不去也。（里仁）

君子於富貴，不以其道不處，於貧賤，不以其道不去，此不去不處之心，即是仁者知恥之心，蓋取舍之道，去就之分，理欲之際，善惡之關，莫不有「恥」存焉。此處一失足，便自絕於君子；此處站得穩，便可稱爲善士。蓋人生之眞義，即在努力增進其人格，不爲富貴、貧賤所動。雖大行不加，雖窮居不損。胸懷坦蕩，不怨不尤，疏食飲水，而樂在其中，柳詒徵云：「自孔子立此標準，於是人生正義之價値，乃超越於經濟勢力之上。服其教者，力爭人格，則不爲經濟勢力所屈，此孔子之學最有功於人類者也。」（註二〇）

其實，孔子所立之標準，乃係根於道義，而爲一理想主義之超越精神，非止超越經濟勢力而已。故王陽明云：「學問工夫，於一切聲利嗜好，俱能脫落殆盡，尙有一種生死念頭，毫髮掛帶，便於全體有未融釋處。」（註二一）未融釋處，亦即其見理未瑩處。深切之覺悟，乃知恥之工夫。能知恥，始能雪已恥；能知恥，始能雪國恥。

子曰：飽食終日，無所用心，難矣哉！（陽貨）

子曰：不曰如之何、如之何者，吾末如之何也已矣。（衞靈公）

飽食而無所用心，悠悠蕩蕩，何異行屍走肉，此種自暴自棄之人，亦必無知恥奮發之心，此種人雖聖人亦奈何他不得。

太史公曰：「恥辱者，勇之決也。」（註二二）此言知恥而後能有勇也，嗟來之食，餓者不食（註二三），以其愧恥動於中，則勇氣發於外，雖生死有所不暇計，故孔子曰：「知恥近乎勇」。（中庸）管子以禮義廉恥爲國之四維（註二四），顧炎武以爲「四者之中，恥尤爲要。所以然者，人之不廉而至於悖禮犯義，其原皆生於無恥也。」（註二五）可見恥之於人，所關至大。

要之，恥有兩種作用，一曰知其非，一曰求其是，知其非則能有守，求其是則能有爲，有守有爲，俯仰無愧，可謂有道之君子矣。

方今國事艱難，多難興邦，古今不乏其例。興之之道，知恥而已，恥政治之汚染，則思有以澄清之；恥道德之沉淪，則思有以重整之；恥文化之衰敗，則思有以復興之；恥山河之破碎，則思有以統一之。人人知恥，則能萬衆一心，羣策羣力，父兄以勉子弟，長官以教部屬，莫不以雪恥圖強爲念，以發憤爲雄爲心，則多難興邦，理有固然，勢所必至，無待蓍龜矣。

五、仁愛精神

仁爲孔子學說之中心。中庸云:「仁者,人也。」仁即是所以爲人之道,仁道至孔子而大明。以仁爲中心思想,以仁統攝諸德,此爲孔子之最大貢獻。顏淵篇載:

樊遲問仁,子曰:愛人。

愛人即爲仁之表現,孟子云:「愛人不親,反其仁」(離婁上)。又曰:「惻隱之心,仁之端也。」(公孫丑上)惻隱之心,即是愛心,亦即是仁心。人之愛心,以親親爲大。仁人之有孝弟,猶四體之有心腹,故有子曰:「孝弟也者,其爲仁之本與!」(學而)宰我欲去三年之喪,孔子斥其不仁(註二六),以其薄於愛親也。孟子謂「未有仁而遺其親者」(梁惠王上),亦是此意。雍也篇云:

子貢曰:如有博施於民,而能濟衆,何如?可謂仁乎?子曰:何事於仁,必也聖乎?堯舜其猶病諸!夫仁者,己欲立而立人,己欲達而達人。能近取譬,可謂仁之方也已。

子貢之問,以博施濟衆言仁,乃是求之於外;孔子之答,則教子貢由外轉內,由己及人。馬一浮云:「己欲立而立人,己欲達而達人,乃是大悲大願。而孔子但曰:能近取譬,可謂仁之方也已。」(註二七)孔子又答子貢「有一言而可以終身行之者乎」之問曰:「其恕乎,己所不欲,勿施於人。」(衞靈公)此與己欲立欲達,即以立人達人,皆爲推己及人之事。己所不欲,推己及人,爲消極之恕;己之所欲,施之於人,爲積極之恕,二者皆以愛人爲本,愛人必先愛己。仁者須己立己達,才能立人達人,己立己達即是愛己,不能愛己,亦難望其愛人。其實,愛人愛己,只是一事,愛人即所以愛己,愛己必在於愛人,例如大學之明明德,即是愛己;親民,即是愛人，故王陽明云：

明明德必在於親民，而親民乃所以明其明德也。是故親吾之父，以及人之父，以及天下人之父，而後吾之仁，實與吾之父，人之父，與天下人之父，而爲一體矣。實與之爲一體，而後孝之明德始明矣。（註二八）

愛己所以立仁之體，愛人所以達人之用，以忠恕言，忠是體，恕是用，忠是根本，恕是枝葉，忠因恕見，恕由忠出。（註二九）中心爲忠，如心爲恕，忠之作用在反之於己，恕之作用在推之於人。「內省不疚」（顏淵）、「爲人謀而不忠乎？」（學而）此爲消極之忠。「事君以忠」（八佾）、「行之以忠」（顏淵）、「忠告而善道之」（同前），此爲積極之忠。忠以盡己之心言，己心之盡不盡，自反而後知之，既知之。必當有以改之。以事君言，自反未忠，則須實能盡忠，心有未盡，即是忠有未至。憲問篇載：

子曰：愛之，能勿勞乎？忠焉，能勿誨乎？

朱注引蘇氏曰：「愛而知勞之，則其爲愛也深矣；忠而知誨之，則其爲忠也大矣。」孟子曰：「教人以善謂之忠」（滕文公上），亦是此意。消極之忠，在求其在我，積極之忠，在盡其在我。求其在我以心言，盡其在我以事言。子路問事君，子曰：「勿欺也，而犯之。」（憲問）勿欺，是消極之忠；而犯之，是積極之忠。忠之極致，即是盡其在我，至死不渝。

恕之作用在推己及人，就字義言，如心爲恕，即是將心比心。

子曰：忠恕違道不遠，施諸己而不願，亦勿施於人。君子之道四，丘未能一焉：所求乎

子，以事父未能也；所求乎臣，以事君未能也；所求乎弟，以事兄未能也；所求乎朋友，先施之未能也。（中庸）

此段與大學所言「絜矩之道」同意，惟大學是言其所惡，中庸是言其所好。（註三〇）絜矩之道，亦即是恕道，此乃求仁之工夫，「所惡於上，毋以使下」，此是消極之恕；「上老老而民興孝，上長長而民興弟」（大學），此是積極之恕。蓋一人之心，即千萬人之心；千萬人之心，即一人之心，絜矩是推廣己心爲民心，又能以民心爲己心，所謂「民之所好好之，民之所惡惡之」（大學）。於民之好惡，著實好之、惡之，而無一毫之不盡，斯可謂之眞能實踐絜矩之道。

忠恕二者，皆仁心之不容已，二者之關係，猶如形影相隨，北溪陳氏曰：「蓋存諸中者既忠，則發出外來便是恕。應事接物處不恕，則在我者必不十分眞實。故發出忠底心，便是恕底事；做成恕底事，便是忠底心。」（註三一）是忠恕只是一事，曾子以忠恕釋一貫，不如以忠恕釋仁（註三二）。孟子謂「舉斯心加諸彼」（梁惠王上），舉斯心，即是忠；加諸彼，即是恕，舉斯心加諸彼，是秉忠以行恕，舉斯心而不加諸彼，則不成其爲忠；加諸彼而不舉斯心，則不成其爲恕。故王夫之云：「己不盡，則心有不到之理；己不推，則物有不通之志。」（註三三）孔子之仁愛精神，即以忠恕爲行仁之方。

孔子自述其志云：「老者安之，少者懷之，朋友信之。」（公冶長）安之、懷之、信之，皆是仁心之發露與感通，程子以爲孔子此言「分明天地氣象」（註三四），此與孟子「老吾老以及人之老，幼吾幼以及人之幼」有異，蓋孟子之言，是推己及人，而孔子此言，當下即是，不待乎推。質言之，孟子是強恕而行仁，孔子是體仁而安仁。蔡清云：「孔子此志，在一家，則行於一家。在一國，則行於一國。在天下，則行於天下。況其餘澤所被，至使後世之君子，賢其賢而親其親，小人樂其樂而利其利。」（註三五）其仁愛爲懷之淑世精神，在使人各得其所，各遂其生，以達「天下歸仁」理想境界。

六、中道精神

中道精神，爲孔子思想之特色，中道即是中庸之道。程子曰：「不偏之謂中，不易之謂庸」（註三六）。不偏，言其位之中；不易，言其理之當。不偏不倚，無過不及，恰到好處，即是中庸之道，茲謹就中和、中正二者，以說明中道之特性。

㈠**中和**：中爲道之體，和爲道之用，故曰：「中也者，天下之大本也；和也者，天下之達道也。」（中庸）大本者言其體，達道者言其用，大本爲人人所共有，達道爲人人所共由。中者言其性之德，和者言其情之正。有性方有情，有體方有用。此須時時存養省察，工夫純熟，偏私自去，則此心廓然，無所留滯，方能立其大本，孔子教人「修己以敬」（憲問），子夏謂「君子敬而無失」（顏淵），中庸云「戒愼乎其所不睹，恐懼乎其所不聞」，皆所以存養省察，使之無所偏倚，而有以致其中；使之無所差謬，而有以致其和。王陽明云：「無所不中，然後謂之大本；無所不和，然後謂之達道。惟天下至誠，然後能立天下之大本。」（註三七）蓋言惟誠則明，明則本體瑩徹，無所偏倚，故能得中也。子路篇載：

子曰：君子和而不同，小人同而不和。

君子公正無私，小人偏私阿比。公正則唯義是從，偏私則唯利是圖。和之與同，所異只在公私義利之間，明公義，則能和衷共濟；徇私利，則不免同流合汚。

和如和羹，異味而相調。同如雷同，隨聲而相應。就民主之精神言之，「和」是積極地統一不同之意見，是消極地保留自己之意見。此種「和而不同」之精神，以義理為歸宿。「同」則為表面之協調，實際則同牀異夢，各懷鬼胎。同惡相濟，同利相爭。子路篇又載：

子曰：不得中行而與之，必也狂狷乎！狂者進取，狷者有所不為也。

中行即中道，孔子不得中道，寧取狂狷，以狂者有為，狷者有守。有為有守，即是有抱負，有理想，有立場，有原則。對於鄉愿，孔子則深惡之，斥為「德之賊」（註三八）。以鄉原同而不和，反乎中道，似是而非，足以亂德。（註三九）中庸載：

子路問強。子曰：南方之強與？北方之強與？抑而強與？寬柔以教，不報無道，南方之強也，君子居之。衽金革，死而不厭，北方之強也！而強者居之。故君子和而不流，強哉矯！中立而不倚，強哉矯！國有道，不變塞焉，強哉矯！國無道，至死不變！強哉矯！

南方之強，不及於中；北方之強，過於中。二者各有所偏，惟君子之強，不流、不倚、不變，其強也純乎義理，拔乎流俗，依乎中道。中庸之「和而不流」，亦即論語之「和而不同」，此種能擇能守，自立自強之精神，亦即是立國精神、民族精神之基本。

就社會國家言，「和」才能團結奮鬥，「不同」才能進步日新。「和」與「不同」，相輔相成。唯有「和」，然後始分別得出「不同」；亦惟有「不同」，然後始有「和」之必要。（註四〇）此種「和而不同」之中道精神，是不偏不倚、衆善所歸之宇宙眞理，亦是精誠團結、和衷共濟之民族精神。

中庸云：「致中和，天地位焉，萬物育焉。」位者，各安其所；育者，各遂其生，此爲「學問之極功，聖人之能事」，亦爲天人合一哲學之極致。蓋天人合德，即是易之「保合大和」，此乃中華文化之精義所在，亦爲人類文化進步之鵠的。

㈡**中正**：中道即是正道，易經六十四卦，陰爻以六二，陽爻以九五爲最貴，以其既中且正也。（註四一）以中正言，中是體，正是用。中是道德之客觀標準，而正是行道之主觀法則。凡事動必以正，則和在其中，而合乎道矣。孔子之教，以詩禮爲先，詩之「思無邪」，猶禮之「毋不敬」，夫誠於中者形於外，中心無邪，自然外無不正。心正，則動必由正。學問之道，以正心爲先。身之有心，猶舟之有舵。舵不穩，則隨波逐流；心不正，則徇欲逐物。

大學云：心有所忿懥，則不得其正；有所恐懼，則不得其正；有所好樂，則不得其正；有所憂患，則不得其正。（註四二）

心者身之主，未應物之時，心之本體，本無不正，應物之際，有動乎中，苟養之未熟，察之未精，則亦不能無失。故欲保持中正之心境，必須存誠去僞，持正不苟，孔子「割不正不食」、「席不正不坐」、「升車，必正立執綏」（鄉黨），凡此種種生活細節，在聖人固可行所無事，從容中道。在學者則不可不勉，勉之之道，克己復禮而已。

修身之道，即是爲政之本。禮所以修己，亦所以治人。子路篇載：

子曰：其身正，不令而行，其身不正，雖令不從。

子曰：苟正其身矣，於從政乎何有，不能正其身，如正人何？

在上者正身率下，在下者自能心悅誠服。此即上行下效，風行草偃之理。顏淵篇載：

齊景公問政於孔子，孔子對曰：「君君，臣臣，父父，子子。」公曰：「善哉！信如君不君，臣不臣，父不父，子不子，雖有粟，吾得而食諸？」

君臣父子，乃人倫之大，政事之本。君君，臣臣，父父，子子，禮也，夫禮莫大於分，君盡君道，臣盡臣道，父盡父道，子盡子道，各盡其分，則彝倫攸序，人存政舉。君臣父子之道，原是上下相關。君果盡其爲君，則臣自盡其爲臣；父果盡其爲父，則子自盡其爲子，孔子所謂「政者正也。子帥以正，孰敢不正？」（顏淵）正即正道，正道須自上始，未有己不正而能正人者。禮即正道之條理，人倫之節文。國無禮不正，家無禮不成。人有禮則治，無禮則亂，爲政篇載：

子曰：道之以德，齊之以禮，有恥且格。

何晏集解訓「格」爲「正」，謂其言行俱得其正，此可知禮之明效。陳澧謂「論語所言皆禮」（註四三），實爲知本之論。

六十九年四月，台北中正紀念堂落成，其正門牌樓橫額，大書「大中至正」四字，此四字出於朱子語錄。無所不中，謂之大中；無所不正，謂之至正。孔子之中道，即是大中至正之道。先

總統　蔣公服膺孔子之道，以復興中華文化爲己任。今以此四字揭諸中正紀念堂前牌樓，不惟名副其實，令人與見賢思齊之情，且孔子思想之精義，亦由此得以顯示。

七、教育精神

古者官師合一，所謂「作之君，作之師」，政治掌於貴族，學術亦爲貴族之特權，至於春秋，由于「天子失官，學在四夷」（註四四），官師之學分離，私家之學遂興，而孔子則首開私人講學之風。史記孔子世家云：「孔子以詩書禮樂教，弟子蓋三千焉。」孔子之教育精神，以「有教無類」爲首要，衞靈公篇載：

子曰：有教無類。

只論教育，不問族類，此即教育機會均等主義。孔子弟子，流品不齊，如子張爲魯之鄙家，顏涿聚爲梁父之大盜（註四五），荀子法行篇云：

南郭惠子問於子貢曰：夫子之門，何其雜也？子貢曰：君子正身以俟，欲來者不距，欲去者不止。且夫良醫之門多病人，檃括之側多枉木，是以雜也。

此段記載，亦見於說苑雜言及尚書大傳略說，雖未必可靠，然孔子弟子既衆，其雜必是事實。此一事實，即「有教無類」之所致，述而篇載：

子曰：自行束脩以上，吾未嘗無誨焉。

古者相見，必執贄爲禮，束脩乃禮之薄者。孔子對執贄行弟子禮者，未嘗不教誨之。觀「有教無類」及「未嘗無誨」之言，可見孔子愛人無已之心，至此表露無遺，所以深望人之來學也。至漢代諸王致禮於其傅，猶曰束脩，蓋師孔子之遺意。述而篇又載：

互鄉難與言，童子見，門人惑。子曰：與其進也，不與其退也，唯何甚？人潔己以進，與其潔也，不保其往也。

互鄉風俗不良，難與言善。孔子對互鄉童子，不追究其既往，不逆揣其將來，只就其當下求進之心，而許之以教誨。其成就後學之至意，較之自行束脩一章，更能顯示孔子教育精神之偉大。

其次爲誨人不倦，亦爲孔子教育精神，述而篇載：

子曰：默而識之，學而不厭，誨人不倦，何有於我哉！

子曰：若聖與仁，則吾豈敢？抑爲之不厭，誨人不倦，則可謂云爾已矣，公西華曰：正唯弟子不能學也。

學以修己，教以立人。學以淑身，教以淑世。說苑叢談篇云：「學問不倦，所以治己也，教誨不厭，所以治人也。」治己與治人，爲儒學之一體兩面，孔子自謂「學不厭而教不倦」（公孫丑上），其精神徹上徹下，一以貫之，不厭不倦，所以成己成物。子貢曰：「學不厭，知也；教不倦，仁也；仁且知，夫子既聖矣。」（同上）教學相長，仁知兼至，惟聖人能之，故公西華謂「弟子不能學」，不能學指不厭不倦言，不厭不倦，乃仁心之不容已，易曰：「天行健，君子以自強不息」，在孔子固是出乎自然，行所無事，在學者當盡其在我，強恕求仁。學記云：「君子如欲化民成俗，其必由學乎！」學所以爲教，教而後知困，教學相長，交互相益，其所學造詣愈深，其所教成就愈大。子罕篇載：

子曰：吾有知乎哉？無知也。有鄙夫問於我，空空如也，我叩其兩端而竭焉。

此爲孔子循循善誘之例，朱註云：「孔子謙言已無知識，但其告人，雖於至愚，不敢不盡耳。」蓋人於智者，或能誨之不倦，然於至愚之鄙夫，或忽而不屑告。然在孔子，則叩其兩端而竭，告之無復餘蘊，此尤能見其誨人不倦之誠意。

孔子爲道德實踐家，而非道德理論家，觀其「予欲無言」（陽貨）之歎，即可知其微意所在。其所教人，不過孝弟忠信，持守下學之事。其弟子問仁，告顏回「克己復禮」，告仲弓「出門如見大賓，使民如承大祭」（均見顏淵），告樊遲「居處恭，執事敬，與人忠」（子路），告司馬牛「仁者其言也訒」（顏淵），此皆教弟子就實事上體認，直指本心，使之布乎四體，形乎動靜，以修養高尚之人格，成爲文質彬彬之君子，嘗謂：「如有周公之才之美，使驕且吝，其餘不足觀也已。」（泰伯）是知用才者德，苟非其德，雖美亦不足觀，蓋聖人之教，以德爲主，才藝其餘事耳，然才藝餘事，亦不可忽，述而篇載：

子曰：志於道，據於德，依於仁，游於藝。

朱註云：「志道，則心存於正而不他；據德，則道得於心而不失；依仁，則德性常用而物欲不行；游藝，則小物不遺而動息有養。」此章孔子誨人進德修業之條目，其喫緊在志據依三字，此三者「有先後無輕重，而三者之於游藝，則有輕重無先後。」（註四六）前三者所以「有先後」者，以志道而後德可據，據德而後仁可依。譬如建屋，「志於道，是念念要去擇地鳩材，經營成個區宅。據德，却是經畫已成，有可據矣。依仁，却是常常住在區宅內，更不離去。」（註四七）此三者所以「無輕重」者，以其皆爲進德之事，乃爲學之本，由粗而精，同條共貫，不可分離。至於游藝，雖爲末事，實與志道三者相爲終始。游者，從容涵泳，潛玩適情之謂，在初學時，藝自粗淺，至於大成時，藝自精微，如灑掃應對進退之節，子夏之門人小子固能之，到得動容周旋中禮，惟聖人能之。聖人之末，自異於子夏門人之末，此可見游藝工夫，淺深不同，境界自別。孔子於依仁之後，終之以游藝，蓋欲於粗處見精微。憲問篇載：

子路問成人。子曰：若臧武仲之知，公綽之不欲，卞莊子之勇，冉求之藝，文之以禮樂，亦可以爲成人矣。

成人，謂人格完美之人。以此四者之美材，復須文之以禮樂，始能盡其教育之能事。禮樂亦不外於藝，此可見游藝之境界甚高。日用之間，義理之趣，藝以游之，使之深造自得，若膏澤之潤，怡然理順，忽不自知而入於聖賢之域矣。清世宗雍正五年二月諭禮部云：

魯論一書，尤切於人生日用之實，使萬世之倫紀以明，萬世之名分以辨，萬世之人心以正，風俗以端，若無孔子之教，則人將忽於天秩天敍之經，昧於民彝物則之理。勢必以小加大，以少凌長，以賤妨貴，尊卑倒置，上下無等，干名犯分，越禮悖義。（註四八）

教育莫大於淑世，孔子被尊爲「萬世師表」者在此。中庸云：「君子動而世爲天下道，行而世爲天下法，言而世爲天下則」，惟孔子足以當此數語。

八、民族精神

國與天地，必有與立。一國之存在，必有其立國之精神。此精神即是民族精神，民族精神寓於民族道德。民族道德表現出民族大義。孔子作春秋一書，即在發揚民族精神，彰顯民族大義，孟子滕文公篇載：

世衰道微，邪說暴行有作，臣弒其君者有之，子弒其父者有之，孔子懼，作春秋。春秋天子之事也。

春秋係孔子據魯史筆削而成，其時世衰道微，王綱解紐。太史公云：「春秋之中，弒君三十六，亡國五十二，諸侯奔走不得保其社稷者，不可勝數。」（註四九）春秋之作，所以「存亡國，繼絕世」，「誅亂臣，討賊子」，所謂「春秋天子之事」，天子爲天下共主，是國際間最高權力之象徵，天子之事，即在主持正義，制裁侵略，誅討亂賊，惇典庸禮，保障國家利益，維護國際秩序。惟其時「王者之迹熄」，而號令不行於天下，「上無明君，下不得任用」，孔子假魯史以寓王法，撥亂世使反之正，故孟子曰：

晉之乘，楚之檮杌，魯之春秋，一也。其事則齊桓、晉文，其文則史。孔子曰：其義則丘竊取之矣。（離婁下）

孔子之春秋，所以異於其他史書，實由於春秋具有孔子所竊取之「義」，孔子假其事以明其義，用爲萬世之大法。（註五〇）其事則史，而其義則經。春秋之義，其要在於「尊周室，攘夷狄」，此即春秋之民族精神，春秋於魯隱公元年云：

元年春，王正月。

公羊傳曰：「何言乎王正月，大一統也。」孫明復云：「欲治其末者，必先端其本；嚴其終者，必先正其始。元年書王，所以端本也。正月所以正始也。」（註五一）春秋爲魯國之史，而奉周天子之正朔，此是「端本正始」，乃尊王之第一義，凡王者正朔，所以統一諸侯，用之紀年，用之朝會，故尊王必然贊成統一，反對分裂。尊王攘夷之義，以今語譯之，尊王即是擁護中央政府，攘夷即是抵禦異族侵略，此在論語，亦可獲得佐證。憲問篇載：

子貢曰：管仲非仁者與？桓公殺公子糾，不能死，又相之。子曰：管仲相桓公，霸諸侯，一匡天下，民到于今受其賜。微管仲，吾其被髮左衽矣。

子路曰：桓公殺公子糾，召忽死之，管仲不死，曰：未仁乎？子曰：桓公九合諸侯，不以兵車，管仲之力也。如其仁，如其仁。

子貢、子路爲孔門高第弟子，對於管仲尊王攘夷，經邦濟世之用心，猶未能諒解。孔子之答，舍其過而錄其功，觀「微管仲吾其被髮左衽矣」句，可見孔子春秋大義，尤大於君臣之分。故顧炎武云：「君臣之分所關者在一身，夷夏之防所繫者在天下。故夫子之於管仲，略其不死子糾之罪，而取其一匡九合之功。蓋權衡於大小之間，而以天下爲心也。夫以君臣之分，猶不敵夷夏之防，春秋之志可知矣。」（註五二）

君臣之分，不敵夷夏之防，此即國家第一，民族至上。齊魯之君夾谷之會，孔子提出「裔不謀夏，夷不亂華」（註五三）之號召，不許夷狄干涉中國內政，以維護民族之尊嚴，主權之獨立，對於亂臣賊子，本於春秋大義，自當聲罪致討，憲問篇載：

陳成子弑簡公，孔子沐浴而朝，告於哀公曰：陳恆弑其君，請討之！公曰：告夫三子。孔子曰：以吾從大夫之後，不敢不告也。

春秋之義，弑君之賊，諸侯皆得討之。其時孔子雖不在位，猶以魯國元老地位，告於哀公，請討亂賊。魯之君臣，雖不之從，然亂臣賊子，始知所懼。而討賊之義例，亦由此而大明。史記孔子世家云：

吳楚之君自稱王，而春秋貶之曰子。踐土之會，實召周天子，而春秋諱之曰：天王狩於河陽。

此史公述春秋之書法，以明貶損之義，所以正君臣之名分。邵子謂春秋爲孔子之刑書（註五四），即指貶損之義而言。朱子曰：「春秋大旨，其可見者，誅亂臣，討賊子，內中國，外夷狄，貴王賤霸而已。」（註五五）其實，朱子此語亦可以「尊王攘夷」四字括之。就對內而言，尊王自必要求統一，誅討亂賊。就對外而言，尊王自必反對侵略，攘斥夷狄。然而尤有進者，春秋夷夏之辨，並非狹隘之種族觀念，而以文明與野蠻爲分別之標準，質言之，即是以有無禮義爲斷，凡是有禮義者，則謂之諸夏。反之，若其無禮義者，雖如荊楚之大，猶以夷狄斥之，示不與同中國之義，故韓文公云：「孔子之作春秋也，諸侯用夷禮則夷之，進於中國則中國之。」

例如：晉伐鮮虞則狄之（註五六），惡其伐同姓也。鄭伐許則狄之（註五七），惡其伐喪叛盟也。伐喪無義，叛盟無信，無義無信，是夷狄也。邲之戰，不與晉而與楚子爲禮（註五八）。伯莒之戰，公羊傳曰：吳何以稱子，夷狄也而憂中國（註五九）；及吳入楚，何以不稱子，反夷狄也（註六〇）。其進退之速如此。（註六一）

我歷代史家仿效春秋筆法，發揮春秋大義，成爲民族精神之泉源。其著者如司馬光之資治通鑑，朱子之通鑑綱目（註六二），皆能明是非，辨正僞，誅亂臣，討賊子，彰顯「尊王攘夷」之民族大義。其在今日，　國父遺囑有曰：「聯合世界上以平等待我之民族，共同奮鬥」，即是本於春秋之義，視爲我之友人。反之，若奉行馬列邪說、批孔揚秦之暴君，則當視同夷狄，聲罪致討。

九、民主精神

民主二字，顧名思義，即是以民爲主。此種精神，即出於孔子之「仁」，大學云：「爲人君，止於仁」。人君當行仁政，乃堯舜以來傳統之王道思想。大學云：「堯舜率天下以仁，而民從之。」孟子曰：「堯舜之仁不偏愛人」（盡心上），不偏愛人，即是大公無私。尚書洪範云：「無偏無頗，遵王之義。無有作好，遵王之道；無有作惡，遵王之路。」此種大公無私，崇尚道義之精神，實爲民主之基本精神。顏淵篇載：

子夏曰：舜有天下，選於衆，舉皐陶，不仁者遠矣。湯有天下，選於衆，舉伊尹，不仁者遠矣。

王充云：「舜承安繼治，任賢使能。」（註六三）皐陶、伊尹，皆由羣衆中選舉產生，此種選舉之方式，雖與今之投票不同，然其選舉精神，必然公正無私。選舉態度，必然審愼認眞。而被選舉者，如非賢能，則不易當選。觀論語下列兩則記載，不難知其梗概：

子貢問曰：鄉人皆好之，何如？子曰：未可也。鄉人皆惡之，如何？子曰：未可也。不如鄉人之善者好之，其不善者惡之。（子路）

子曰：衆惡之，必察焉。衆好之，必察焉。（衞靈公）

衆好、衆惡之必察，此即尊重民意、尊重輿論之表現，然輿論亦未必完全可靠。民主之眞正精神，不貴以多少爲衡量，若一鄉同好，或恐同流合汚；一鄉同惡，或恐有乖世俗；必使善者皆好之，始可見其有可好之實；必使惡者同惡之，始可見其無苟容之意。蓋服從多數，尊重少數，不過爲民主之形式，未可爲民主之極則。惟有公正公平，服從眞理，方能盡善盡美，導民主於極軌。

民主必以民意爲本，以民利爲歸。以民意爲本，則須重視民意；以民利爲歸，則須爲民造福。大學載：

詩云：樂只君子，民之父母。民之所好好之，民之所惡惡之，此之謂民之父母。

愛民如子之思想，雖已不合時代，但愛民之精神，却永遠不會變更，永遠有其價値，好民之所好，惡民之所惡，在上者以民之好惡爲好惡，即無異以民心爲己心。以民心爲己心，即爲尊重民意之最高表現。古代王道政治，名義上雖是行君權，而實際上則是行民權。所謂「民之所欲，天必從之」（註六四），天子代天行道，從民之欲，即無異實現民之願望。以今之民主國家而言，能實現民之願望者，恐亦有其限度！而罷工暴動時有所聞，求如孔子所云「唯天唯大，唯堯則之，蕩蕩乎民無能名焉」（泰伯）者，可謂絕無僅有。然則吾人謂堯舜時代，君權其名，民權其實，亦不爲過。學而篇載：

子曰：道千乘之國，敬事而信，節用而愛人，使民以時。

節約消費，愛惜民財；使用民力，不違農時，此即以民爲本之精神，孔子又贊美子產「其養民也惠，其使民也義」（公治長），其養民也惠，使民也義，此是以仁義爲懷。夫政修於上，則民懷於下，子產有治國之才，其善政必非偶然，朱註謂其「使民義如都鄙有章、上下有服、田有封洫、廬井有伍之類」，此可見子產之善政，有其法治之基礎，左傳襄公三十一年載：

鄭人游於鄉校，以論執政。然明謂子產曰：毀鄉校如何？子產曰：何爲？夫人朝夕退而游焉，以議執政之善否。其所善者，吾則行之；其所惡者，吾則改之，是吾師也，若之何毀之？我聞忠善以損怨，不聞作威以防怨。豈不遽止？然猶防川，大決所犯，傷人必多，吾不克救也。不如小決使道，不如吾聞而藥之也。仲尼聞是語也，曰：以是觀之，人謂子產不仁，吾不信也。

由此段記載，可見子產重視輿論，孔子不信子產不仁，見得子產惠而能義。蓋惠於民而後能使之以義。其惠之施，其義之行，必須基於法治，俾有所遵循。而法治精神，亦爲民主之常規。至於重視輿論，不毀鄉校，不過爲其善政之一端。孟子謂其「惠而不知爲政」（離婁篇下），乃偶就一事而言，未可爲平情之論，爲政篇載：

哀公問曰：何爲則民服？孔子對曰：舉直錯諸枉，則民服。舉枉錯諸直，則民不服。

舉直而錯諸枉，則民心自服。孔子又告樊遲曰：「舉直錯諸枉，能使枉者直」（顏淵），舉直錯諸枉，此須有知人之明。能使枉者直，此即正己率下之效。政府之用人行政，當以服務爲目的，以民意爲依歸。孔子答季康子之問曰「舉善而教不能則勸」（爲政），善者舉之，人皆樂於爲善；不能者教之，人皆樂於爲學。舉善，著重在德行，教不能，著重在才能。舉善在提高道德水準，鼓勵好人出頭。教不能在培養專業人才，加強經濟建設。此皆民主時代所當積極從事之要務，顏淵篇載：

子曰：聽訟吾猶人也，必也使無訟乎？

聽訟所以決民之爭，民若不爭，則無訟可聽。蓋聖人不以聽訟爲能，而以使民無訟爲貴，此即「刑期於無刑」之理想。傳習錄載：

鄉人有父子訟獄，請訴於先生，侍者欲阻之，先生聽之，言不終辭，其父子相抱慟哭而去。柴鳴治入問曰：先生何言，致伊感悔之速？先生曰：我言舜是世間大不孝的子，瞽叟是世間大慈的父。鳴治愕然請問。先生曰：舜常自以爲大不孝，所以能孝。瞽叟常自以爲大慈，所以不能慈。（註六五）

陽明之聽訟，舍法而曉之以理，舍刑而動之以情，直指本心，使訟者感悔，化戾氣爲祥和，孔子所謂「道之以德，齊之以禮，有恥且格」（爲政），此正可於陽明之聽訟獲得佐證。蓋禮禁將然，法施已然。禮治德化之效，誠如孔子所謂「速於置郵而傳命」（公孫丑上），此種政治思想，雖在今之民主先進國家，猶未能望其項背。

十、科學精神

科學一詞，含義甚廣。國父云：「夫科學者，統系之學也，條理之學也。凡眞知特識，必從科學而來也。捨科學而外之所謂知識者，多非眞知識也。」（註六六）可知只要有組織有系統，求眞知特識之學問，均可謂之科學，至於科學精神，首須劃清知之界限。就「已知」以求「未知」，化「未知」爲「已知」，化「已知」爲「深知」。爲政篇云：

子曰：溫故而知新，可以爲師矣。

溫故而知新，即是就「已知」以求「未知」，科學精神，在不斷地研究發展，實事求是，深入「未知」之領域，擴大「已知」之範疇。

子曰：知之爲知之，不知爲不知，是知也。（爲政）

此乃客觀之科學態度，荀子曰：「知之曰知之，不知曰不知，內不以自誣，外不以自欺，是雅儒者也。」（註六七）一是一，二是二，知與不知，了然於心，界限分明，誠實不欺。始能就其「已知」之實，求其「未知」之理。論者以此爲「科學上之金科玉律」（註六八），洵非過譽。

科學爲條理之學，亦當有其精神之條理。

大學云：物有本末，事有終始，知所先後，則近道矣。

吾人爲學作事，須認清本末，決定先後程序，又能循序漸進，貫徹始終，然後才能有成。此即科學之精神。此種精神，在大學書中俯拾即是，大學之格物、致知、誠意、正心、修身、齊家、治國、平天下八目，包括修己以至於治人之先後程序，條理工夫。故先總統 蔣公以大學爲「方法論」，有其科學之體系。（註六九）此書雖非孔子所作，要當爲孔氏之正傳。

科學精神須力求客觀，此在論語中不乏其例，子罕篇載：

子絕四：毋意，毋必，毋固，毋我。

毋意即不意度，毋必即不武斷，毋固即不執滯，毋我即不偏見，毋意必固我，即是態度客觀，無所偏蔽。孔子之絕四，即是荀子之解蔽，孟子之知言，能解蔽，則能知言，能知言，則能知止。能知止，則能隨時處中，無所不得其宜。

科學之精神在徵信，孔子自謂「述而不作，信而好古。」（述而）孔子以述爲作，其所述者，必其所信。其所信者，必有可徵，質言之，孔子所述，述古而已。八佾篇載：

子曰：夏禮吾能言之，杞不足徵也。殷禮吾能言之，宋不足徵也，文獻不足故也。足，則吾能徵之矣。

夏殷二代之禮，由於文獻不足，故不能取以爲徵。禮記禮運載：「孔子曰：我欲觀夏道，是故之杞，我欲觀殷道，是故之宋」，孔子謂「好古敏求」，欲觀夏殷之禮，前往杞宋兩國，實地蒐集資料，以資證明，中庸謂「無徵不信」，尤可見孔子審愼之態度。孔子謂「周監於二代，郁郁乎文哉，吾從周。」（八佾）郁郁乎文，則信而有徵。孔子「入太廟，每事問」，魯之太廟，祭祀周公，保存周之禮儀。孔子「每事問」，可見其好古敏求，實事求是之精神。其因魯史而作春秋，筆則筆，削則削，游夏之徒不能贊一辭，其態度之謹嚴可知，述而篇載：

子曰：蓋有不知而作之者，我無是也。多聞，擇其善者而從之，多見而識之，知之次也。

此孔子自述求知之道，蓋不知而作，是謂妄作，求知必須博文，多聞而擇，多見而識，即是博文之工夫，然聞見之知，皆自外來。如何「溫故知新」，則須中有主宰，是非善惡，默識在心，廓然大公，物來順應，王陽明曰：「夫以見聞之知爲次，則所謂知之上者，果安所指乎？是可以窺聖門致知用力之地矣。」（註七〇）陽明之意，以良知爲知之上者，以聞見之知爲知之次者，故多聞多見之博文，必以一以貫之之約禮。易言之，旣求得豐富之知識技能，又須有系統之理論思想。蓋聞見之知，必須接受良知之指導，則科學始可爲人類造福。

科學必不迷信，故「子不語怪力亂神」（述而）樊遲問知，子曰：「務民之義，敬鬼神而遠之，可謂知矣。」（雍也）孔子以「敬鬼神而遠之」爲智，則知敬鬼神而不遠之爲不智矣。孔子將鬼神問題，置諸求知之範圍之外，此亦合乎科學之精神。蓋求其所不能知，則求之無益，徒費精力，智者不爲也。科學精神在求合理、求眞實，怪力亂神均與此相反，不合科學精神，故孔子不語也。

十一、大同精神

天下爲公之思想，爲孔子政治思想之最高目的。禮記禮運篇載：

孔子曰：大道之行也，與三代之英，丘未之逮也，而有志焉。大道之行也，天下爲公；選賢與能，講信修睦。故人不獨親其親，不獨子其子；使老有所終，壯有所用，幼有所長，矜寡孤獨廢疾者，皆有所養。男有分，女有歸。貨惡其棄於地也，不必藏於己；力惡其不出於身也，不必爲己。是故謀閉而不興，盜竊亂賊而不作，故外戶而不閉，是謂大同。

禮運此文僅百餘字，實已包含倫理建設、社會建設、政治建設、經濟建設，而構繪成民有民治民享之大同世界之藍圖，此亦爲　國父三民主義之終極目的，其中倫理建設是「不獨親其親，不獨子其子」，「男有分，女有歸」。社會建設是「老有所終，壯有所用，幼有所長，矜寡孤獨廢疾者皆有所養」。政治建設是「選賢與能，講信修睦」。經濟建設是「貨惡其棄於地也，不必藏於己；力惡其不出於身也，不必爲己」。以上各項建設成功，人人皆以天下爲公，一心一德，和平相處，共存共榮，滿街都是聖人，「是故謀閉而不興，盜竊亂賊而不作」，天下太平，治安機關亦可裁減或取銷矣。

孔子大同思想，論語中亦可略窺端倪，公冶長篇，孔子述志曰「老者安之」，即使天下之老者，皆有所養也，「少者懷之」，即使天下之幼者，皆有所長也。「朋友信之」，即使天下之人，講信修睦也。又子路曰「願車馬，衣輕裘，與朋友共，敝之而無憾」，即貨不必藏於己之意也；又顏淵曰「願無伐善，無施勞」，即力不必爲己之意也。（註七一）朱註引程子曰：「子路、顏淵、孔子之志，皆與物共者也。」王陽明曰：「大人者，以天地萬物爲一體者也。其視天下猶一家，中國猶一人焉。大人之能以天地萬物爲一體也，非意之也，其心之仁本若是。其與天地萬物而爲一也，豈惟大人，雖小人之心亦莫不然，彼顧自小之耳！」（註七二）

天下爲公之大同思想，以仁爲本，亦以仁爲歸。仁之條理，即是倫理。政治乃倫理之延伸。在倫理社會中，盡義務不爭權利，以禮制代替法律，政治民主，經濟平等，社會安和樂利，道德水準提高。人民向善之心強，相與之情厚。勇於進取，樂於助人。此乃理性之勝利，人性之光輝。此一境界，即是民生主義社會建設之最高理想。

十一、結論

孔子集往聖之大成，爲時中之至聖，自有生民以來，未有如孔子之偉大聖人。昔賢謂孔子之功在生民、師表萬世者厥有四端：一曰明人倫，二曰保民族，三曰傳文化，四曰進大同。明人倫，爲天地立心也；保民族，爲生民立命也；傳文化，爲往聖繼絕學也；進大同，爲萬世開太平也。故孔子之精神，即是淑世之精神，此種精神，即是仁。曾子曰：「士不可不弘毅，任重而道遠，仁以爲己任，不亦重乎！死而後已，不亦遠乎！」弘是弘大。毅是剛毅，非弘不能任其重，非毅不能致其遠，就源頭上看，弘毅皆從仁出。「仁爲己任」便有「舍我其誰」之擔當。

孔子之道爲仁，孔子之教爲禮，故顏淵、仲弓問仁，孔子告之以禮；其於爲政，主張「道之以德，齊之以禮」，孔子言禮，必濟之以樂。子貢曰：「見其禮而知其政，聞其樂而知其德」。（公孫丑）是政本禮教中事，德本樂教中事。武城絃歌，孔子莞爾而笑，喜其能以禮樂爲政也。子曰：「人而不仁，如禮何？人而不仁，如樂何？」（八佾）蓋仁非禮不興，禮非樂不和。故曰「立於禮，成於樂」（泰伯）。然禮莫大於分，分莫大於名，孔子作春秋，即所以正名分，現代民主法治，亦以正名為先。今日而言復興文化，必須發揚春秋「尊王攘夷」之民族大義，擁護中央政府，鞏固革命領導中心，打倒漢奸國賊，反對外人干涉內政，堅持統一中國之基本國策，砥礪自立自強之民族精神，活學活用孔子學說，「以倫理爲誠正修齊之本，以民主爲福國淑世之則，以科學爲正德利用厚生之實」（註七三），發揚孔子淑世精神，團結奮鬥，自強不息，務使法統歸正，道統歸一，以光大民族文化，延續民族生命，開拓三民主義之新里程，邁向天下爲公之新世界。

【附註】

註一：唐子西嘗于一郵亭梁間見此語，見性理大全卷三十八、頁六一七、漢城曹龍承發行，一九七八年一月出版。

註二：中國文化之精神價值第三章、第三節：孔子之繼往開來與繼天道以立人道、頁三六、正中書局。

註三：孟子告子上：惻隱之心，人皆有之。惻隱之心，仁也，非由外鑠我也，我固有之也。

註四：讀經示要卷二、頁一五三。

註五：引見論語會箋上册、卷十、頁五四，廣文書局。

註六：讀經示要卷二，頁一〇三，廣文書局版。案王陽明云：聖人自不消求知，其所當知的，聖人自能問人。如「子入太廟，每事問」之類，先儒謂「雖知亦問，敬謹之至」，此說不可通。傳習錄下，頁八一、正中書局。又馬一浮云：子入太廟，每事問。問官問禮，亦是體上工夫，故曰是禮也。爾雅臺答問續編，卷二、頁八，廣文書局。

註七：潛書上篇取善、頁四八，河洛出版社。

註八：論語雍也：「哀公問：弟子孰爲好學？孔子對曰：有顏回者好學，不遷怒，不貳過，不幸短命死矣。今也則亡，未聞好學者也。」

註九：文莫：劉寶楠論語正義：「先從叔丹徒君駢枝曰：『楊愼丹鉛錄引晉欒肇論語駁云燕齊謂勉強爲文莫。』又方言曰：侔莫，強也。北燕之外郊，凡勞而相勉，若言努力者，謂之侔莫。」

註一〇：四書朱子異同條辨論語卷七、頁七八、近譬堂藏版。

註一一：答呂子約書，朱子大全卷四八，頁二五，中華書局四部備要本。

註一二：見人生第三三二期，頁七。
註一三：翁注困學紀聞卷七、頁六六七、商務萬有文庫薈要。
註一四：四書朱子異同條辨論語卷十七、頁五〇、近譬堂藏版。
註一五：漢書卷五六，董仲舒傳。頁一九，藝文書局武英殿本。
註一六：易繫辭上引孔子之言。
註一七：小倉山房尺牘卷四、頁二〇九、答袁清溪、正生書局。
註一八：四書朱子異同條辨論語卷八、頁五七、近譬堂藏版。
註一九：東塾讀書記卷二、頁二二、商務人人文庫本。
註二〇：中國文化史上册，孔子、頁三〇五、正中書局。
註二一：王陽明全書第一册，傳習錄下、頁九十、錢德洪錄。
註二二：太史公報任少卿書，見漢書卷六十二、頁十七、藝文書局武英殿本。
註二三：禮記檀弓下：「齊大饑，黔敖爲食於路，以待餓者而食之，有餓者蒙袂輯屨，貿貿然來。黔敖左奉食，右執飲，曰：『嗟來食！』揚其目而視之曰：『予唯不食嗟來之食，以至於斯也』，終不食而死。」
註二四：管子牧民：「國有四維，一維絕則傾，二維絕則危，三維絕則覆，四維絕則滅。何謂四維：一曰禮，二曰義，三曰廉，四曰恥。」
註二五：原抄本日知錄卷十七廉恥、頁三八七、明倫出版社。

註二六：論語陽貨：「宰我問：三年之喪，期已久矣。君子三年不爲禮，禮必壞。三年不爲樂，樂必崩。子曰：食夫稻，衣夫錦，於女安乎？曰：安。女安則爲之。夫君子之居喪，食旨不甘，聞樂不樂，居處不安，故不爲也，今女安則爲之，宰我出，子曰：予之不仁也，子生三年，然後免於父母之懷，予也，有三年之愛於其父母乎？」

註二七：爾雅臺答問續編示語二、頁一三、復性書院叢刊，廣文書局。

註二八：大學問，王陽明全書第一冊、頁一〇二，正中書局。

註二九：四書朱子異同條辨論語里仁篇，引朱子語類，頁六十、六一、近譬堂藏版。

註三〇：大學云：「所惡於上，毋以使下，所惡於下，毋以事上；所惡於前，毋以先後；所惡於後，毋以從前；所惡於右，毋以交於左；所惡於左，毋以交於右，此之謂絜矩之道。」

註三一：性理大全卷三七、頁二二。

註三二：蔣復璁氏「先總統　蔣公的仁道」，中央日報六十九年四月四日。

註三三：四書箋解上論，頁一四九，廣文書局。

註三四：朱註引伊川之言。

註三五：四書朱子異同條例，公冶長、頁七五，近譬堂藏版。

註三六：二程全書冊一，遺書七、頁三、中華書局四部備要本。

註三七：傳習錄上，王陽明全書、冊一、頁一九、正中書局。

註三八：論語陽貨：子曰：「鄉原，德之賊也。」

註三九：孟子盡心下：萬子曰：「一鄉皆稱原人焉，無所往而不爲原人，孔子以爲德之賊，何哉？」曰：「非之無舉也，刺之無刺也，同乎流俗，合乎汙世，居之似忠信，行之似廉潔，衆皆悅之，自以爲是，而不可與入堯舜之道，故曰德之賊也。」

註四〇：參見莫其鑫「論孔子的和而不同哲學思想」，中華文化復興月刊卷十二、第五期。

註四一：易六爻，二與五二爻居中，陽爻居陽位，陰爻居陰位，謂之得正。

註四二：心有，原文作「身有」，朱註引程子曰：「身有之身，當作心」，今據改正。

註四三：東塾讀書記卷二、頁十三、商務人人文庫本。

註四四：左傳昭公十七年引仲尼之言。

註四五：呂氏春秋卷四，尊師。

註四六：錢穆先生論語新解卷七，頁二二五。

註四七：王陽明傳習錄下，全書册一，頁八三。

註四八：引見龐鍾璐文廟祀典考卷一。

註四九：見史記卷一三〇太史公自序，梁玉繩考證，以爲弑君三十七，亡國四十一，梁說見史記志疑卷三六，總頁六六六，臺灣學生書局。

註五〇：熊十力氏云：「孔子知道不行，而作春秋，斟酌損益，立一王之法，以待後世。故不得不借當時之事，以明褒貶之義。即褒貶之義，以爲後來之法。如魯隱非眞能讓國也，而春秋借魯隱之事，以明讓國之義。祭仲非眞能知權也，而春秋借祭仲之事，以明知權之義。宋襄非眞能仁義行師也，而春秋借宋襄之事，以明仁義行師之義。所謂見之行事深切著明，孔子之意，蓋是如此。」讀經示要卷三，頁一四二、一四三，廣文書局。

註五一：春秋尊王發微，見通志堂經解第十九册、總頁一〇八二五、漢京文化公司。

註五二：原抄本日知錄卷九，頁二〇一，管仲不死子糾。

註五三：事見左傳定公十年。

註五四：引見古今圖書集成册六九、頁八八五、鼎文書局。

註五五：引見古今圖書集成、册六九、頁八八六。

註五六：穀梁傳昭公十二年：「晉伐鮮虞，其曰晉，狄之也。其狄之何也？不正其與夷狄交伐中國，故狄之也。」

註五七：春秋經成公三年。

註五八：公羊傳宣公十二年。

註五九：公羊傳定公四年，善其興師救蔡。

註六〇：其反夷狄，謂「君舍於君室，大夫舍于大夫室，蓋妻楚王之母」，惡其無義也。

註六一：以上參見馬一浮論語大義九、見復性書院講錄，廣文書局。

註六二：通鑑綱目，綱倣春秋，目效左傳，蓋出諸門人之手，然其凡例則出于朱子。

註六三：論衡語增篇、卷七、頁十五、文化圖書公司。

註六四：左傳襄公二十一年引太誓之言。

註六五：傳習錄下，王陽明全書冊一，頁九三，正中書局。

註六六：孫文學說第五章。

註六七：荀子儒效篇，王先謙集解卷四、頁八九，世界書局。

註六八：讀者文摘「孔子的智慧」一文（民國五十一年十月出版），稱贊孔子「知之爲知之，不知爲不知」之語，是「簡明地說明了科學上的金科玉律，在強調思想的彈性，用事實的調查來代替教條方面，他是先知先覺了二千多年的。」

註六九：先總統　蔣公云：「中庸是本體論，而大學則是方法論」。見「科學的學庸」頁一二三，中央委員會印，　蔣公又云：「在大學裏面，所說的道理，羣已內外，本末先後，逐層推展，層次何等分明，這些科學的組織體系，又是如何的自然而精密。」同前書，頁二四。

註七〇：答顧東橋書，傳習錄中，王陽明全書冊一、頁四二。

註七一：此段酌採熊十力氏說詳見讀經示要卷三、頁一八二、一八三、廣文書局。

註七二：大學問，王陽明全書冊一、頁一一九、正中書局。

註七三：先總統　蔣公「中山樓中華文化堂落成紀念文」。

孔子的躬行精神

一、前　言

孔子是我國最偉大的思想家，也是最偉大的教育家、實踐家。論語一書是孔子生活言行的實錄，這些實錄，大都是孔子弟子和再傳弟子所記，此類資料最可靠也最可貴。後人研究孔子學說，有一個通病，那就是出入口耳，講了便休，而不能著實用功，所以講得雖多，却與自己都無分。程子說：「今人不會讀書，如讀論語，舊時未讀是這箇人，及讀了後，又只是這箇人，便是不曾讀也。」（註一）

論語是一部講躬行實踐的書，不是空談理論的書。孔子教人，簡易直截，當下便有下手處。譬如吃糖，孔子不說糖味如何甜，而是將糖與人吃，人若肯吃，甜味自知。當然，爲學不像吃糖那麼簡單，爲學要有眞實心地，要下刻苦工夫。王陽明所謂「諸君聽吾言實去用功，見吾講一番，自覺長進一番」（註二）。須「實去用功」，才能「自覺長進」，否則，只作一場話說，何異秋風過耳。

荀子大略篇記載下列一段話，頗能反映出孔子注重躬行的精神：子貢問於孔子曰：「賜倦於學矣，願息事君。」孔子曰：「詩云：『溫恭朝夕，執事有恪』。事君難，事君焉可息哉！」「然則賜願息事親。」孔子曰：「詩云：『孝子不匱，永錫爾類』。事親難，事親焉可息哉！」「然則賜願息於妻子。」孔子曰：「詩云：『刑于寡妻，至于兄弟，以御于家邦』。妻子難，妻子焉可息哉！」「然則賜願息於朋友。」孔子曰：「詩云：『朋友攸攝，攝以威儀』，朋友難，朋友焉可息哉！」「然則賜願息耕。」孔子曰：「詩云：『晝爾于茅，宵爾索綯，亟其乘屋，其始播百穀』。耕難，耕焉可息哉！」「然則賜無息者乎？」孔子曰：「望其壙，皐如也，塡如也，鬲如也，此則知所息矣。」子貢曰：「大哉死乎，君子息焉，小人休焉。」

這段記載並非事實，因爲子貢聞一知二，不會這樣嚕囌的追問；孔子教人舉一反三，當然更不會這樣嘮叨地答問。這段記載雖然是虛構的，但道理却是眞實的。這個道理就是指的「自強不息」的精神。中庸所謂「至誠無息，不息則久」，就是這種精神的註脚。易曰：「日月得天而能久照，四時變化而能久成，聖人久於其道而天下化成。」（恆卦彖辭）。這裏所說的「久於其道」，就是指躬行的精神。躬行的精神是繼續不斷、貫徹始終的。孔子說：「君子無終食之間違仁」（里仁），可見君子的躬行，只是久於行仁而不息其功罷了，孔子曾說：「君子道者三，我無能焉。仁者不憂，知者不惑，勇者不懼」。子貢曰：「夫子自道也。」（憲問）又說：

「知者不惑，仁者不憂，勇者不懼」。（子罕）

論語這兩章記載，同爲孔子的話，就知仁勇三者而言，內容完全一樣，只是排列的次序稍有不同。據伊川的解釋是：「仁者不憂，知者不惑，勇者不懼，德之序也。知者不惑，仁者不憂，勇者不懼，學之序也。知以知之，仁以守之，勇以行之。」（註三）德之序，是自本而末，由內而外；學之序，是自博而約，由外而內。成德以仁爲先，這是中庸的「自誠明，謂之性」，進學以知爲先，這是中庸的「自明誠，謂之教」。「自誠明」是從源頭上悟入，「自明誠」是從關頭上漸修。到了成功以後，都是一樣的。所以中庸說「誠則明矣，明則誠矣」。從源頭上頓悟，這是「一了百了」的功夫，也就是王陽明所說的「利根之人，一悟本體，即是功夫，內外一齊俱透」（註四），然而「利根之人，世亦難遇」，所以，孔子教人，都是注重關頭上漸修的工夫。中庸引孔子的話說：

「好學近乎知，力行近乎仁，知恥近乎勇。知斯三者，則知所以修身；知所以修身，則知所以治人；知所以治人，則知所以治天下國家矣。」

以上好學、力行、知恥三者，就是孔子教人由此而求入德之路，進而達到「知者不惑、仁者不憂、勇者不懼」的境界，呂與叔說：「好學非知，然足以破愚；力行非仁，然足以忘私；知恥非勇，然足以起懦。」（註五）吾人爲學，誠能好學不倦，力行不已，又能恥不如人，力爭上游，自能見理分明，不憂不懼。至於修齊治平，道理本是一貫，所以中庸說「知所以修身，則知所以治人；知所以治人，則知所以治天下國家」。以下謹就好學、力行、知恥三者，探討孔子躬行的精神。

一、好學

孔子雖具有智仁勇三達德，但孔子從不以此自居。但對於「好學」一事，却自居不讓。孔子說：

「十室之邑，必有忠信如丘者焉，不如丘之好學也。」（公冶長）

孔子以好學自居，其意在以身示教，勉人好學。孔子曾說：「吾嘗終日不食，終夜不寢，以思，無益，不如學也。」（衛靈公）孔子此言，是爲「思而不學」者而發，其意在強調爲學之益。既說「不如學」，可見此語是「學過來」的經驗之談。述而篇載：

葉公問孔子於子路，子路不對。子曰：「女奚不曰：其爲人也，發憤忘食，樂以忘憂，不知老之將至云爾。」

史記孔子世家記載此事，於「其爲人也」句之下，有「學道不倦，誨人不厭」八字，而孔子亦有「學而不厭，誨人不倦」（述而）的自述。就「發憤忘食，樂以忘憂」句仔細尋味，顯然其好學的意味特別濃厚，一個人好學到了忘食、忘憂、忘老的地步，那眞是登峯造極的眞實功夫，也是登峯造極的藝術境界。述而篇又載：

子在齊聞韶，三月不知肉味，曰：「不圖爲樂之至於斯也。」史記孔子世家亦記此事，於「三月」句上，有「學之」二字，「學之三月不知肉味」，一方面可見韶樂之美，一方面更可見學樂之樂趣。而此樂趣，則是由學之專，學之篤而來，而孔子的藝術心情與藝術境界，亦由此章記載而表露無遺。孔子好學之樂，由忘食、忘憂、忘老，以至「不知肉味」，其好之可謂至矣，樂之可謂深矣。雍也篇載：

子曰：「知之者不如好之者，好之者不如樂之者。」

樂生於好，好生於知。有眞知便有眞好，能眞好自有眞樂。知而不能好，是其知有未至；好而不能樂，是其好有未至。孔子疏食飲水，而樂在其中；顏子簞瓢陋巷，而不改其樂，這種崇高的藝術境界，是由好學而來。好學貴能時習，論語首章開宗明義便說：「學而時習之，不亦悅乎！有朋自遠方來，不亦樂乎！」樂由悅而後得，悅由學而後生。時習不已，便是工夫不息。工夫不息，熟之於己，得之於心，心與理融，所知愈深，所得愈多，所悅愈深，由此而力量外透，便可感染他人，而朋來之樂，便是由於感染他人所致。「分享的快樂，雙倍的快樂」，由於仁體的透顯，而能與人一體，這種感通之樂，自然勝於獨學之樂。

好學必須時習不已，更要能切實把握機會，以文會友，不恥下問。八佾篇載：

子入太廟，每事問，或曰：「孰謂鄹人之子知禮乎？入太廟，每事問。」子聞之曰：「是禮也。」

熊十力說：「書生初入太廟，於未曾見之禮器，未曾習之禮儀，自有喜樂玩索之情，不得不問耳。」（註六）太廟祭祀周公，保存很多古禮。孔子「入太廟，每事問」，正表示其好學不厭和實事求是的精神。孔子曾對子路說：

「好仁不好學，其蔽也愚；好知不好學，其蔽也蕩；好信不好學，其蔽也賊；好直不好學，其蔽也絞；好勇不好學，其蔽也亂；好剛不好學，其蔽也狂。」（陽貨）

學以求知，學以去蔽。能好學，原來的美德就能更增其美。不好學，美德便有所蔽，未免美中不足，如明鏡蒙塵，黯然失色，於此可見好學是如何的重要。

論語中的「學」字，注重於道德的實踐，觀下列兩章記載可知：

子曰：「君子食無求飽，居無求安，敏於事而愼於言，就有道而正焉，可謂好學也已。」（學而）

子夏曰：「賢賢易色，事父母能竭其力，事君能致其身，與朋友交言而有信，雖曰未學，吾必謂之學矣。」（學而）

以上兩章的「學」字，皆偏重做人方面。孔子於其弟子，獨稱顏回好學，是由於顏子有「不遷怒、不貳過」的美德。當然，爲學亦不可束書不觀，孔子歎夏殷之禮，文獻不足，文獻即包括書籍在內。又子路有「何必讀書，然後爲學」之言，見斥於孔子。凡此，均可見爲學包括讀書。但只知讀書並不是爲學的好方法。所以孔子要說：「多聞，擇其善者而從之，多見而識之，知之次也。」（述而）

三、力 行

孔子是位「好古敏求」的實踐家，孔子的學問，皆由眞修實踐而來。論語十五志學一章，便是孔子一生的學譜。學有修境，有悟境。孔子以「德之不修，學之不講，聞義不能徙，不善不能改」（述而）爲憂。德待修而後成，學須講而後明，徙義改過，是修德中的要事，也是講學中的要事。修德是大本，講學是實功，大本既立，又能講習討論，明白義理；知其善惡。凡是義所當爲的事，要立刻去做，而且要做得徹底。凡是不善的事，要立刻改之，而且要永不再犯。就其工夫而言，講學偏重於致知，徙義改過偏重於力行。修德的要道，就是在「力行其所已知，而勉求其所未至」（註七）。因爲學貴躬行，不尚空談，聖門學問，尤其如此。若不重躬行，只是說得便了，那末，七十子跟從孔子，只消數日講習，便可將道理說盡，何必要許多年追隨孔子，不願離去呢？述而篇載孔子的話說：

「文莫吾猶人也，躬行君子，則吾未之有得。」

文莫，與「忞慔」相同。有「黽勉」之意，如同今語之「努力」。孔子之意是說：在努力爲學方面，我可以比得上人家；至於做一個躬行君子，我還沒有做到。這話雖是孔子的自謙之辭，但也可以看得出「躬行君子」的難得與可貴。就言行二者來說，孔子比較看重行，他說：

「君子欲訥於言而敏於行。」（里仁）

「古者言之不出，恥躬之不逮也。」（里仁）

「先行其言，而後從之。」（爲政）

孔子教人要言行相顧，表裏如一。說到就要做到，做不到的事，最好不要說。他曾以「文行忠信」（述而）教人，也就是所謂「四教」。王應麟說：「四教以文爲先，自博而約」（註八）。這是指爲學的次序，當由外而內，而忠信必須見之於行，又必須以忠信爲本，其所學才能獲得事半功倍的效果。此外，他曾教弟子「行有餘力，則以學文」（學而）。朱註引尹氏云「德行，本也；文藝，末也。窮其本末，知所先後，可以入德矣」。以本末言，行爲本；以先後言，文爲先。「行有餘力，則以學文」，是教人以躬行爲本，從內向外用功。其實，學者之事，不外文行二者。小學應先從實事上下工夫，而後及於理論。大學應先從理論上下工夫，而後見諸實事。小學之教，偏重於行而後知；大學之教，偏重於知而後行。不論是知而後行或行而後知，均以行爲本，亦以行爲重。這又可從孔子下列的話得到證明：

子曰：「二三子以我爲隱乎？吾無隱乎爾。吾無行而不與二三子者，是丘也。」（述而）

子曰：「予欲無言」。子貢曰：「子如不言，則小子何述焉？」子曰：「天何言哉？四時行焉，百物生焉，天何言哉？」（陽貨）

這兩章孔子的言論，都是教人身體力行。無隱章的「無行不與」，是孔子以身示教，表示道理全在「行」處，而孔子自身，就是「行」的最佳楷模，學者當學孔子的行爲，在人倫日用之處，體認涵養，見賢思齊，躬行實踐。不可在言語上妄求高遠。至於無言章，孔子說到「四時行、百物生」，行健不息，自然而然，是天之日用平常，可見道理不在深處，也不在虛處，而是在日用常「行」處。子貢以言語觀聖人，未免失之高遠。孔子曾取譬說明力行的重要，子罕篇載：

子曰：「譬如爲山，未成一簣，止、吾止也。譬如平地（註九），雖覆一簣，進，吾往也。」

爲學譬如爲山，我欲止便止，我欲進便進，進止在我，而不在人。止則前功盡棄，進則積少成多，終有成功之日。只怕不能力行，不患行而無成。下文孔子提到顏淵，曾說：「惜乎！吾見其進也，未見其止也。」「見其進，未見其止」，這說明了顏回自強不息、力行不已的精神。孔子說這話的意思，是惋惜顏淵之死，由此可見力行精神之可貴。公冶長篇載：「子路有聞，未之能行，唯恐有聞」。在孔子弟子中，勇於力行者首推子路。這裏値得注意的是「聞」字與「行」字的關聯性。子路的「行」，是「行」其所「聞」的「行」，也就是「知而後行」的「行」。「聞」是爲了去「行」。「聞」屬知的工夫，「聞」了去「行」，也可說是知行合一。先進篇載：

子路問：「聞斯行諸？」子曰：「有父兄在，如之何其聞斯行之！」冉有問：「聞斯行諸？」子曰：「聞斯行之。」公西華曰：「由也問『聞斯行諸』？子曰：『有父兄在』，求也問『聞斯行諸』？子曰：『聞斯行之』」。赤也惑，敢問？子曰：「求也退，故進之；由也兼人，故退之。」

這章記載，子路和冉有的問題相同，這顯示孔子注重「聞」與「行」的合一。原是不成問題的問題。子路以爲「聞」了即當去「行」。冉有以爲「聞」了不必立即去「行」。孔子的回答，一進一退，因材施教，對症下藥，這個道理顯而易見。其中最値得注意的，不是誰當「進」，誰當「退」的問題，而是如何將理論與實踐配合得恰到好處。而其主要的問題，還是如何去躬行的問題。在孔子認爲，凡是義所當爲的，就應該把握時機，去篤實爲之，不必顧慮到成敗。漢儒董仲舒所說的「正其誼不謀其利，明其道不計其功」二語，就是孔子實踐精神的嫡傳。

四、知　恥

躬行精神的產生，不是單純的理論問題。西諺說：「理無足，情無目」。理是指針，情是動力。二者必須相輔相成，才能收到相得益彰的實效。孔子曾說：「吾未見好德如好色者也。」（子罕）好德屬理，好色屬情。雅樂往往不如鄭聲悅耳，國是要聞往往不如社會新聞動聽，這是人性的弱點。孔子教顏回「非禮勿視，非禮勿聽，非禮勿言，非禮勿動」（顏淵），就是要向人性的弱點挑戰。朱註認爲孔子答顏回這一章，是「傳授心法切要之言」，孔子有沒有「心法」，這是問題，如果眞有「心法」，爲什麼只傳給顏子，這也是問題。但有一點是可以肯定的。就是孔子之教，是直指本心，是教人從「心」上做工夫。所以明儒曹月川說：「事事都于心上做工夫，是入孔門底大路」。（註一〇）曹氏這句話値得注意的是他把「事」和「心」連繫在一起，事事要放在心上，這是孔子精神的特色。孔子稱贊顏回「有不善未嘗不知，知之未嘗復行」（易繫辭下）。「擇乎中庸，得一善，拳拳服膺，而弗失之矣」（中庸），知不善而不復行，知擇善而服膺不失，這是多麼簡易直截的工夫，公冶長篇載：

子曰：「已矣乎！吾未見能見其過，而內自訟者也。」

見其過而內自訟，這是痛切的悔悟，也是知恥的表現。一個人「見其過」並不難，「見其過」而能「內自訟」，那就非常難能了。「內自訟」，這是一種「心戰」，理與欲，是與非，在心中交戰不已，如何去以「理」制「欲」，求「是」去「非」，知恥與否，實爲重要的關鍵。知恥，就心理上說，是切切實實的覺悟；就行爲上說，是切切實實的自新。孔子教人「行己有恥」（子路）。就是要能自反自訟，改過自新。孔子曾說：「其言之不怍，則爲之也難」（憲問）。一個人做事，必須度德量力，在事前深思熟慮，計畫周詳，然後下定決心，貫徹到底，才會獲得成功。一個輕諾寡信的人，是沒有什麼羞恥之心的。顏淵篇載：

司馬牛問君子。子曰：「君子不憂不懼。」曰：「不憂不懼，斯謂之君子已乎？」子曰：「內省不疚，夫何憂何懼！」

朱註：「言由其平日所爲無愧於心，故能內省不疚」。如果我們進一步要問其「平日所爲」何以能「無愧於心」？那就不僅是「平日所爲」的問題，而是由於他能「行己有恥」，能「恥不若人」，由於「恥，有其刺激性，且有其推動力」（註一一），所以能努力向上，勇於改過；發奮爲雄，自強不息。恥在消極方面能知其缺點，改正其缺點；又能在積極方面求其優點，擴大其優點。里仁篇載：

子曰：富與貴，是人之所欲也，不以其道，得之不處也；貧與賤，是人之所惡也，不以其道，得之不去也。

君子不苟處富貴，不苟去貧賤，這種不苟處，不苟去之心，就是一種知恥之心。有了知恥之心，就能立定脚跟，樂道安貧，雖大行不加，雖窮居不損，而保持坦蕩的心胸，高潔的人格。孔子是一位淑世主義者，所以他認爲一個知恥的人，不但要「有守」，而且要「有爲」。有守，偏重於修己，有爲偏重於安人。憲問篇載：

憲問恥，子曰：「邦有道，穀；邦無道穀，恥也。」

「穀」字，有「食祿」之義，「食祿」，如今語之「領薪俸」，國家無道，只知食祿，不能獨善其身，固然可恥；國家有道，只知食祿，不能有所建樹，尤其可恥。所以一個人必先有守，而後可以有爲。就孔子弟子原憲來說，當以有守爲重，就後世的學者來說，當以有爲爲重。其實，不論有守或是有爲，都與「恥」字有密切關係。我們也可以說：有守就是知恥，有爲就是雪恥。當年勾踐的「臥薪嘗膽」是知恥，滅吳復仇是雪恥。

今天國家多難，大敵當前，國際正義不彰，姑息逆流泛濫。正是「時代考驗青年」的時候，尤其是在美共建交之後，更是我們雪恥圖強的時候。要雪恥，就必先知恥。例如，我們恥學問不如人，就要努力讀書，勇猛精進。恥科技不如人，就要急起直追，迎頭趕上。恥社會風氣奢靡，就要厲行節約。恥民族文化式微，就要積極復興。總之，只要人人知恥，就能萬衆一心，羣策羣力，而達到雪恥圖強，復興國家的目的。

五、結論

以上好學、力行、知恥三者，不僅是「修己」的不二法門，也是「安人」的必要條件。而其重點，就是一個「行」字，其心法，就是一個「誠」字。其目的，就是一個「仁」字。先總統蔣公說：「知之出乎誠者必智，行之出乎誠者必勇。智者之知必知仁，勇者之行必行仁。而且其行必篤，其知必致，其知其行，斷無不成」。（註一二）「誠」是一種信仰，一種愛心，也是一種動力。中庸說：「誠之者，擇善而固執之者也」。擇善固執，這是對信仰的執着，對眞理的肯定，這是「大智」的精神。「誠者，非自成己而已也，所以成物也。」（中庸）成己成物，這是民胞物與之懷，是天地生物之心，這是「大仁」的精神。「至誠無息，不息則久」（中庸）。有了至誠，就能專心致志，毫不遲疑地去實踐力行，不畏任何艱難和險阻，充其行之極致，雖赴湯蹈火，在所不辭，這是「大勇」的精神。孟子說：「至誠而不動者，未之有也」。（離婁上）俗語也說：「精誠所至，金石爲開」，至誠的力量，有如精神原子彈，其力量是非常強大的。中庸說：「唯天下至誠，爲能經綸天下之大經，立天下之大本」，大經是指人倫，大本是指人性。人倫的教化，人性的光輝，都是出於至誠，而得以發揚光大的。

【附註】

註一：二程全書，册一、遺書十九、頁十一。
註二：傳習錄下，全書，册一、頁一〇二。
註三：引見四書朱子異同條辨論語卷九、頁三三、近譬堂刻本。
註四：傳習錄下，全書册一、頁九八。
註五：朱註引呂氏之說，案呂氏，即呂與叔。
註六：讀經示要卷三，頁一〇三。
註七：朱子大全卷六四、答姚棶。
註八：困學紀聞卷七。
註九：譬如平地：毛子水先生以此四字爲後人所加，不是論語原文。他認爲「譬如爲山四字，是通貫全章的」。從全章的文義來看，其說很有道理。詳見清華學報新二卷第一期「論語裏幾處衍文的測議」。
註一〇：古今圖書集成、理學彙編、學行典卷一二一、心學部。
註一一：陳立夫先生語，見四書道貫修身篇，頁三二三。
註一二：行的道理，見總裁言論選集第二卷，頁七三、中興山莊印。

孔子的觀人法

一、觀人之目的

觀人之目的，在於知人。書云：「在知人，在安民。」（皐陶謨）又云：「知人則哲。」（同上）其知人之目的，在於用人爲政。孔子論知人，亦甚重視政事。故樊遲問知，子曰：「知人。」樊遲未達，子曰：「舉直錯諸枉，能使枉者直。」（顏淵）直爲正直之人，枉爲邪曲之人。能夠舉用正直之人，加於邪曲之人之上，則邪曲之人，亦能變爲正直之人。仲弓爲季氏宰，問政。子曰：「先有司，赦小過，舉賢才。」曰：「焉得賢才而舉之？」曰：「舉爾所知，爾所不知，人其舍諸？」（子路）所謂「舉爾所知」，其「所知」之人，即指「賢才」而言。又中庸哀公問政章，孔子主張「爲政在人」，朱注以爲「人君爲政，在於得人」，語尤顯豁。而得人之道，首在有知人之明。

孔子論知人，雖重視政事，然亦不限於政事。如子貢問爲仁。子曰：「工欲善其事，必先利其器，居是邦也，事其大夫之賢者，友其士之仁者。」（衞靈公）孔子教子貢事賢友仁，以爲輔仁之資。此乃修德之事。然欲識賢大夫及仁友，亦須有知人之明。

由此可知孔子之重視知人，其意義較爲廣泛。論語首篇載孔子之言曰：「不患人之不己知，患不知人也。」朱注引尹氏曰：「不知人，則是非邪正或不能辨，故以爲患也。」是非邪正或不能辨，則其修德爲政亦難有成。知人之重要，概可想見。

二、觀人之標準

孔子爲道德哲學家，亦爲政治哲學家與教育哲學家。道德爲政治之基石，有高尚之道德，始有賢明之政治。而教育又爲人才之搖籃，有健全之教育，始有優秀之人才。教育與政治，皆以德行爲本。孔門四科，德行居首，故知人之標準，亦當以德行爲主。論語載主要德目雖多，（註一）然要其歸，不外仁禮二者。仁爲禮之大本，禮爲仁之大用。論語一書，孔子言仁言禮最多，豈偶然哉！試舉孔子幾則言論觀之，即可知其梗概。

子曰：「居上不寬，爲禮不敬，臨喪不哀，吾何以觀之哉？」（八佾）居上以寬爲本，爲禮以敬爲本，臨喪以哀爲本。孔子觀人必觀其本。其本不立，其道不生，則其爲人即不足觀。故曰「吾何以觀之哉？」

子曰：「飽食終日，無所用心，難矣哉！不有博弈者乎？爲之猶賢乎已！」（陽貨）又曰：

「羣居終日，言不及義，好行小慧，難矣哉！」（衞靈公）言不及義，則邪僻之心生，而偷薄之習成；無所用心，則放越之心生，而爲惡之習長。敬姜云：「民勞則思，思則善心生。逸則淫，淫則忘善，忘善則惡心生。」（註二）敬姜之言，可與孔子此言相發。無所用心之人，必然言不及義；言不及義之人，亦必無所用心。此種自暴自棄之人。聖人亦莫奈他何，故慨歎曰「難矣哉！」

子曰：「狂而不直，侗而不愿，悾悾而不信，吾不知之矣。」（泰伯）侗，無知貌。愿，謹厚也。悾悾，愚慤也。凡人有其病，亦當有其德。狂者其病，其直可取；侗者其病，其愿可取；悾悾者其病，其信可取。有可取，則可教之以救其病。若狂而不直，侗而不愿，悾悾而不信，有其病而無其德，以氣稟之偏蔽，而染於下流之惡習，其本來面目旣失，則成朽木糞土之棄才矣。孔子謂「吾不知之矣」，乃絕之之辭。

以上所舉各例，皆就人以言病，就病以論心。人苟失其本心，則不足觀，不足取、不足教矣。此本心即是仁。孔子曰：「人而不仁，如禮何？人而不仁，如樂何？」（八佾）此處之仁，非謂統四端、兼萬善之全德，乃是指惻怛懇摯之仁心而言。孟子云「仁，人心也。」（告子上）仁心即是人心。有此心即有此仁。心而不仁，即非人矣。故孔子曰：「道二，仁與不仁而已矣。」（離婁上）仁與不仁，亦即人與非人之分野。孔子恆以此標準觀人。

子曰：「巧言令色，鮮矣仁。」（學而）又曰：「巧言、令色、足恭，左丘明恥之，丘亦恥之。」（公冶長）巧言者，以口柔悅人；令色者，以面柔悅人；足恭者，以體柔悅人。此皆虛僞不實之表現。誠於中則形於外，形於外者既虛僞，則其心之鮮仁可知。

子曰：「剛毅木訥，近仁。」（子路）剛者剛強，毅者果敢，木者質樸，訥者語鈍。子曰：「力行近乎仁」，（中庸）剛毅者必能力行。又曰：「仁者其言也訒」。（顏淵）訥即訒也。剛毅木訥，正與巧言令色相對。剛毅者絕不令色，木訥者必無巧言。觀乎此，則其人之近仁與鮮仁，亦可知矣。

禮爲仁之所由表現，觀其所行是否合禮，亦可知其爲人如何。如「季氏八佾舞於庭」、「三家者以雍徹」，（八佾）此種明目張膽之僭禮行爲，其爲不仁孰甚！即如管仲之樹塞門、置反坫、（八佾）臧文仲之山節藻梲，（公冶長）孔子一則斥其非禮，一則謂其不知。不知，謂不知禮也。（註三）

子曰：「孟之反不伐，奔而殿，將入門，策其馬曰：非敢後也，馬不進也。」（雍也）又曰：「孰謂微生高直？或乞醯焉，乞諸其鄰而與之。」（公冶長）孟之反自揜其功，謙退不伐；微生高曲意市恩，掠美不直。不伐與不直，亦知禮不知禮之判也。更深一層言之，人之所以好矜伐，好虛譽，皆爲務外之私心。孟之反之謙抑，可見其心之寡慾；微生高之市恩，可見其心之多慾。能謙抑，便有無欲上人之心；好市恩，便有見知於人之意。充其無欲上人之心，則善日益而德日進；遂其見知於人之意，則惡日積而害日長。孔子觀人於微，準之以禮，迹事原情，直指本心。此等處最宜留意而深體之。其於弟子，如美子游之絃歌不輟，（陽貨）哂子路之言志不讓，（先進）亦皆以禮爲衡量標準。

孔子爲教育哲學家，其教育以因材施教爲原則，而因材施教之先決條件，必須教者有知人之明，才能適應個性，長善而救其失。孔子嘗謂「柴也愚」，（公冶長）「柴也愚，參也魯，師也辟，由也喭」，「師也過，商也不及」，「求也退，由也兼人」，「回也其庶乎，屢空。賜不受命而貨殖焉，億則屢中」。（並見先進）孔子對於弟子能如此了解深切，亦可見其觀人之精審。

三、觀人之態度

凡人有所蔽，必有所偏，偏則難見其全。大學云：「好而知其惡，惡而知其美者，天下鮮矣。」可見好而不知其惡，惡而不知其美，乃常人之通病。其好惡之所以不得其正，因其理智爲私意所蔽。故觀人應持何種態度，亦宜講求。孔子於觀人，其態度極爲客觀，子曰：「衆惡之，必察焉；衆好之，必察焉。」（衞靈公）聖人不苟同，亦不苟異，惟求其當而已，察之而好惡皆當，則從衆非嫌也；察之而好惡不當，則違衆非矯也。知人貴知其情實，看人須要看得平，看得平，才能知得眞。所謂看得平，即是頭腦冷靜，態度客觀是也。事固有若善而其實有害者，亦有若不善而其情可取者。前者如齊人陳仲子，人皆以仲子爲廉，孟子獨能辨其非廉。（滕文公下）此是衆好必察之例。後者如齊人匡章，人皆以匡章不孝，孟子獨能明其不然，（離婁下）此是衆惡必察之例。蓋惟仁者能好人，能惡人。世有伯樂，而後有千里馬。知人之不易，古今一轍。

子貢問曰：「鄉人皆好之，何如？」子曰：「未可也。」「鄉人皆惡之，何如？」子曰：「

未可也。不如鄉人之善者好之，其不善者惡之。」（子路）一鄉人同好，未必即是好人；一鄉人同惡，未必即是惡人。然一鄉人之善者好之，不善者惡之，則其人之賢必較可靠，此即「方以類聚，物以羣分」之原理。慶源輔氏（廣）曰：「鄉人皆好，恐是同流合汚之人；鄉人皆惡，恐是詭世戾俗之人，故皆以爲未可。惟鄉人之善者，以其同乎己而好之，則有可好之實矣；不善者以其異乎己而惡之，則無苟容之行矣，方可必其人之賢也。」（註四）

輿論須合乎道理，合乎事實，不以多少爲衡量之依據。就常理常情而論，善人之輿論，自較惡人之輿論爲可靠。然輿論之價值，只可供參考之用，不宜用作判斷是非之標準，尤不可據此而妄加毀譽於其間。

子曰：「吾之於人也，誰毀誰譽？如有所譽者，其有所試矣。」（衛靈公）「毀者稱人之惡而損其眞，譽者揚人之善而過其實」，蓋毀譽與是非不同，是非決於公道，公道自在人心，是是非非，易當其實。毀譽常帶情感，不免有主觀之好惡，一有主觀之好惡，即不能無過與不及之差。孔子對於時人無所毀譽，其或有所譽，亦必有以試之，不虛譽也。其人有可譽之實而譽之，此即「成人之美」（顏淵）、「善善也長」（註五）之意。善可先褒，惡不預詆，其忠厚愛人之心，與人爲善之意，益見聖道之閎深。從孔子譽人必有所試一語觀之，可見其觀人重視事實之表現。孔子於人既無所毀譽，則對於他人毀譽之辭，必不輕易採信，自可斷言。

觀人應採客觀之態度，客觀則不懷成見。子曰：「不逆詐，不億不信，抑亦先覺者，是賢乎？」（憲問）先事而預測之謂之逆，先事而意度之謂之億。逆與億，是胸懷成見，事先猜疑。先覺是心存誠信，事至自明。逆億如持鏡去照物，先覺是鏡在此而物來自照。曾子云：「君子不先人以惡，不疑人以不信。」（註六）即孔子不億不逆之義也。胸有成見，如戴有色眼鏡觀物，如何能明其眞相。就道德之觀點而言，人未必待我以詐，未必待我以不信，我惟逆詐，億不信，則我已先自陷於詐與不信矣。凡事之多疑，皆生於不明。胸懷成見愈多，其不明亦愈甚。故知觀人之道，必先有自知之明。如已不能自明，心如蒙塵之昏鏡，何能照物耶？

此章孔子以不億不逆，與先覺對言。實有深意存焉。社會固多詐僞，然亦不乏忠信，吾人不可先懷成見，以揣度或懷疑他人。苟自己心地光明，誠信不欺，必能揆之以義理，洞燭於機先。惟其不逆不億，是以能先覺也。若夫察察爲明，逆億是用，總是一團私意，無異治絲益棼，此不僅爲修德之蟊賊，亦爲觀人之魔障。

四、觀人之方法

觀人須有客觀之態度，尤須有正確而縝密之方法。若觀人之方法有誤，往往「失之毫釐，謬以千里」。孔子曰：「吾以言取人，失之宰予；以貌取人，失之子羽。」（註七）子羽，即澹台滅明之字。子羽「行不由徑」，（雍也）「貴之不喜，賤之不怒」，（註八）「仲尼幾而取之，與處久而行之不稱其貌」；（註九）宰我「善爲說辭」，（公孫丑上）「辭雅而文，仲尼幾而取之，與處久而智不充其辯。」（同註九）以言取人，以貌取人，均非觀人之最佳方法。孔子有鑒於此，曾修正其觀人之方法云：「始吾於人也，聽其言而信其行；今吾於人也，聽其言而觀其行。於予與改是。」（公冶長）又曰：「吾欲以顏色取人，於滅明邪改之；吾欲以語言取人，於予邪改之；吾欲以容貌取人，於師邪改之。」（註一〇）以顏色、語言、容貌取人，皆不能無偏差，故孔子改之。然則觀人之最佳方法爲何？

子曰：「視其所以，觀其所由，察其所安，人焉廋哉！人焉廋哉！」（爲政）何晏集解云：「以，用也，言視其所行用也。由，經也，言視其所經從也。」皇侃疏云：「安，謂意氣歸向之也。」程明道云：「視其所以，所爲也；觀其所由，所從也；察其所安，所處也。」（註一一）朱註申其說云：「以，爲也，爲善者爲君子，爲惡者爲小人。由，從也，事雖爲善，而意之所從來者，有未善焉，則亦不得爲君子矣。安，所樂也。所由雖善，而心之所樂者，不在於是，則亦僞耳。」

以，何晏釋爲「用」，謂「視其所行用」，與程，朱釋爲「爲」，義可相通，「行用」即「爲」也。大戴禮文王官人篇作「考其所爲」、蓋即程，朱之所本。但一經解作「爲」字，勢必概括次二步所觀察之「由」及「安」，因「由」及「安」亦屬於「爲」。故釋「以」爲「爲」，不如釋「以」爲「用」。（註一二）「用」即「用意」，指行爲之動機。動機有善有不善，動機善者，其人必以仁存心；動機不善者，其人必不以仁存心。孔子觀人，最重其人行爲之動機。如云：「苟志於仁矣，無惡也。」（里仁）「人而不仁，如禮何？人而不仁，如樂何？」「今之孝者，是謂能養。至於犬馬，皆能有養，不敬，何以別乎？」（爲政）動機不善，孝弟禮樂徒具虛文，則其爲人便不足觀。故云：「爲禮不敬，臨喪不哀，吾何以觀之哉？」（八佾）他如證父攘羊之不直，（子路）祭非其鬼之必諂，（爲政）孔子皆就其所爲之事，直指本心。

由，何晏釋爲「經從」，皇疏申其說，以爲「從來所經歷處之故事」，程子釋爲「從」，蓋本於何說。惟朱子解爲「意之所從來」，則與何說不同。朱說之可商，前人已有論及。（註一三）觀其行事，即當同時論其動機，不當將其行事與行事之動機分爲二個步驟。今案此一「由」字，即雍也篇「誰能出不由戶，何莫由斯道也」之「由」字。「所由」即是其行事所經由之途徑，亦即其所用之方法。動機雖然純正，如果所用之方法不當，則其人亦不足觀。如愛而不勞，婦人之仁；暴虎馮河，匹夫之勇；以及不義而得富貴，不教而使民戰，此等人均非孔子所許。故其動機純正，必須方法適宜，始可收到善果。方法適宜，其爲人亦可知。

安，皇疏釋爲「意氣歸向」，程子釋爲「所處」，朱註釋爲「所樂」，雖於義可通，似皆不如劉寶楠論語正義釋爲「意之所止」爲明白貼切。蓋意由心生，意之所止在是，則其心之所主亦在是。子曰：「不仁者，不可以久處約，不可以長處樂。仁者安仁，知者利仁。」（里仁）「久處約」，即能安於約；「長處樂」，即能安於樂。然其所以能安於約，安於樂者，非以「約」爲可安而安，以「樂」爲可樂而樂也。乃是其意別有所在，不以「約」「樂」而動其心。故曰：「君子無終食之間違仁，造次必於是，顛沛必於是」，（里仁）此章即是「仁者安仁」之注脚。「無終食之間違仁」，可見其「安仁」之久，「造次顛沛必於是」，可見其「安仁」之常。久謂不可離，常謂不可變。不可離，不可變，即指其素行習慣者而言。素行習慣，仁者安於仁，不仁者亦安於不仁。孔子稱顏回曰：「回也其心三月不違仁」，（雍也）三月不違，言其「安仁」時間之久。如居室然，三月不違，即是心常居內，心常居內，即是意之所止在此。此是弟子「安仁」之例。又如宰我欲去三年之喪，子曰：「食夫稻，衣夫錦，於女安乎？」曰：「安。」曰：「女安則為之。夫君子之居喪，食旨不甘，聞樂不樂，居處不安，故不為也，今女安則為之。」宰我出，子曰：「予之不仁也。」（陽貨）居喪以哀為主，哀乃出於愛親之心，宰我食稻衣錦自以為安，可見其哀之不足。其哀之不足，則其愛親之心可見。由其心之安不安，可知其人之仁不仁。孔子察知宰我之安於短喪，而謂其不仁，此是弟子「安於不仁」之例。然宰我言無所隱，亦自有其可取之處。朱子謂其「不隱，不害為忠信」，（註一四）此亦「觀過知仁」之一端也。（註一五）

此章孔子論觀人之法，乃由事而觀意，由迹而觀心。由外而內，由著而微，由粗而精，由易而難。視、觀、察三者，有其淺深之層次。故皇疏云：「視，直視也。觀，廣瞻也。察，沈吟用心忖度之也。」視其所以者，謂視其所為之事而知其動機；觀其所由者，謂觀其行事所用之方法而知其心術；察其所安者，謂察其素行而知其心意。其所為似善而動機未善者，未可遽以為君子也；其所為似不善而動機善者，未可遽以為小人也。昔王莽謙恭下士之時，伊尹初放太甲之日，王莽似善而非善，伊尹似惡而非惡。故更須觀其所行之方法，以知其心術；進而察其素行以知其心意。則王莽意在篡漢，伊尹志在為國。孟子所謂「有伊尹之志則可，無伊尹之志則篡也」，（盡心上）觀人能察其意之所止，心之所安，然後可以謂之知人。

五、結論

孔子論觀人之法，視、觀、察三者並重，其言至為精到。然此三者，皆就行迹而言，未免使人誤以為孔子觀人，有忽略言色之嫌。其實不然，前於觀人之標準中已略言及，茲再申論之，孔子謂「巧言令色，鮮矣仁。」（學而）此據言色以論其本心，其重視言色可知。蓋言為心聲，色由情見，察言而觀色，則其心情亦可概見。其人「色取仁而行違」，（顏淵）則其心之不仁可知。其人「色厲而內荏」，孔子至譬諸「穿窬之盜」，（陽貨）就言與色二者而言，孔子似尤重言。蓋其言之不怍者，其為之也難；其言之不讓者，其為禮也疏。故孔子曰：「不知言，無以知人也。」（堯曰）易傳曰：「將叛者其辭慚，中心疑者其辭枝；吉人之辭寡，躁人之辭多；誣善之人其辭游，失其守者其辭屈。」（繫辭下）孟子謂「詖辭知其所蔽，淫辭知其所陷，邪辭知其所離，遁辭知其所窮。」（公孫丑上）其說皆可為孔子知言之註脚。而知言即所以知人。觀人之法得當，小而至於接物取友，大而至於為政用人，皆有莫大裨益。

【附註】

註一：據陳大齊先生統計，論語載孔子所言之主要德目，共有下列二十二個：信、直、敬、忠、勇、孝、恭、惠、無怨、讓、敏、遜、剛、愼、莊、儉、愛人、寬、克己、訒、中庸、恕。見陳著孔子學說，第六章。

註二：「國語」魯語下。

註三：按「禮記」明堂位曰：山節藻梲，天子之廟飾也。又左傳文公二年曰：仲尼曰：臧文仲，作虛器，縱逆祀，祀爰居，三不知也。杜注：作虛器，謂居蔡山節藻梲也。

註四：「四書朱子異同條辨論語」卷十三、頁六七。

註五：「公羊傳」昭公二十年。

註六：「大戴禮」曾子立事篇。

註七：「史記」仲尼弟子傳。

註八：「大戴禮」衞將軍文子篇。

註九：「韓非子」顯學篇。

註一〇：「大戴禮」五帝德篇。

註一一：「二程先生語錄」，羅豫章輯。

註一二：說本陳大齊先生「論語臆解」。

註一三：日人安井衡「四書集說」云：集註釋「由」爲「意之所從來」，則大有不然者焉。此章聖人示觀人之法，必就其所易見而教之。故古注釋以、由，皆以行事而言之。若每事欲觀「意之所從來」，必至於逆詐億不信，其不可也矣。又胡適「中國古代哲學史」云：朱熹說第二步爲「意之所從來」，是把第二步看作第一步了。第一步是行爲的動機，第二步是行爲的方法。

註一四：原本備旨「論語集註」，京城書籍業組合編輯部編纂，大正六年十二月發行。

註一五：「四書朱子異同條辨」云：「今之學者見宰我以安字對，無不以爲薄於愛親矣。究竟即不食稻衣錦，而三年中眞見爲此心之不安者，寧有幾人？且不必三年也，即期年中一見有稻而便覺爲不忍食；一見有錦而便覺爲不忍衣者，又有幾人？宰我期年外，眞以爲安，則必期年內，眞以爲不安，其仁親之心，猶勝今時學者數十倍，凡爲人子者須當猛省。」

讀論語與變化氣質

一、前　言

黃山谷說：「士大夫三日不讀書，自覺語言無味，對鏡亦面目可憎。」（註一）所謂「語言無味，面目可憎」，這就是俗病。「俗病」無藥可醫，惟有讀書可醫。

張橫渠說：「爲學大益，在自能變化氣質。不爾，卒無所發明，不得見聖人之奧。」（註二）

橫渠所云「爲學」的方法，最重要的是讀書，尤其是讀聖賢之書。

他說：「學者信書，且須信論語、孟子。」

又說：「蓋書以維持此心，一時放下，則一時德性有懈；讀書則此心常在，不讀書則終看義理不見。」

「此心常在」便不致放失。義理之悅吾心，猶芻豢之悅吾口，讀之既久，心與理融，氣質自然變化。

伊川說：「某自十七八讀論語，當時已曉文義，讀之愈久，但覺意味深長。」又說：「今人不會讀書，如讀論語，舊時未讀是這箇人，及讀了後，又只是這箇人，便是不曾讀也。」（註三）

讀論語要虛心涵泳，切己體察，優游饜飫，仔細玩味，熟讀深思，義理自見。更要在實事上多做工夫，將論語上的嘉言，貫注到自己的身上，化爲實際的行動。知一字，便行一字；知一句，便行一句。要能「一棒一條痕，一摑一掌血」、「造次必於是，顚沛必於是」，方是眞實工夫。

南宋紹興中，尹焞和靖爲崇政殿說書，曾著論語解進帝，高宗對宰相趙鼎說：「尹焞日間所行，全是一部論語。」高宗又問尹焞：「卿之粹厚，何以臻此？」焞答道：「臣但一生不敢作過」（註四）。「一生不敢作過」，這需要下顏子「克己」的工夫。像尹和靖這樣的善讀論語，才是變化氣質的最佳範例。

讀論語要切己用功，設身處地，將孔門諸弟子問處，當作自己問，將孔子答弟子語，當作自己耳聞，一番聽聞，便有一番心得，一番心得，便有一番受用，甚至一生受用不盡。范純仁曾說：「吾平生所學，得之忠恕二字」（註五）。可見義理之學，貴在身體力行，眞積力久，涵養旣熟，自然水到渠成，自然氣質變化。至於變化氣質之要道，不外就下列數項去做工夫。

二、志　氣

為學當以立志為先，志不立，則無可成之事，亦無可立之德。孔子自云「吾十有五而志於學」（論語為政），志於學，便念念在此，為之不厭，論語首章「學而時習之」，時時學習的精神，便是由志學而來。才說姑待明日，便不是時習之學。

劉念臺說：「學者唯有中立病難醫，凡一切悠悠忽忽，不激不昂，漫無長進者皆是。」（註六）

劉氏所說的「中立病」的根源，就是因為沒有志氣，思想糊塗，依違兩可，只知投機取巧，隨風轉舵，甚至同流合汚，傷風敗俗，孔子斥為「德之賊」的鄉愿（論語陽貨），就是屬於這一類型的人。所以，無志則無守，無守之人，自甘下流，愈流愈下，終不免為禽獸路上人。古人濟大事成大德者，全靠脚跟定，脚跟定全靠立志堅。孔子說：「苟志於仁矣，無惡也。」（論語里仁）志仁是因，無惡是果。志仁是工夫，無惡是效驗。一念之善，則惡便消；一念之惡，則善便滅。誠於中則形於外，只要為善之心真切，便能改過遷善，而有工夫可循。

子曰：「三軍可奪帥也，匹夫不可奪志也。」（論語子罕）帥可奪而志不奪，此可見立志要堅定不移，才能產生力量。能立必為聖人之志，則其人品自高，氣質亦自不俗。顏淵說：「舜何人也，予何人也，有為者亦若是。」（孟子滕文公）有為者即是有志者，有必爲聖人之大志，才能發奮爲雄，卓然自立，才能變化氣質，成德立業。

子曰：「衣敝縕袍與衣狐貉者立，而不恥者，其由也與！」（論語子罕）子路與美衣者並立，而其心不爲所動，亦可見其立志之高。學者知所立，便知所重。知所重，便知所養。陸象山說：「要當軒昂奮發，莫恁地沈埋在卑陋凡下處。」（註七）「軒昂奮發」，卓然不爲流俗所移，乃爲有立。楊庭顯說：「好學之心一興，則凡在吾身之不善自消，至於面目塵埃亦去矣。」（註八）楊氏此言，正是孔子「志仁無惡」的註脚。「面目塵埃亦去」，就是氣質變化的明效。

三、骨氣

骨氣是人格的表徵，是強者的標幟。士窮見節義，板蕩識忠臣。骨氣與志氣，是一體之兩面。有志氣才能有所爲，有骨氣才能有所不爲，兩者關係至爲密切。

子曰：「歲寒然後知松柏之後彫也。」（論語子罕）必有松柏之質，然後能不爲歲寒所變，必有君子之德，然後能不爲外物所移。顧亭林說：「松柏後凋於歲寒，鷄鳴不已於風雨」（註九）。以此喻志士仁人的節操。松柏的可貴，在其有不變之本質，君子的可貴，在其有堅貞之操守。謝枋得說：「人可回天地之心，天地不能奪人之心。」（註一〇）謝氏當宋元鼎革之際，絕食而死，以全臣節。千載而下，大義凜然。此種至死不變的節操，即是發自有所不為的骨氣。于忠肅說：「後凋者不惟明一己之節，實賴以回造化之春，而壯乾坤之色。」（註一一）宋、明兩次亡於異族，然因民族正氣常存，終能河山光復，日月重光。此正所謂「人可回天地之心，天地不能奪人之心」。先總統　蔣公說：「千秋氣節久彌著，萬古精神又日新。」（註一二）我中華民族能歷經憂患，獨立奮鬥，不屈不撓，屹立於天地之間，今日且成為自由亞洲的光明燈塔，這都有賴於民族正氣的發揚。

就立身而言，知恥二字，極為重要。管子以「恥」為國家四維之一，而有「四維不張，國乃滅亡」的說法，可見「恥」字所關甚大。

子曰：「行己有恥，使於四方，不辱君命，可謂士矣。」（論語子路）

「行己有恥」，就立身而言，「不辱君命」，就立事而言。立身注重品德，立事注重才能。就儒家思想來說，立身立事，是一而二，二而一的。不能立身，亦必不能立事。不能立事，立身亦不能圓滿。「行己有恥」，是其志有所不為；使不辱命，是其才足以有為。惟其能有所不為，而後才能有所為。

顧亭林說：「士大夫之無恥，是謂國恥。」（同註九）無恥則無所不為，無所不為，則禍患亂亡亦無所不至。所謂「小人窮斯濫矣」（論語衞靈公），窮而斯濫，就是無恥。

子曰：「邦有道，貧且賤焉，恥也；邦無道，富且貴焉，恥也。」（論語泰伯）

朱註：「世治而無可行之道，世亂而無能守之節，碌碌庸人，不足以為士矣，可恥之甚也。」「無可行之道」，這是沒有志氣；「無能守之節」，這是沒有骨氣。

王孫賈問曰：「與其媚於奧，寧媚於竈，何謂也？」子曰：「不然，獲罪於天，無所禱也。」（論語八佾）

「奧」指衞君的親幸，「竈」指外朝的權臣。媚奧媚竈，皆是違理之事，其實就立身而言，一有求媚之心，便有可恥之事。孔子之答，表明自己不媚奧亦不媚竈，此即是一種節，亦是骨氣的表現。子曰：「巧言、令色、足恭，左丘明恥之，丘亦恥之。」（論語公冶長）巧言、令色、足恭，意在求媚於人。求媚於人，意必不誠，心必不正。不正不誠，何以爲人？

四、勇　氣

知恥是一種覺悟，由覺悟而明白義理，由義理而生出力量，此便是勇氣。至於「暴虎馮河」之勇，那是血氣之勇，是匹夫之勇。

司馬牛問君子。子曰：「君子不憂不懼。」曰：「不憂不懼，斯謂之君子已乎？」子曰：「內省不疚，夫何憂何懼。」（論語顏淵）

此章「內省不疚」四字，意義重大，意味深長。朱註：「由其平日所爲，無愧於心，故能內省不疚，而自無憂懼。」一個人素行合乎神明，問心無病，理得心安，自然俯仰無愧，不憂不懼。在孔子弟子中，眞能「內省不疚」者，首推顏子與曾子，顏子受四勿之教，曾子有三省之功。四勿和三省，都是克己修身的切要工夫。

子曰：「顏氏之子，其殆庶幾乎！有不善，未嘗不知，知之未嘗復行也。」（註一三）又曰：「回之爲人也，擇乎中庸，得一善，則拳拳服膺，而弗失之矣。」（中庸）「有不善未嘗不知」，這是內省的眞切工夫，「知之未嘗復行」，這是克己的篤實工夫。至於他的擇善固執，服膺弗失，更是大智大勇的具體表現。不幸顏子短命而死，孔子稱其「不遷怒，不貳過」（雍也）。又說：「惜乎！吾見其進也，未見其止也。」（子罕）不遷、不貳，正是循理制欲的結果；進而不止，正是勇者不懼的畫像。

至於曾子，其學以修身爲本，以守身爲要，生平戰戰兢兢，臨深履薄，直至死而後已。觀其臨終之際，啓手啓足，方得自免。（註一四）可見其戒愼恐懼，踐履篤實，反求諸己，終身以之，不知用了多少工夫。有人以爲曾子之戰戰兢兢，其弊在養成一種畏縮的氣象（註一五）。不知士之強毅，正由自反而縮得來。自反而縮的工夫，就是大徹大悟的起點，也是義理之勇的源泉。

孟子云：昔者，曾子謂子襄曰：「子好勇乎？吾嘗聞大勇於夫子矣；自反而不縮，雖褐寬博，吾不惴焉！自反而縮，雖千萬人，吾往矣。孟施舍之守氣，又不如曾子之守約也。」（孟子公孫丑）

曾子與子襄論大勇這一段話，重點全在「自反而縮」一句。朱註：「夫子，孔子也。縮，直也。」自反而縮，則理直氣壯，自然無所畏懼。所以說「雖千萬人，吾往矣。」這種勇往直前、義無反顧的大勇，全靠平日反身循理，集義養氣而來。如果「自反而不縮」，也就是理不直，氣不壯，縱然對方是一個寬博褐衣的平民，自己難道不害怕嗎？

曾子守約，是約於義，也就是時時去集義。自反而縮，是由於平日集義功深，所養者厚，才能生出「至大至剛」的浩然之氣。程伊川說：「氣須是養，集義所生，積習既久，方能生浩然氣象。人但看所養如何，養得一分，便有一分，養得二分，便有二分。」（註一六）養氣與集義只是一事。集得一分義，便養得一分氣。集義愈多，其氣愈盛。孟子所引「自反而縮」的話，正是論語所云「內省不疚」一章的註脚。「自反」便是「內省」，「縮」便「不疚」，「雖千萬人，吾往矣」，自然「不憂不懼」。吾人作事，能夠反身循理，問心無愧，便能泰然自得，無所畏懼。

五、朝　氣

朝氣銳盛，暮氣衰惰。常保心理的年輕，活力的充沛，自然朝氣蓬勃，樂觀進取。呂祖謙說：「爲學須是一鼓作氣，間斷便非學，所謂再而衰也。」（註一七）「一鼓作氣」，便是朝氣；「再而衰」，便是暮氣。徐幹說：「君子不恤年之將衰，而憂志之有倦。」（註一八）不怕年老，只怕志衰。志衰便暮氣沉沉，無所作爲。

葉公問孔子於子路，子路不對。子曰：「女奚不曰：其爲人也，發憤忘食，樂以忘憂，不知老之將至云爾。」（論語述而）

據史記孔子世家，孔子自蔡如葉，在齊景公卒之明年，時當魯哀公六年，孔子已六十三歲，而曰「不知老之將至」，此可見孔子心中，實無絲毫老意。而曰「發憤忘食，樂以忘憂」，可見其畢生好學樂道，栖栖遑遑，孜孜矻矻，不厭不倦的心情。以此心情，邁向志道的理想，追求嚮往的未來。但知義理的無窮，不知身世的可憂。其所憤所樂，亦全在此。孔子所憂即在此學此道，即在此憤此樂中。孔子畢生忘食、忘憂，由憤生樂，由樂生憤，憤樂相生，循環不已。此一番好樂，此一番追求，顯示其生命力之充沛，精神力之眞摯。此在論語首章，即已揭示微恉。

子曰：「學而時習之，不亦說乎！」

朱註：「既學而又時時習之，則所學者熟，而中心喜說，其進自不能已矣。」時習者，時時學習，如鳥數飛，前進不已，朱註這幾句話，不啻是朝氣的注釋。朝氣須有中心喜說的情懷，須有前進不已的銳氣。爲學若有間斷，便不可謂之「時習」。若中心不說，便不可謂之好學。

子曰：「君子食無求飽，居無求安，敏於事而愼於言，就有道而正焉，可謂好學而已。」（學而）

雲峯胡氏說：「必無求然後見其有好之之志，必敏愼然後見其有好之之實，必取正有道然後不差夫好之之路。」（註一九）此章精神意念全在「好學」二字，好之愈篤，其氣愈盛。顏子「欲罷不能」，曾子「死而後已」，皆是時習之學，亦即是自強不息，活力充沛，朝氣蓬勃之具體表現。

六、材 氣

村氣即是質朴之氣，或鄙野之氣。隋唐嘉話：「薛萬徹尙丹陽公主，太宗嘗謂人曰：薛駙馬有村氣」。史載薛萬徹惷甚，公主羞不與同席（註二〇）。是村氣似含有貶詞之意，而事實並非如此。

子曰：「先進於禮樂，野人也，後進於禮樂，君子也。如用之，則吾從先進。」（論語先進）

野人，指郊外之民，今語所謂「鄉下佬」。張栻說：「野人、君子，由後人之稱也。前人於禮樂，務其質，而於文有所未足，後人則習其文而日盛矣。惟其文之日盛，故以前輩爲野人，而自謂爲君子。」（註二一）

孔子於禮樂從先進，其意在矯正衰世文勝質之弊。吾人就事論事，質朴並無不好。

子曰：「吾未見剛者。」或對曰：「申棖」。子曰：「棖也欲，焉得剛。」（公冶長）欲是不剛的病根，有欲便不剛，凡聲色貨利都是欲，人欲愈滋，剛德愈微。質朴之人，多半澹泊寡欲，樸實無華。寡欲便能不役於物，謹身安分，直道而行，養成儉素的美德，敦厚的風尙。

子曰：「剛毅木訥，近仁。」（論語子路）

剛是剛強，毅是堅忍，木是質朴，訥是遲鈍，四者天資近仁，氣質厚重，剛毅的反面是柔弱，木訥的反面是華辯。一個人如能變柔弱爲剛強，化華辯爲木訥，收歛向內，反身循理，脚踏實地，涵養學問，安貧樂道，養之有素，遇事之來，便能硬擔勇荷，奮發有爲。如其人本具剛毅木訥的資質，更要善自珍重，愛惜名節，實事求是，盡其在我，以服務社會爲目的，以復興文化爲己任。默默耕耘，不求聞達。那末，行之於一鄉，便可轉移一鄉的風氣；行之於一縣，便可轉移一縣的風氣。推而至於一省一國，莫不皆然。

論語鄉黨一篇，記載聖人的生活細節，分明是孔子的畫像。篇首便說：

孔子於鄉黨，恂恂如也，似不能言者。其在宗廟朝廷，便便言，唯謹爾。

朱註：恂恂，信實之貌。便便，辯也。

孔子在鄉黨和在朝廷的言貌雖有不同，但其溫恭謹愼的態度却是一致的。尤其是在鄉黨的「恂恂如也」，可以說就是村氣的典型。太史公稱李廣「悛悛如鄙人，口不能道辭。」（註二二）「悛悛」及「恂恂」皆爲假借字。在鄉黨的孔子，和太史公眼中的李廣，雖然在道德方面不能相提並論，但就村氣來說，却是屬於相同的類型。又史記稱周勃「爲人木彊敦厚，高帝以爲可屬大事」（註二三），所謂「木彊敦厚」，也是指村氣而言的。「木彊敦厚」的人，「可屬大事」，這顯示村氣的美德，有助於才能的發揮。尤其是在末流文勝之際，浮華成風，人心陷溺，更需要具有村氣的人，作生活革新的中流砥柱。今日自由中國復興基地，經濟繁榮，物質文明進步，國民生活水準不斷提高，而生活素質不僅未見改善，且有每下愈況的趨勢。如果孔子生在今天，必然大聲疾呼：

禮，與其奢也寧儉；喪，與其易也寧戚。（論語八佾）

奢則不孫，儉則固，與其不孫也寧固。（論語述而）

寧儉、寧固，「儉」與「固」皆與村氣有關。孔子說：「士志於道，而恥惡衣惡食者，未足與議也。」（論語里仁）又說：「士而懷居，不足以爲士矣。」（憲問）恥惡衣食，懷戀居室，心存物欲，皆不足以行道淑世。何況今日臺灣處於戰時，國家處境艱難，吾人須克勤克儉，奮發圖強，在心理建設方面，須有嘗膽臥薪的刻苦心志，居安思危的憂患意識，困心衡慮的復國志節，任重道遠的剛毅精神，以改造社會風氣，推動國家建設，開創中興機運，而此數者，均須植基於淳樸厚重的村氣。

七、結論

七十一年六月二日，國民黨蔣主席發表談話，提出「正風勵俗，加強憂患意識，振奮蓬勃朝氣，促進社會進步」（註二四），是我們要共同達到的重要課題。如何才能達到上述的重要課題，其最根本最有效的途徑，還是從教育著手，而教育的首要，就是在於變化氣質。孔子說：「躬自厚而薄責於人，則遠怨矣。」（論語衛靈公）這也就是嚴以律己，寬以待人的意思。嚴以律己，學問才有進步；寬以待人，怨尤自然減少。

史載呂祖謙少時性褊急，後因病中讀論語，至「躬自厚而薄責於人」，忽覺平時忿懥，渙然冰釋。朱熹嘗言：「學如伯恭，方是能變化氣質。」（註二五）由此可知變化氣質要反身循理，切己體察。行有不得，反求諸己。要做到「檢身若不及，與人不求備」。凡事痛下工夫，劍及履及。例如讀「學而時習」，才有一刻間斷，便不是時習；讀「見賢思齊」，才有一分不如，便不是齊。能如此深思力踐，眞積力久，何患氣質不能變化？

【附　註】

註　一：引見古今圖書集成第六〇五册之一九頁。
註　二：張子全書卷六頁三。
註　三：河南程氏遺書卷十九，伊川先生語五，頁十一。
註　四：詳見宋元學案和靖學案，第二册，卷二十三，頁三〇七，正中書局。
註　五：宋史卷三一四，頁二八。
註　六：引見先總統　蔣公訓詞「改造教育與變化氣質」。
註　七：宋元學案卷五二，象山學案，頁六三八。
註　八：宋元學案象山學案，頁六四六。
註　九：原抄本日知錄卷十七，廉恥，頁三八七。
註一〇：宋元學案卷七九，存齋晦靜息庵學案，頁一〇二八。
註一一：引見簡朝亮「論語集註補正述疏」卷五，頁四二。
註一二：見中央日報「領袖精神萬古常新」封底裏頁：先總統　蔣公墨寶之一。
註一三：見易繫辭下。
註一四：論語泰伯，曾子有疾，召門弟子曰：「啓予足，啓予手。詩云：『戰戰兢兢，如臨深淵，如履薄冰』。而今而後，吾知免夫，小子。」

註一五：見胡適「中國古代哲學史」孔門弟子，頁一二七。

註一六：宋元學案卷十一，伊川學案，頁一五七。

註一七：宋元學案卷四十六，東萊學案，頁五五九。

註一八：徐幹「中論」修本第三，頁七。

註一九：四書朱子異同條辨，論語卷一，頁九八，近譬堂藏版。

註二〇：見新唐書卷八十三，頁三，乾隆四年刊本。

註二一：見癸巳論語解卷六，頁八五，商務叢書集成本。

註二二：史記卷一〇九「李將軍列傳」，第四十九。

註二三：史記卷五七，「絳侯周勃世家」第二十七。

註二四：見七十一年六月「中央月刊」第十四卷八期頁十。

註二五：見宋史卷四十四，宋元學案卷四六，東萊學案。

儒家的知行觀

一、博文約禮的意義

大抵爲學的工夫，不外知與行二者。大學的格物、致知是知之事，誠意、正心、修身是行之事。中庸的博學、審問、愼思、明辨是知之事，篤行是行之事。論語的知及、仁守，孟子的始終條理，都是始之以致知，終之以力行。能始之以致知，則能明理而無所惑；能終之以力行，則能有成而無所虧。所以知行二者，如車之雙軌，如鳥之兩翼，二者缺一不可。

孔子論爲學之道說：「君子博學於文，約之以禮，亦可以弗畔矣夫。」（雍也）所謂博文，就是致知之事；所謂約禮，就是力行之事。朱子說：「博文之事，則講論思索要極精詳，然後見得道理巨細精粗，無所不盡，不可容易草草放過。約禮之事，則但知得合要如此用功，即便著實如此下手，更莫思前算後，計較商量。」（註一）此言博文要精思，約禮要力踐。精思才能明諸心，力踐才能有諸己。朱子又說：「博文約禮，聖門之要法，博文所以驗諸事，約禮所以體諸身。如此用工，則博者可以擇中，而居之不偏；約者可以應物而動皆有則。如此則內外交相助，而博不至於泛濫無歸，約不至於流遁失中矣。」（註二）「驗諸事」是要能「擇」，「體諸身」是要能「守」。能「擇」是知之眞，能「守」是行之力。知之深，則行之必至；知之眞，則守之必固。由此可見知行二者，交相助，交相益。因爲知欲其博，守欲其約，博而能約，則無泛濫支離之病；約而能博，則無偏枯失中之病。博文工夫愈明，則約禮工夫愈密；約禮工夫愈密，則博文工夫愈明。由此可知博文約禮二者，其關係至爲密切。其實，博文與約禮的關係，也就是致知與力行的關係。

孔子說：「學而不思則罔，思而不學則殆。」（爲政）此處「學」字與「思」字對舉，「思」字偏重於知，則「學」字偏重於行，此與前文所云「博學於文」之學偏重於知者不同。朱註說：「不求諸心，故昏而無得；不習其事，故危而不安。」「不求諸心」，是昧於知；「不習其事」，是怠於行。朱子又說：「學而不思，如讀書不思道理是如何；思而不學，如徒苦思索不依樣子做。」（註三）由此可見學與思只是一事，學是學其事，思是思其理，學而不思，是理上欠了工夫，所以「昏而無得」，思而不學，是事上欠了工夫，所以「危而不安」。惟學思並重，知行互發，才能相得益彰，而收事半功倍之效。

二、知與行的關係

知行二者，相須相成，知是目，行是足。目無足不行，足無目不見。二者合則增美，偏則受病。所以欲加強知與行的工夫，必須先講明知與行的關係。

(一)就責知而言，其關係有四：

1. 知以導行

所謂知以導行，即是以眞知來指導行動。孔子說：「蓋有不知而作之者，我無是也。多聞，擇其善者而從之，多見而識之，知之次也。」（述而）「不知而作」，謂不知其理而妄作，這裡的「作」字，有「行」的意思，與「述而不作」的「作」字不同。如果我們要做一件事情，不求眞知，便鹵莽去行，這就是「不知而作」。孔子沒有「不知而作」的事，這可見孔子凡有所作，必依據眞知灼見，決不鹵莽妄作。這種知而後作的「知」，也兼攝善惡的價值判斷，所以孔子於下文又說：「擇其善者而從之」，「從之」就是行之，擇善而從，就是擇善而行。孔子曾對子路說：「由，知德者鮮矣。」（衞靈公）其「知德」的「知」，也是價値方面的事。程子說：「須是識在所行之先，譬如行路，須是光照。」（註四）程子所說的「識」，是指眞知而言。「譬如行路，須是光照」，這話說明了知以導行的重要。國父說：「當今科學昌明之世，凡造作事物者，必先求知而後乃敢從事於行，所以然者，蓋欲免錯誤而防費時失事，以冀事半功倍之效也。」（註五）先知後行，有利無弊，這更可見知以導行的必要。

2. 知以壯行

所謂知以壯行，是指行之氣而言，然氣是本乎理，理直則氣壯，理曲則氣餒。孟子有一段記載，可以說明此理：「昔者，曾子謂子襄曰：子好勇乎？吾嘗聞大勇於夫子矣。自反而不縮，雖褐寬博，吾不惴焉。自反而縮，雖千萬人，吾往矣。」（公孫丑）「縮」即是直，自反而不縮，於理有虧，於心有愧，所以就是面對穿粗布衣服的平民，也會有所畏懼，因為理不直，氣便不壯，這是一定的道理。反之，如果我的理直，理直自然氣壯，就是面對千萬人的阻力，也能一往無前，毫不害怕。孔子說：「內省不疚，夫何憂何懼？」（論語顏淵）「內省不疚」，問心無愧，理得心安，自然無所畏懼。吳草廬說：「主於天理則堅，徇於人欲則柔。」（註六）「主於天理則堅」，就是理直氣壯了；「徇於人欲則柔」，就是理屈氣餒。

民國三十八年，先總統　蔣公手書「寓理帥氣」四字，為經國先生四十生辰的私祝，並謂對「寓理帥氣」的「寓」字「體認深切，引為自快」。（註七）蔣公「寓理帥氣」的見解，較孟子「以志帥氣」的主張，更為深切著明。「寓理帥氣」的「理」，指天理而言，一個人的內心，全是天理流行，自然其氣浩然，沛然莫之能禦了。

3.知以勵行

所謂知以勵行，是就行之力而言，孔子說：「知者利仁。」（里仁）集解引王肅說：「智者知仁為美，故利而行之也。」利仁，就是順利行仁的意思。欲順利行仁，必先知仁。鍾繇等對魏文帝說：「利仁者，力行者也；彊仁者，不得已者也。」（註八）利仁是自動自發的力行，而彊仁是出於不得已。這是因為利仁者知之深，彊仁者知之淺。程子說：「知之深，則行之必至。無有知之而不能行者，知而不能行，只是知得淺。」（註九）知之不深，行必不力。程子又說：「

古人言樂循理之謂君子，若勉強只是知循理，非是樂也。」（註一〇）「樂循理」者知得深，「知循理」者知得淺。換句話說：見理愈明，循理愈樂。顏子的糟糠不厭，欲罷不能，就是因爲顏子知道之深，樂道之至。王陽明說：「見聖道之全者惟顏子，觀喟然一嘆可見。」（註一一）由於顏子的眞知灼見，所以能擇善固執，勇猛精進，而達「欲罷不能」的境地，這就是「知以勵行」的最佳範例。

孔子說：「知之者不如好之者，好之者不如樂之者。」（雍也）知之而不能好，是知之未至，好之而不能樂，是好之未至。知之深自然能好，好之深自然能樂。所以　國父說：「知之更樂行之。」（註一二）

4. 知以成行

所謂知以成行，意謂眞知必能指日樂成。易乾文言說：「知至至之，可與幾也。知終終之，可與存義也。」「知至至之」，是致知之事；「知終終之」，是力行之事。對於求知，必須竭盡心力，以求至乎其極，才能研析幾微，明理致用。既求得眞知，而知其歸宿，就必須實踐力行，以達其終極目標，才可與「存義」。由此可知眞知必須繼之以力行，才能獲得最後的成功。「知至至之」就是孟子所說的「始條理」，「知終終之」就是孟子所說的「終條理」，程子說：「因其始條理，故能終條理，猶知至即能終之。」（同註九）古語說：「有志者事竟成」，也就是這個道理。「有志」就是指的眞知，有志竟成，是「知以成行」的意思。

尤其在今天「知而後行」的科學時代，吾人欲成事立業，必須立定目標，擬訂計畫，把握時間，循序漸進，才能事半功倍，指日樂成。國父說：「天下事惟患不能知耳，倘能由科學之理則，以求得其眞知，則行之決無所難。」（同註一二）「行之決無所難」，當然一定成功。國父手著「孫文學說」，把「有志竟成」，列爲最後一章，可見其意義的重大。國父當年奔走革命，愈挫愈奮，再接再厲，經歷十次失敗而不灰心，是因爲他深知革命是「順乎天理，應乎人情，適乎世界之潮流，合乎人羣之需要」，只要奮鬥到底，斷無不成之理。國父以革命的寶貴經驗，說明了「有志竟成」的眞理。

㈡就重行而言，其關係有四：

1. 行以生知

所謂行以生知，意謂知由行而產生。中庸說：「或生而知之，或學而知之，或困而知之。」孔子說：「生而知之者，上也；學而知之者，次也；困而學之，又其次也；困而不學，民斯爲下矣。」（論語季氏）學而知之，困而知之，皆是由力行而來；至於生而知之，指聖人而言，聖人無所不知，只是知箇天理。至聖莫如孔子，然孔子自言「我非生而知之者，好古敏以求之也。」（述而）可見孔子亦是學知。所以子貢說：「夫子焉不學，而亦何常師之有？」（子張）孔子的學，貴乎躬行，學問和經驗，皆由躬行而得。

孔子說：「君子食無求飽，居無求安，敏於事而愼於言，就有道而正焉，可謂好學也已。」（學而）「敏事愼言，就正有道」，即是好學，即是力行，所謂行以生知，就是國父所說「行而後知」的意思。國父說：「近來大科學家，考究萬事萬物，不是專靠讀書，他們所出的書，不過是由考察的心得，供獻到人類的記錄罷了。」（註一三）「考察」是行，「心得」是知，知由行來，理至明顯。左傳定公十三年說：「三折肱，知爲良醫」，這就是經驗之知。俗謂：「不經一事，不長一智」，亦是此理。 國父說：「古人之得知也，初或費千百年之時間以行之，而後乃能知之。或費千萬人之苦心孤詣，經歷試驗而後知之。」（同註一二）此語足證知由行來，先總統 蔣公說：「不行不能知」。（註一四）可見行而後知，乃不易之理。

2. 行以驗知

知既然由行而來，故必待行後始能確定所知的眞僞。孔子說：「吾與回言，終日不違，如愚。退而省其私，亦足以發，回也不愚。」（論語爲政）對於孔子的教誨，顏回「默識心融，觸處洞然」，無所疑問，如同愚人。及孔子「退而省其私，亦足以發」，而後碻知其「不愚」。可見知人不易，須有具體的事實，作爲判斷的標準。朱子說：「人知烏喙之殺人不可食，斷然不食，是眞知之也。」（註一五）烏喙，即是中藥的附子，有毒。人知烏喙之殺人，必曾經過實驗而後才有眞知。「路歧之險夷，必待身親履歷而後知，豈有不待身親履歷而已先知路歧之險夷者邪？」（註一六）。由行中所得之知，才是眞知。尤其是科學方面，一種學理的發明，必須經過實驗證明，行得一分，就知得一分。

先總統 蔣公說：「凡是我們學問經驗中認爲已經獲得的知識，如果不是經過實行而證明爲有效，就不能斷定所知者果爲眞知；所以我們一切事業，必須實行而後始有眞知，也惟有能行而後能知。」（同上）可知眞知必在於實行，不行不足謂之眞知。一言以蔽之；實行是檢驗眞知的標準。

3.行以擴知

行可檢驗知的眞僞，也可擴大知的範疇。中庸說：「君子之道，辟如行遠必自邇，辟如登高必自卑。」這幾句話雖然是說進道的次序，要自邇而遠，自卑而高。但從求知的角度看，求知正如行遠登高，行得一步，就知得一步；登高一層，就見高一層。行得一步卑邇，便見得一步高遠。孟子稱「孔子登東山而小魯，登太山而小天下。」（盡心）荀子也說：「吾嘗跂而望矣，不如登高之博見也。」（註一七）所登愈高，所見愈博。「登高」是行，「博見」是知。荀子又說：「不積蹞步，無以至千里。」（同註一七）不斷地行，行一點，便知一點。知一點，再行一點。不斷地行，所知也不斷地擴充。至於用力之久，必有豁然貫通之日。

程子曾對王介甫說：「公之談道，正如說十三級塔上相輪，對望而談曰：相輪者如此如此，極是分明。如某則戇直不能如此，直入塔中，上尋相輪，辛勤登攀，邐迤而上，直至十三級時，雖猶未見相輪，然某却實在塔中，去相輪漸進，要之，須可以至也。」（註一八）介甫說道時已與道離，不如程子親自體驗來得眞切。所謂「讀萬卷書，不如行萬里路。」知擴於行，亦同此理。

4.行以統知

所謂行以統知，有知在行中之意。這個道理，以王陽明說得最詳盡，他闡述中庸學問思辨的工夫說：「學之不能無疑，則有問，問即學也，即行也。又不能無疑，則有思，思即學也，即行也。又不能無疑，則有辨，辨即學也，即行也。辨既明矣，思既愼矣，問既審矣，學既能矣，又從而不息其功焉，斯之謂篤行，非謂學問思辨之後，而始措之於行也。」（同註一六）陽明認爲中庸的學問思辨都是行，天下之事，無有不行而可以言學者，所以學之始，就是行之始，他又說：「知者行之始，行者知之成，聖學只一箇功夫。」（註一九）此功夫即是行。能行便能知，不行便不能知。

王夫之說：「行焉，可以得知之效也；知焉，未可以得行之效也。……行可兼知，而知不可兼行。君子之學未嘗離行以爲知也。」（註二〇）由行中可求得眞知，所以說行「可以得知之效」。行旣可得知之效，而知不可得行之效，可見行重於知。「行可兼知，知不可兼行」，這就是行以統知的道理。一般人的通病，是坐而言不能起而行，不知不覺走入空疏之途，於是虛文勝而實行衰，終至一事無成，抱憾終生。

三、結　論

爲學工夫，雖不外知行二者，而孔子所重，尤在力行。四科以德行居首，德行貴在躬行自致，所以孔子教弟子「行有餘力，則以學文」（論語學而）。子貢問君子，孔子告以「先行其言，而後從之。」（爲政）雖曾說「學而不思則罔，思而不學則殆。」（同上）至於學思二者，孔子較重於學，所以他說：「吾嘗終日不食，終夜不寢，以思，無益，不如學也。」（衞靈公）又自謙「躬行君子，則吾未之有得。」（述而）凡此均可見孔子重行的態度，孟子雖以「求放心」爲教，強調「思則得之」。（註二一）然孟子又說：「親親，仁也；敬長，義也；無他，達之於天下也。」（盡心）親親、敬長，皆屬德行，皆重實踐。

此外，如大學的修身，中庸的誠身，都非身體力行不爲功。朱子說：「知與行工夫須着並到，知之愈明，則行之愈篤；行之愈篤，則知之益明。二者不可偏廢。如人兩足相先後行，便會漸漸行得到。若一邊軟了，便一步也進不得。然又須先知得，方行得。」（註二二）所謂「知之愈明，則行之愈篤」，這是知而後行的好處。「行之愈篤」，其成功也就愈快，其成果也就愈固。所謂「行之愈篤，則知之益明」，這是行以求知的明效。「知之益明」，便能無所往而不利，無所處而不當。論語所說的「允執其中」（堯曰），中庸所說的「時措之宜」，都是知行交相益的高度表現。

然而尤有進者，今日科學昌明，人類已進入知而後行之時期，然「其不知而行之事，仍較於知而後行者爲尤多也。且人類之進步，皆發軔於不知而行者也。此自然之理則，而不以科學之發明爲之變易者也。故人類之進化，以不知而行者爲必要之門徑也。」（註二三）國父這段話在說明不知而行的必要，以勉勵國人無所畏而樂於行，早日實現以三民主義統一中國的神聖使命。

【附　註】

註一：朱子大全卷四十八，頁二十五，答呂子約書。

註二：朱子語類卷三十三，論語十五。

註　三：朱子語類卷二十四，論語六。

註　四：宋元學案、伊川學案語錄。

註　五：孫文學說第六章能知必能行。

註　六：宋元學案、草廬學案精語。

註　七：引見中央日報「領袖精神萬古常新」第六頁。

註　八：見册府元龜卷八二七，品藻二。

註　九：二程全書，遺書十五。

註一〇：二程全書，遺書十八。

註一一：傳習錄上，喟然一歎，事見論語子罕篇。

註一二：孫文學說第五章，知行總論。

註一三：民族主義第一講。

註一四：見總裁言論選集第二卷「行的道理」。

註一五：朱子語類卷四十六。

註一六：傳習錄中答顧東橋書。

註一七：荀子勸學。

註一八：二程全書，第一册，遺書一。

註一九：傳習錄上，陸澄錄。

註二〇：尚書引義卷三。

註二一：孟子告子：「學問之道無他，求其放心而已矣。」又曰：「心之官則思，思則得之，不思則不得也。」

註二二：朱子語類卷一四。

註二三：孫文學說第七章不知亦能行。

子貢問世章的時代意義

一、前　言

士字原始的意義，泛指男性。甲骨文「牡」字從「士」（註一），說文「壻」字從「士」。詩經中「士」與「女」對稱之處極多（註二），蓋猶存「士」字之古義，說文云：「士，事也。」白虎通云：「士者，事也，任事之稱也。」（註三）此皆由男士之意而引申。任事之人，非明察不可。故獄官亦謂之「士」，皐陶爲士，見於尚書堯典（註四），管仲舉於士，見於孟子（註五）。能任事者，文足以經邦，故天子之卿，稱爲卿士。尚書牧誓有「大夫卿士」，洪範有「謀及卿士」之言，鄭玄云：「卿士，六卿掌事者。」（註六）「士」在古代屬於貴族階級，當殷周之際，「士」實扮演重要之角色，殷之多士，皆知典册（註七），富有民族意識，是高級知識分子。在周爲頑民，在殷爲義士。周書多士及多方篇，屢次言及殷之多士（註八），意在安撫，此正可反映出殷士之潛在勢力。而詩經大雅所云「殷士膚敏，祼將于京」（註九），此言殷之士助祭於周京，演出一幕「青衣行酒」的亡國慘劇。而新的統治階級是「思皇多士，維周之楨」，「濟濟多士，文王以寧」（同註九），這些殷士和周士，顯然都有相當不錯的知識和技能。

顧炎武云：「三代之時，民之秀者，乃收之鄉序，升之司徒，而謂之士，固千里之中不得一焉。」（註一〇）顧氏謂千里之中不得一士，未必合乎事實，但國家選士必有嚴格之條件，禮記王制有「選士」、「俊士」、「造士」、「進士」，而後再由「司馬辨論官材，論進士之賢者以造於王，而定其論。論定然後官之，任官然後爵之，位定然後祿之」。王制這段記載，反映出當時選士用人的慎重態度。其時士有專業的訓練，能執干戈以衞社稷，亦有專司的職務，所謂「論定然後官之」。此即察能授官，官有專職。因而士習端正，才堪其任。

自管子治齊，士農工商，分而爲四，不使雜處（註一一），此士當爲軍士，觀其所言「其士民貴武勇而賤得利」之語可知（註一二）。其後桓公「爲遊士八十人，奉之以車馬衣裘，多其資幣，使周遊於四方，以號召天下之賢士。」（註一三）而士之流品始雜，迨至戰國，諸侯卿相，皆爭養士，遂以士爲輕重，自「士貴王前」之說興（註一四），布衣之士，或重於王侯，游說之士，奔走列國，曳裾王侯之門，而士風幾不可問。

然自春秋後期，周道衰微，禮壞樂崩，王官失守，諸侯放恣，互相兼併。社會紛亂，官學不修，而私家之學始興，孔子開私人講學之風，以詩書禮樂教弟子。凡是受過良好教育的知識分子，即可稱之爲士。此種士，注重於道德學問，德能居位，才堪任重，有志有能，有爲有守，既不同於「貴武勇」之軍士，亦有異於「騁辯說」之遊士。此是士的新興階級，可稱之爲儒士。孔子就是此一時期儒士的領袖人物。孔子「有教無類」的宗旨，打破了傳統階級觀念，爲儒士輸入了新血，提高了知識與道德的水準。成爲傳統社會最具影響力的中堅分子。

二、士之等第

論語一書中，「士」字有十六見（士師除外），其中八次爲孔子所言，茲誌如下：

1.子貢問曰：「何如斯可謂之士矣？」子曰：「行己有恥，使於四方，不辱君命，可謂士矣。」曰：「敢問其次？」曰：「宗族稱孝焉，鄉黨稱弟焉。」曰：「敢問其次？」曰：「言必信，行必果，硜硜然小人哉！抑可以爲次矣。」曰：「今之從政者何如？」子曰：「噫！斗筲之人，何足算也！」

2.子路問曰：「何如斯可謂之士矣？」子曰：「切切偲偲，怡怡如也，可謂士矣。朋友切切偲偲，兄弟怡怡。」（以上二章見子路篇）

3.子曰：「士志於道，而恥惡衣惡食者，未足與議也。」（里仁）

4.子曰：「士而懷居，不足以爲士矣。」（憲問）

5.子貢問爲仁。子曰：「工欲善其事，必先利其器。居是邦也，事其大夫之賢者，友其士之仁者。」

6.子曰：「志士仁人，無求生以害仁，有殺身以成仁。」（以上二章見衞靈公）

7.子曰：「富而可求也，雖執鞭之士，吾亦爲之；如不可求，從吾所好。」（述而）

以上七章，前四章所論，皆與「士」有關，五章言爲仁之資，六章言行仁之極致，末章所云「執鞭之士」，與本文無關，可置不論。本文所欲討論者爲「子貢問士」章。此章之內容可分爲四節，前三節言士之等第，最後一節論當時之從政者不足列士之林。爲便於說明，分述如下：

㈠行己有恥，使於四方，不辱君命

行己有恥，是指立身而言；不辱君命，是指行事而言。前者重在德行，後者重在才能。前者是有守，後者是有爲。所以朱註云「此其志有所不爲，而其材足以有爲者也。」惟其志有所不爲，而後其材足以有爲。子貢在言語之科，以能言見長，史記稱其「利口巧辭」（註一五）。其篤實自得處或有不足，孔子告以「使於四方，不辱君命」，以見爲使之難，不獨貴於能言，尤貴於善盡職守，言行相顧。其間如何進退守禮，如何處事合宜，不隨不激，不卑不亢。其義理之精微處，須靠平日之篤實自得。而後有以洞見竅奧，臨機應變。孔子「爲使不辱」之言，在長其善而救其失。其實，不辱君命，不止於能言、專對。其要在「材足以有爲」上，「材足以有爲」，方能任重道遠，達成使命。然論其本，行己有恥，實爲士之大節，大節有虧，其材便不足稱。故行己有恥，使不辱命，德才兼具，有守有爲，乃士之上者。昔司馬光云：「德勝才謂之君子，才勝德謂之小人」（註一六）。故德有餘而才不足，不失爲君子，才有餘而德不足，不免爲小人。孔子論士，以德才兼優爲上，德者本也，才者末也。論其所重，當先本而後末，德與才雖是二事，然亦有其密切之關係。大凡人能在「行己有恥」方面做透十分，則其在「不辱君命」方面，亦必能發揮盡致。反之，如果一個人寡廉鮮恥，道德淪喪，其行事便不足觀，雖有其材，亦不能有為。徒為其長傲遂非之資而已。

其次吾人當知孔子「使於四方，不辱君命」之言，係針對子貢之才能而發，所以朱註謂「子貢能言，故以使事告之。」孔子答弟子之問，如醫之用藥，患者之症狀不同，其所用之藥亦異。前文所引子路問士，孔子但告以「切切偲偲，怡怡如也。」只在氣象上形容，全不關才能之事。蓋以子路勇於進取，其學問已到「升堂」地步。不過氣象未融，所以孔子因而進之，猶醫者之對症下藥，亦就是因材施教之意。

綜上所論，可知「行己有恥」，乃士之大節，立身之本；出使不辱，乃士之材能，所以盡職。有恥者，反諸其身，篤實自得，是其所守，不得不同。然人之材能，各有所長，但能任重道遠，足以有為即可，不必求其相同。孔子以使事告子貢，不過舉材能之一事而言。

(二)宗族稱孝焉，鄉黨稱弟焉

孝弟為百行之先務，孟子云：「堯舜之道，孝悌而已矣。」（告子下）有子曰：「孝弟也者，其為仁之本與！」（學而）是孝弟之道，固是行之大者。然孝弟之所以可貴，在能推而廣之，孝於親而忠移於事居，敬於兄而順移於長，忠順不失以事其上，始於邦家而終於四海，斯為孝弟之大者。今觀孔子之答子貢，僅以宗族稱孝、鄉黨稱弟言之，是其孝弟止能「守一夫之私行，而不能廣其固有之良心」（註一七）。則亦未免為鄉人而已。故朱註云：「此本立而材不足者，故為其次。」要之，孝弟只是士行中之一端。大學云：「孝者所以事君也，弟者所以事長也。」有志之士，不可不以此自勉。切勿諉孝弟爲士之次因而自畫自怠。

㈢言必信，行必果，硜硜然小人哉

硜硜，堅確難移之貌，以狀小人之固執不通，言信行果自是爲士者當然之事，史記稱游俠「其言必信，其行必果」（註一八）。有取於其能自守，然有意於信果，則信果未必合義。蓋天下之事，理無定在，事有前日當做，而今日不當做者；亦有前日不當做，而今日當做者。各有時宜，不可拘執。必信必果，即是執一。以其識量淺陋，不知變通。孟子曰：「大人者，言不必信，行不必果，惟義所在。」（離婁下）朱註引尹氏曰：「主於義，則信果在其中矣。主於信果，則未必合義。」孟子「惟義所在」之語，即在發明孔子之意，而尹氏之言，又能深得孟子此章之指。朱註云：「小人，言其識量之淺狹也，此其本末皆無足觀，然亦不害其爲自守也。」小人識量短淺，惟知硜硜然拘守信果之小節，而昧於時措之宜，不知孰所當爲，孰所不當爲，未免執一害道，故朱註謂「其本末皆無足觀」，然較諸「斗筲之人」，不信不義，無以自守者，猶勝一籌，故孔子猶有取焉。

三、士之類型

孟子認爲士須尙志，所謂尙志，即是志乎仁義（註一九）。此即孔子所言「士志乎道」之意。孟子又謂「士窮不失義，達不離道。」（盡心上）「窮不失義」，則在我者得其所守；「達不離道」，則能有以副民之望。持守而不失其正便是義，服務而有益於人便是道。此種「窮不失義、達不離道」之精神，亦即孔子「行己有恥」精神之表現與發用。由此可知士之精神，即是道義之精神。不講道義，即不足爲士；講道義而恥惡衣惡食，亦不足爲士。而下列豪傑之士、俠義之士、氣節之士、革命之士，雖其類型有不同，然皆具有道義之精神。

㈠豪傑之士——心如雷霆開世界，氣似虹蜺薄雲天

豪傑之士，見於孟子。孟子曰：「待文王而後興者，凡民也。若夫豪傑之士，雖無文王猶興。」（盡心上）豪傑之士，有秉彝之天資，有過人之才智，有遠大之眼光，有弘毅之氣概，能卓然自立，不爲環境所移；亦能硬擔勇荷，不爲威武所屈。孔子所謂「隱居以求其志，行義以達其道。」（季氏）孟子所謂「窮則獨善其身，達則兼善天下。」（盡心上）此種人皆可謂之豪傑之士。宋儒程伯子有詩云：

閒來無事不從容，睡覺東窗日已紅。
萬物靜觀皆自得，四時佳興與人同。
道通天地有形外，思入風雲變態中。
富貴不淫貧賤樂，男兒到此是豪雄。（註二〇）

豪傑質美，見得道理分明，心無物欲之蔽，悠閒自在，凡事從容，心中灑脫，廓然大公，靜觀萬物，生意盎然，莫不自得。而四時佳興，樂與人同，頗有萬物一體、民胞物與之懷，道通天地，上下同流，吾心即天地之心。思入風雲，生機不停，大用繁興，而吾秉彝之理，一毫聲色不

動，富貴不淫其志，貧賤不改其樂。男兒到此境地，即是豪傑之士。唐君毅云：

豪傑之士之所以爲豪傑之士，在其心不在其跡。豪傑之精神，主要表現於能自平地興起，先有所不忍，而有所推倒，以有所開拓上（註二一）。

豪傑之士「在其心不在其跡」，以其能卓然自立，拔出流俗，以表現其人格精神，開拓其人格世界。其所以「能自平地興起」，決非偶然。所云「有所不忍」，此是仁心；「有所推倒」，此是勇氣；「有所開拓」，此是智慧。然「推倒」亦須智爲先導，「開拓」更須勇爲後盾。而「推倒」與「開拓」，又皆基於「不忍」之心，亦即仁心之所不容已，是則智仁勇三者，不可偏廢其一。良以豪傑之士，「在其心而不在其跡」，而國人之崇敬豪傑，乃在其心地之光明正大，人格之崇高偉大，而不以成敗增減其崇敬之程度。如蜀漢丞相諸葛亮，有儒者之氣象，有王佐之才能，躬耕隴畝，淡泊自甘，既出草廬，寧靜致遠，以興復漢室爲己任，不以利害而動心，雖炎祚告終，功業未就，然其興漢討賊之義，開誠布公之懷，指揮若定之略，鞠躬盡瘁之志，千載以下，昭如日星，眞可謂之豪傑之士，杜甫有詩句云：「三分割據紆籌策，萬古雲霄一羽毛；伯仲之間見伊呂，指揮若定失蕭曹。」（註二二）可謂持平之論。以其所養者深，所發者大，天下之物欲，舉不足以動之。朱子謂「孟子以後人物，只有子房與孔明」（註二三）。然孔明所能盡者，子房之略；子房所不能及者，孔明之心。故胡寅以爲「志士尚友，願希孔明，而未必爲子房。」（註二四）子房雖有豪傑氣概，似不如孔明之正大。

(二)俠義之士——柔腸俠骨英雄膽，重義輕生烈士心

俠義之士，與豪傑之士，同具道義之精神，所不同者，豪傑之士，氣象宏大，能有所推倒，有所開拓。俠義之士，宅心公正，恩怨分明。挺絕異之資，懷君子之行。輕財重諾，急公好義。或路見不平，拔刀相助；或千里濟厄，損己不伐。或悲歌慷慨，結交以報私怨；或血流五步，捨生以雪國仇。唐君毅云：

豪傑之士，滌蕩一世之心胸，而使百世以下，聞風興起。俠義之士，則伸展人間社會之委曲，而使千里之外，聞風慕悅，二者皆以其個人之精神，擔當世運（註二五）。

俠義之士，能以伸張社會正義為己任，所謂「權行州域，力折公侯」（註二六），所謂「路見不平，拔刀相助」。「力折」、「拔刀」都要有尚武的精神，如史記載魯人曹沫執匕首劫齊桓公，桓公乃許盡歸魯之侵地（註二七）。其後荊軻以匕首刺秦王，即是師法曹沫劫齊桓之故技。事雖不成，但其俠義之精神，已足以照耀千秋，自今吾人詠「風蕭蕭兮易水寒，壯士一去兮不復還」之句（註二八）。猶可想見其視死如歸之大義豪情。

其實，俠義之士，亦不必皆以「尚武」為能，而當以道義為重，如史記載荊卿之友田光，欲自殺以激荊卿。便對荊卿曰：

吾聞之，長者為行，不使人疑之。今太子告光曰：「所言者國之大事也，願先生勿泄。」是太子疑光也。夫為行而使人疑之，非節俠也（同註二八）。

其後田光果然自殺，田光的自殺，見疑於燕太子只是一種藉口，眞正的目的，是激勵荊卿去行刺秦王。行刺秦王難免一死，而田光先死以報知己，這是俠義精神的高度表現。田光所謂的「

節俠」，有別於史記的「游俠」，韓非子所謂「俠以武犯禁」（註二九）。則指游俠而言。俠義之士，富有道德勇氣，固足以擔當世運。如魯仲連之義不帝秦，寧蹈東海而死（註三〇），即爲俠義精神之具體表現。魯仲連所秉持的是社會正義，也是民族大義，他有悲天憫人的襟懷，他有寧死不屈的志節，心腸軟而骨頭硬，是非明而志節堅。心腸軟是仁，骨頭硬是義，有大仁的懷抱，才有大義的行爲。今天大陸實行共產暴政，弄得人民一窮二白，共幹無法無天，人民苦不堪言。較之暴秦時代，有過之而無不及。欲伸張社會正義，只有消滅共產禍源，推翻獨裁政權。魯仲連生在今天，一定是堅持「漢賊不兩立」的反共鬥士，一定是堅持以「三民主義統一中國」的革命志士。魯仲連與荊軻，雖然所採取的方法不同，荊軻是鋌而走險，殺身成仁；魯仲連是仗義執言，排難解紛。但其伸張社會正義，反對秦王暴政的精神，則並無二致，而荊軻的身入虎穴，壯烈捐軀，其英勇事跡，眞可動天地而泣鬼神。相傳荊軻出發後，精誠感天，白虹貫日（註三一）。「白虹貫日」雖然是神話，但由此也可反映出荊軻的壯烈義行，是如何的感人至深，國人每崇敬失敗的英雄，大概是因爲悲劇性人物，更能使人一掬同情之淚。

范蔚宗認爲「狂狷」之士，「蓋失於周全之道，而取諸偏至之端」（註三二）。俠義的行爲，在有些方面表現得難能可貴，在有些方面往往走上「偏至之端」。以荊軻和魯仲連相比，魯仲連的義不帝秦，較能顧及「周全之道」，而荊軻的蹈義履險，就不免有「偏至之端」的成分。總之，俠義的行爲，是值得稱揚的。俠義的精神，是值得效法的。

㈢氣節之士——守道不屈以身殉，留取丹心照汗青

疾風知勁草，板蕩識忠臣。當國家危急存亡之秋，忠臣義士，爲了解救國家的危難，爲了達成所負的使命，往往奮不顧身，守義不屈。雖刀鋸鼎鑊，甘之如飴；雖赴湯蹈火，在所不辭。左傳宣公十五年載：

楚圍宋，晉使解揚如宋，使無降楚。曰：「晉師悉起，將至矣。」鄭人囚而獻諸楚。楚子厚賂之，使反其言，不許。三而許之。登諸樓車，使呼宋人而告之，遂致其君命，楚子將殺之，使與之言曰：「爾既許不穀而反之，何故？非我無信，女則棄之，速即爾刑。」對曰：「臣聞之，君能制命爲義，臣能承命爲信。信載義而行之謂利。謀不失利，以衞社稷，民之主也。義無二信，信無二命。君之賂臣，不知命也，受命以出，有死無隕，又可賂乎？臣之許君，以成命也。死而成命，臣之祿也。」

守義就不能講兩個信，守信就不能受兩個命。解揚身爲晉國的大夫，奉使到宋國傳達晉君之命，不顧楚子的威脅利誘，完成晉君所交付的使命。孔子所說的「使於四方，不辱君命」，解揚是完全做到了。而且解揚是不顧生命危險，誓死達成任務，堪爲氣節之士的典範。

又新序卷八記載：

白公之難，楚人有莊善者，辭其母，將往死之。其母曰：「棄其親而死其君，可謂義乎？」莊善曰：「吾聞事君者，內其祿而外其身，今所以養母者，君之祿也，身安得無死乎？」遂辭而行，比至公門，三廢車中。其僕曰：「子懼矣。」莊善曰：「懼者，吾私也；死義，吾公也。聞君子不以私害公。」及公門，刎頸而死。君子曰：「好義乎哉？」

忠孝不能兩全，公私不能兼顧。莊善的移孝作忠，公而忘私，只是爲了一個「義」字，「義」之所在，生死以之。不義而苟生，生不如死。爲正義而死，雖死猶生，氣節之士，重義輕生，當二者不可得兼時，寧捨生以取義。其後如文天祥的從容就義，鄭所南的不仕異族，前者正氣長存，後者節高千古。此種視死如歸的精神，守道不屈的氣節，皆有得於民族傳統文化思想的薰陶。

明代有楊繼盛，草奏劾嚴嵩十大罪，爲嵩所構陷，下獄論死，臨刑賦詩云：

浩氣還太虛，丹心照千古。
生平未報恩，留作忠魂補。（註三三）

天下士相與涕泣，而傳誦其詩。明末，闖賊陷京城，翰林汪偉夫婦，並懸梁自盡。夫偶居左，婦居右。偉曰：「是陰陽易位也，不可。」乃下而互易之，始就縊而絕（註三四）。千古艱難惟一死，汪偉夫婦同時殉國，節義成雙，雖在「投繯」之際，猶能正陰陽之位，此種臨難不屈，臨死不苟的精神，就是孔子所說「造次必於是、顚沛必於是」的極致表現。這種守禮就義的精神，與孔門子路結纓，曾子易簀的精神，可以先後輝映，照耀史册（註三五）。

㈣革命之士——天下與亡爲己任、見義勇爲不顧身

易經革卦云：「天地革而四時成，湯武革命，順乎天而應乎人。革之時義大矣哉！」天地四時，寒來暑往，遞相變革，而萬物因以成長。古代王者，弔民伐罪，如湯放桀，武王伐紂，都是順乎天理，應乎人情之事，以其採取非常之手段，所以稱爲革命。故後世論政治上或社會上之根本變革，謂之革命。先總統　蔣公曾云：

我們革命是順乎天理，應乎人心，而爲中國國民有志者所應該共同擔負的大事業（註三六）。

故有志從事革命之國民，即可謂之革命之士。革命之士，須有革命之情操，革命之精神，能爲革命主義而犧牲。故先總統 蔣公又云：

我們只知爲革命，爲主義犧牲，對國家、對歷史負責，只見主義，不見生死（註三七）。今日之我，其生也爲革命而生，其死也爲革命而死。我們心目中只知有革命有主義，不知有生死（註三八）。

要能做到「爲主義而生，爲主義而死」、「只知有主義，不知有生死」，這就是革命的精神，要發揚革命的精神，必須具有高尚的革命情操。此種革命情操，乃是本於愛民族、愛國家之至高無上的觀念，而孟子所謂「富貴不能淫、貧賤不能移、威武不能屈」（滕文公下）的精神，即是革命情操的高度表現。

愚以爲此種革命情操之養成，必須先從「革心」做起。荀子云：「心者，形之君也，而神明之主也。」（註三九）心是身體的君主，也是神明的主宰。心安則身安，神而明之，存乎一心。心正則一切皆正，心邪則一切皆邪。國父云：「要做革命事業，就是要從自己的方寸之地做起。」（註四〇）要革除一切舊染之汙，以充其本然之善。能夠治心，才能治身。能夠治身，才能治事。要做革心的功夫，必須誠意正心，時時反省，切己體察，知恥知病，有過立改，見善即遷。務要拔去病根，永不復起。到了無私可克之境，自有俯仰無愧之樂。

能夠在心理上革命，才能在政治上革命。前者是就心上說，後者是就事上說。國父云：「心也者，萬事之本源也。滿清之顚覆者，此心成之也；民國之建設者，此心敗之也。」（註四一）革心，就是一種心理建設。而心理建設之成敗，關係著革命事業之成敗。大學引湯之盤銘云：「苟日新，日日新，又日新。」朱子云：「苟日新一句，是爲學入頭處。」又云：「苟，誠也，要緊在此一字。」（註四二）臧庸云：「苟日新者，言急急皇皇，敬爲日新之學，是不必訓苟爲誠，作假設之辭矣。」（註四三）臧氏釋「苟」爲「敬」，其說極碻。「苟」即「敬」之初文。說文云：「敬，肅也。」釋名云：「敬，警也。恒自肅警也。」終日恒自肅敬，不敢怠逸放縱。即「苟日新」之義。能日新又新，兢兢業業，不斷革新，不斷進步。自能「臨事而懼，好謀而成」（註四四），推其行之極致，便能仁爲己任，見義勇爲。負責盡職，生死以之。所謂「只見主義，不見生死」，此種犧牲小我、完成大我之精神，也就是基於自覺自動、順乎天理人心的革命精神，凡具有革命救國之大志，又能發揚革故鼎新之精神，犧牲奮鬥，貫徹始終，就必能成就革命大業，達成革命使命。

四、現代之士

士在古代皆指男士，今日男女平等，士之內涵應無男女之別。如已故印度總理甘地夫人、英國首相柴契爾夫人、菲律賓總統艾奎諾夫人，皆爲傑出之政治領袖，此足證女子之才能毫不遜於男子。俗謂「巾幗不讓鬚眉」，我國隋初有譙國夫人冼氏，知兵善戰，號爲聖母（註四五）。宋有韓世忠夫人梁紅玉，世忠與金兀朮大戰，梁氏親執桴鼓助戰。（註四六）明有馬千乘妻秦良玉，崇禎時入援京師，屢破流寇（註四七）。清末有鑑湖女俠秋瑾，曾加入 國父所創之同盟會，鼓吹革命，與先烈徐錫麟組織「光復軍」，因徐舉義事泄，女士被逮殉難，抗戰戡亂期間，則有黃百器，號雙槍黃八妹，以游擊戰屢挫敵軍，後自大陳島撤退來台。

以上所舉，皆女中豪傑，方之鬚眉，何止不讓而已。今日多元化之社會，女性從政者日衆，而教育之普及，男女無分軒輊，而大學夜間部之學生，且有女多於男之趨勢。女強人之名詞，不脛而走。保障女權，行將成爲歷史名詞。故現代之士，男女地位相同，其所負之責任，亦較過去之任何時代爲重。茲謹就下列三者，分別討論說明之。

(一)士之信條

1.愛人如己，疾惡如仇：孔子云：「唯仁者，能好人，能惡人。」（論語里仁）朱註云：「蓋無私心，然後好惡當於理。」好善疾惡，人之至情。然一有私心，即失其正。愛是持續不斷地奉獻自己，不求回報。今天世界最嚴重的通病是：人情淡薄，自私自利。愈是人潮洶湧之處，愈會感到孤獨和陌生。公寓之中，對門若不相識，彼此漠不關心。此種心理，可稱之爲時代病。實則，由於工商業繁榮，人際關係日益密切，彼此心靈深處，莫不渴望愛心滋潤。然而吾人有時對陌生人特別關心，因而冷落所愛之人，此種乖張之行爲，極易導致親人之疏離。大學所謂「其所厚者薄，而其所薄者厚。」此種行爲，違理悖情，亟宜戒之。前云愛人如己，乃就其心之感通而言。王陽明云：「大學所謂厚薄，是良知上自然的條理，不可踰越。」（註四八）如愛至親，亦愛路人，今有簞食壺漿，得之則生，不得則死。不能兩全，寧救至親，不救路人，此是道理合該如此。

愛人者必先自愛，愛是持續不斷地奉獻自己，不能自愛，何能愛人？不能自立，何能立人？孟子云：伊尹「思天下之民，匹夫匹婦有不被堯舜之澤者，若己推而內之溝中。」（孟子萬章）又云：「禹思天下有溺者，由己溺之也；稷思天下有飢者，由己飢之也。」（離婁）史懷哲曾強調：「這個世界上如果有人身陷飢餓、貧苦、疾病、恐懼、寂寞之中，這個人要對自己負起責任。」（註四九）這與孟子所言，若合符節。「愛」是一種責任，人有責任去愛所有的人，別無選擇，只有接受這份責任。愛的對象愈多，個人之成長就愈多。史懷哲把自己奉獻給人類，這使他的生命更加充實，達到人生最高層次，愛如不能付出，愛有什麼意義？在這個世界上，我們所愛的遠比我們能愛的少。這個事實顯示出我們沒有發揮愛人的潛力。如果我們要使生命更加充實，就應該毫無保留地發揮潛力，然後分享他人。所謂「助人爲快樂之本」，助人的愛，更能煥發生命的光輝，充實生命的內涵。

能愛人，也要能惡人。所謂「疾惡如讎」，「疾惡」的出發點是基於「愛人」，「如讎」是形容疾惡之深。「疾惡如讎」，不止是一種深惡痛絕的態度，而且要有檢舉不法的道德勇氣，和冒險犯難的犧牲精神。今天我們的社會，缺乏守望相助的精神，高樓林立，門雖設而常關，比鄰互不相識，宵小白日行竊，如入無人之境。社會治安亮起紅燈，廣大民衆也有責任。七五年五月七日，臺北市發生飛車搶案，市民賴順昌不顧一切，駕車猛追歹徒，拚命一撞，歹徒一死一傷，警方適時捕獲傷者，因而偵破大小刑案一百十三件。賴順昌之見義勇爲，奮不顧身，爲「疾惡如讎」樹立範例，亦爲冷漠之社會，注入一劑強心壯膽、克邪防患的良藥。維護社會治安，協助警方破案，人人都有責任。以此爲信條，守此而不渝，人人效法賴順昌，宵小竊盜一掃光。

2. 重擔勇荷，實事求是：人是社會動物，士是社會柱石。自產業革命以來，以社會爲本位的生產方法，逐漸取代了以家爲本位的生產方法。以社會爲本位的生產制度，逐漸取代了以家爲本位的生產制度。此時社會是一經濟單位，人若離開社會，即難以生存。如其社會是以國爲範圍，則其中之人，即與國成爲一體。到此地步，國家與個人息息相關，國家有前途，個人才有前途；國家有力量，個人才有保障。往日「誰當皇帝都納糧」的觀念，已不適今日多元化的民主時代。試觀海峽兩岸的經濟發展，平均我們的國民所得，已達三千二百美元，比起中國大陸的二百六十美元，相差十二倍以上，此種差距且有日益擴大之趨勢。同是炎黃裔胄，何以國民所得之差距如此之大，顯然是由於兩種不同的制度所造成的。

蔣總統曾說：「中共要想達到我們的經濟水準，只有拋棄共產主義，實行三民主義一途。」（註五〇）海峽兩岸經濟發展的懸殊差距，證明三民主義優於共產主義，是顛撲不破的眞理，也是千眞萬確的事實。以三民主義統一中國，不止是一種政治號召，也是一項時代使命。這使命就落在中華兒女的雙肩。人人都能成才，人人都有貢獻，才能發揮整體而偉大的力量。所謂「中興以人才爲本」，人才又以「士」爲本。所以曾子謂「士不可不弘毅，任重而道遠。」（論語泰伯）今天我們不但要以三民主義統一中國，還要以三民主義建設中國。統一中國是任重，建設中國是道遠。我們必須有偉大的抱負，堅忍的毅力，才能任重致遠。

現在是科學昌明的時代，科學是重事實，講眞理的。所以我們做事不能好高騖遠，躐等冒進。而是要脚踏實地，劍及履及，凡事要「實事求是，精益求精，繼續不斷，貫徹始終」。先總統蔣公認爲這就是科學的辦事精神（註五一）。這裡值得特別重視的就是「實事求是，精益求精」八個字。實事求是的「是」，就是眞理，這不是單純的理論，這是「實事」中的「眞理」。在科學的時代，學問要求專精。「專」而後才能「精」，「一物不知，儒者之恥」的時代已成過去。一個知識分子，如果要「上通天文，下知地理」，那是不可能的。自以爲「十八般武藝，件件皆通」，其實是「件件稀鬆」，一知半解。所以「實事求是」，必須先立定奮鬥的目標，決定事物的範圍。然後痛下「即物窮理」的工夫，不斷的研究發展，以求得眞知卓識，並要以理論指導實際，以實際證驗理論。由力行以求得眞知，因眞知而更加力行。知行交養並進，自能精益求精。朱子所謂「知之愈明，則行之愈篤。行之愈篤，則知之益明。二者不可偏廢。」（註五二）能夠實事求是，精益求精，知行並進，貫徹始終。自然能夠求得高深的學問，有了高深的學問，才能肩負重任，做到國父所說的「量才器用，各盡其長」（註五三）。集合許多專門人才，分別擔任專門的工作，普遍提高人才的素質，共同努力，厚植反共的潛力，創造中興的機運。

3. 求其在我，盡其在我：人生的價值何在？這是哲學家、思想家、宗教家最關心的問題。對於這個問題，雖然見仁見智，莫衷一是。但却有一點是相同的，那就是善盡責任。季路問事鬼神，孔子說：「未能事人，焉能事鬼？」（論語先進）「事人」就是一種責任，就空間言，人是羣體中的一點，由點而構成社會、國家的面；就時間言，人是歷史中的一點，由點而構成文化長流的線。社會國家的命運，歷史文化的生命，都有賴於我能善盡責任。我能善盡責任，才能超越自然的生命，而獲得歷史的生命。古人所說的「立德、立功、立言」三不朽（註五四）。是春秋以來中國傳統知識分子所追求的目標。立德、立功、立言之所以不朽，就是因爲這三者對社會國家、對歷史文化都能有所貢獻。因爲貢獻的大小不同，價値不同，所以他們在歷史文化中的地位也有不同。

傳統四民之首的「士」，就是今天的知識分子。一代詩豪于右任說：「天留吾輩開新運」（註五五）。「開新運」，這是何等重大的責任。這個責任，具體的說，就是以三民主義統一中國。要負起這個責任，必須「求其在我，盡其在我」，所謂「求其在我」，必先有一種「舍我其誰」的責任感，和一種「臨事而懼」的憂患意識。人是社會動物，也是政治動物。對於社會安定、政治進步，自己要有責任感、要有參與感。孔子云：「不患無位，患所以立。」（論語里仁）「所以立」指所以立乎此位的才德。朱註引程子曰：「君子求其在我者而已矣」。「求其在我」是要「反躬以踐其實」（註五六），時時反省，事事檢討。有過則改，見善必遷，從實踐中鍛鍊自己，從鍛鍊中充實自己，提高生活品質，強化工作效率。凡事要考慮周到，準備充分，務要做到無愧無憾的地步。至於「盡其在我」，就是要充分發揮潛力，以爭取更大的成效。赫伯特奧圖（Herbert Otto）曾云：「人從生到死，只發揮了他百分之五的潛力。」（註五七）其餘百分之九十五，正等著被發掘。這與個人智商毫無關係。眞正的你，絕對超過你所自覺的，超過你所表現出來的。孟子曰：「是不爲也，非不能也。」（梁惠王上）爲不爲，繫於心志；能不能，繫於才力。而「盡其在我」，是指前者。吾人唯有加倍奮勉，篤實踐履，生命中之潛能，才能有所表現。即使你孜孜不倦、工作不輟，亦難將蘊存的潛力完全發揮。曾國藩云：「精神愈用則愈出，陽氣愈提則愈盛。」（註五八）所以「盡其在我」，須本於至誠，自動自發。加以困勉之功，鞠躬盡瘁，不憂不懼，循理而行，不爲勢劫。用力既久，時來運轉，便能據理造勢。而大勢所趨，則沛然莫之能禦。

今日海峽兩岸對峙之局面，吾人所憑恃者，是理而不是勢。然既「理有固然」，亦爲「勢所必至。」政府在復興基地，實行三民主義，順天應人，就理而言，中興復國，決然無疑。就勢而言，人心思漢，大勢已來。然尚須堅此百忍，待機造勢，扭轉危局，重整河山。韓非子云：「安危在是非，不在於強弱；存亡在虛實，不在於衆寡」（註五九）。是非是理，強弱是勢。據理造勢，雖弱必強；違理失勢，雖強必弱。海峽兩岸形勢，敵消我長，敵虛我實。我有中興之道，敵無久持之理。吾人置身此時此地，惟有求其在我、盡其在我，方能克盡其責，開創新運。

4. 窮不失義，達不離道：孟子曰：「士窮不失義，達不離道。窮不失義，故士得己焉；達不離道，故民不失望焉。」（盡心上）孟子所謂「窮達」，是專就政治上之出處而言。得志居上位爲達，不得志居下位爲窮。居上位發政施仁，加澤於民，兼善天下，故「民不失望」，居下位雖不得志，亦當莊敬自強，持守而不失其正。徐幹云：「聖人以無勢位爲窮，百工以無器用爲困。

」（註六〇）其以「無勢位爲窮」，則知「有勢位爲達」。値得注意者，徐幹以「聖人」與「百工」相提並論，由政治上之窮達，擴及社會上之窮達。在今日多元化之社會，知識分子之出處不限於從政，窮達之意義亦與古代不同。尤其是經濟快速發展，社會分工愈細。各行各業，基於自身需要，組織團體，發展業務。團體愈來愈多，組織愈來愈嚴密。其對社會國家的貢獻愈多，責任愈大。

社會多元化的基礎有二：一是中產階級擴大，一是民主自由體制建立。中產階級擴大，是社會安定發展的基礎，民主自由體制建立，促進經濟繁榮進步，人類智慧得以發揮，社會財富得以激增（註六一）。中產階級與民主政治結在一起，與自由經濟結在一起，衆多團體相激相盪，相輔相成，因利害衝突而競爭，因利害一致而互助。如何調和關係，化解衝突；如何提升品質，擴大服務。凡此種種，必須在傳統文化、傳統倫理的精神中，去肯定人生價値，共同發揮社會功能，提高生活素質。發展精緻文化，厚植靈根，福國利民，建設富而好禮的社會。此實有賴於社會知識分子的自覺，由自覺而共同參與，相知相惜，和衷共濟。摒棄偏安享樂的心態，破除狹隘的地域觀念。把個人追求利益的目標，提昇到追求社會國家利益的層次。尤其重要的是潔身自愛，重義輕利，不以貧賤而移，不以富貴而淫。須知士君子之立身行事，關係社會之隆汙，關係風俗之厚薄。

陸贄云：「示人以義，其患猶私，示人以私，患必難弭。」（註六二）曾國藩亦云：「風俗之厚薄奚自乎？自乎一二人之心之所嚮而已。」（註六三）此處之「一二人」，指在位者，亦是指高階層的知識分子。先總統　蔣公云：「國家的治亂，民族的興亡，常以社會風氣爲轉移。而社會風氣的轉移，常繫於少數政治家與學者的倡導和努力。」（註六四）在今天多元化的社會，知識分子更要以身作則，以轉移社會風氣爲己任。以前臺北所發生的十信弊案，就是因少數人利令智昏，鑄下大錯，幾至動搖國本。陸贄所云「示人以私，患必難弭」，可謂至論。

儒家最重「義利之辨」。義利之辨，是君子與小人的分野。君子只問是非，不計利害。小人只計利害，不問是非。就社會道德言，重義則能相讓，重利則必相爭。相讓則生和氣，相爭則生戾氣。就人生境界言，行義屬於道德境界，求利屬於功利境界。程子云：「義與利，只是個公與私也。」（註六五）如有甲乙兩人，都能堅守岡位，努力工作。甲之所以努力，想得到獎賞；乙之所以努力，只是盡其職分。二人的行爲，雖然表面相同，但其境界則異。甲是功利境界，乙是道德境界。程子於病危時。門人進曰：「先生平日所學，正今日要用」。先生曰：「道著用，便不是。」（註六六）「道著用」，亦是有所爲而爲，非「廓然大公」。學者工夫，只求一箇是。而「窮不失義，達不離道」，亦是要人「成就一箇是」，此即「士」之本色。

(二)士之修養

1.自律：常人通病，責人則厚，責己則薄。古人則不然。孔子云：「躬自厚，而薄責於人，則遠怨矣。」（論語衞靈公）朱註：「責己厚，故身益修；責人薄，故人易從」。責己厚，也就是律己嚴，律己必先責己，責了又責，過失日減，故身益修。宋儒呂祖謙少時性褊急，後因病中讀論語，至「躬自厚而薄責於人」，有省，遂終身無暴怒（註六七）。此可爲變化氣質之法。

古人云：「不矜細行，終累大德。」（註六八）又云：「與人不求備，檢身若不及。」（註六九）自律的工夫，是修身的根本。謝上蔡別伊川一年，後相見，伊川問其所進。曰：「但去得一矜字耳。」伊川曰：「何哉？」曰：「點檢病痛，盡在此處。」（註七〇）一般人做事，每有「欲見知於人」之意，此即是「矜」字作祟。一有矜心，便是務外遺內。程子所謂「今之學者爲人，其終至於喪己」。（註七一）此不是小病痛，即此一端，可見古人律己之嚴。吾人欲檢身律己，當時時省察，檢點病痛，及時克治。

2.自厲：所謂自厲，即是要見諸行事，磨鍊自己。論語開宗明義，即言「學而時習之」，蓋非學無以廣才，非習無以成才。孟子所謂「苦其心志，勞其筋骨，餓其體膚，空乏其身」等語（告子下），皆指事上磨鍊而言。（註七二）朱註引程子曰：「若要熟，也須從這裡過」。（告子下引）學問閱歷，漸習漸熟，俗謂「不經一事，不長一智」，閱歷既多，經驗豐富，困心衡慮，智能增強，有如百鍊金鋼，經得起折磨；百戰老將，經得起考驗。中庸所謂：「人一能之，己百之；人十能之，己千之。果能此道矣，雖愚必明，雖柔必強。」（第二十章）鄉人有終年賭博，而破家者，語人曰：「吾賭則輸矣，而賭之道精矣。」（註七三）程子所謂「若要熟，也須從這裡過」，亦與賭輸而道精之理相同。吾人誠能加強憂患意識，凡事實幹苦幹，痛下「人一己百」之功，至於用力之久，必能有所突破，而創造不朽的佳績。

3.自強：欲求自強，必先自立。自立之道，以持敬爲主。所謂持敬，即是收拾精神，自作主宰，內而戒懼專一，外則莊整齊肅。孔子教子路「修己以敬」。（論語憲問）又曰：「執事敬」

（子路）、「行篤敬」（衞靈公）。可見敬不止是存其心，而且要敬其事。存其心，則天理自明，人欲自消；敬其事，則魚躍鳶飛，事半功倍。張載云：「敬斯有立，有立斯有爲。」（註七四）又云：「欽其事則有立，有立則有成。」（註七五）張子所謂「有爲」、「有成」，皆就事而言。朱子云：「聖賢千言萬語，大事小事，莫不本於敬。」（註七六）又云：「敬字工夫，乃聖門第一義，徹頭徹尾，不可頃刻間斷。」（註七七）敬在事上便是集義。敬義二者只是一事，故王陽明云：「敬是無事時義，義是有事時敬」（註七八）。古人云「敬業樂羣」（註七九）。以今語譯之，敬業是認眞工作，樂羣是親愛同伴。前者是專業精神，後者是團隊精神。專業精神在求精深，團隊精神在求一致、精深才能突破創新，一致才能發揮整體的力量。我們要莊敬自強，就是要收拾精神，自作主宰，明辨是非，唯義是從。一方面堅守岡位，發揮專業精神；一方面親愛精誠，發揚團隊精神。鬥志而不鬥氣，爲義而不爲利，這才是眞正的自立自強。

4.自得：人能自立自強，盡力於分內之事，行之既久，自能默識心通，悠然自得。孟子曰：「君子深造之以道，欲其自得之也。自得之，則居之安；居之安，則資之深；資之深，則取之左右逢其原，故君子欲其自得之也。」（離婁下）孟子這段話，緊要處是「深造之以道」一句，學者工夫，非深造不能自得。然深造而不以其道，則無所持循，其自得亦不足恃。張載云：「爲學大益，在自能變化氣質。不爾，卒無所發明，不得見聖人之奧。」（註八〇）自得，不止是得之於心，而且能有所發明，能見「聖人之奧」，由於自得是從「潛心積慮、優游厭飫」中得來，所以涵養深厚，而能「變化氣質」，「居安資深」，且有「左右逢原」之妙。

自得之人，有「眞我」爲行爲的主宰。如朱子所云「道心常爲一身之主，而人心每聽命焉。」（註八一）人心聽命於道心，則能循理而行，物來順應，理得心安，俯仰無愧。此即孟子「反身而誠、樂莫大焉」之境界（盡心上）。是知有「眞我」，而後有「眞樂」。陳立夫先生云：「自得爲內心快樂之所由生，爲無盡之眞樂，爲得道之明徵，是人生達於至高之境界。」（註八二）

㈢士之責任

1. 掃靡：由於我國臺灣地區經濟快速成長，國民所得大幅提高，社會風氣趨於腐化，產生奢侈浪費的「富貴病」（註八三）。欲醫治此「富貴病」，須痛下「掃靡」的工夫。「掃靡」有二義，其一爲精神上之淫靡，其二爲物質上之奢靡。二者交互影響，惡性循環。歌廳舞場，無非色情；紙醉金迷，都是物慾。美色是伐性之斧，美味是腐腸之藥（註八四），沉迷聲色，酒肉徵逐，不獨浪費精力，消耗物力，妨害健康，虛擲時光，而且傷風敗俗，莫此爲甚。掃靡之道，須從日常生活做起。不作無謂應酬，不作無益之事。養成勤儉的美德，蔚爲樸實的風尙。

2. 掃汙：值此科學昌明的資訊時代，大衆傳播媒介的影響力無遠弗屆。傳播媒體是宣傳的利器，負有教化的功能，是轉移風氣的先驅，是提振人心的主力。以目前的報紙電視爲例，有些報紙的社會新聞，報導作奸犯科的事實，往往繪聲繪色，曲盡渲染之能事。電視連續劇，常見「拳頭」、「枕頭」畫面，不無誨淫、誨盜之嫌。今天社會上的精神汙染，色情和暴力的成分，佔有很大的比重。掃除精神汙染，大衆傳播界必須建立共識，基於隱惡揚善的原則，淨化傳播節目的內容，宣揚忠孝節義，發揮教育功能，提升國民道德，消除暴戾之氣，淫邪之風，社會才能安和樂利。中華文化復興委員會，爲端正社會風氣，曾於今年元月舉行座談，副會長陳立夫先生強調：風氣之改善，必須滙集各方力量，全體動員，而大衆傳播界尤應發揮道德勇氣，滌除汙染，才能使社會邁向健康之路（註八五）。

3.掃邪：邪說誣民，足以淆亂視聽，引起思想紛歧，影響民心士氣。孟子云：「楊墨之道不息，孔子之道不著。」（滕文公下）所謂「道高一尺，魔高一丈。」一般羣衆心理，往往喜新厭舊。對於讜言正論，不感興趣；對於邪說謬論，却趨之若鶩。而少數別有用心者，即利用民衆之好奇心，顚倒黑白，譁衆取寵。挾洋自重，造謠中傷，寡廉鮮恥，目無法紀。叫囂取消維護國家安全的法令，反對美政府售我防禦性武器，違背沉默大衆的意願，出賣國家民族的利益。到處煽風點火，挑撥離間，醜化民主憲政，惡化社會治安，信口雌黃，無的放矢，誣衊破壞，無所不用其極。甚至明目張膽，舉行非法活動，公然與中共隔海唱和，企圖「製造島內革命」，爲敵人「創造有利條件」。其狼子野心，昭然若揭。最近所謂「黨外」人士，爲舉行龍山寺非法活動，據聞籌備三個多月，僅有二百餘人參加，其中絕大部份均係爲「錢」而來，坐以待「幣」。其騷擾社會行動，引起附近商店居民強烈不滿，紛紛懸掛標語抗議，而龍山寺地區里長，亦羣起交相譴責，予不法分子以當頭棒喝，此即孟子「息邪說、距詖行」之具體表現。

4.正人心：國家之治亂，繫於社會之隆汙；社會之隆汙，繫乎人心之振靡。而人心之振靡，繫乎憂患意識之有無。孟子云：「孤臣孽子，其操心也危，其慮患也深。」（盡心上）操心危而能無危，慮患深而能免患。此即因心存憂患，而能戰兢惕厲，奮發圖強。反之，如果處憂患而忘危，「直把杭州作汴州」，耽於逸樂，醉生夢死，一旦有事，何以應變？

我們復興基地，三十多年來，勵精圖治，整軍經武，三軍堅強壯大，經濟繁榮進步。生活水準顯著提高，但是奢靡逸樂之風轉盛，而憂患意識低迷，誠如索忍尼辛所云：「所有生活富裕的人，容易喪失對危機的警覺。沉湎於今日的生活，可能喪失了抗敵的意志。」（註八六）不僅此也，由於生活富裕，「飽暖思淫慾」，色情場所林立，暴力犯罪增加（註八七），人心陷溺，可見一般。至於正人心之道，必須注重倫理教育，厲行戰時生活，加強憂患意識，而知識分子，更要以身作則，推己及人，擴大影響，蔚爲風氣。

5. 尚儉樸：勤儉樸實，是我國傳統的美德，勤能補拙，儉以養廉；勤能開源，儉以節流；勤則身健，儉則欲寡；勤則有爲，儉則有守。周公「夜以繼日，坐以待旦」（孟子離婁下），此是爲政之勤。孔子「發憤忘食，樂以忘憂」（論語述而），此是教學之勤。易之「終日乾乾」，詩之「夙興夜寐」（註八八），皆謂勤也。孔子教人「敏事愼言」，又云「敏則有功」（論語陽貨），敏即勤也。俗云「一勤天下無難事」，天下之事，未有不勤而能有成者。

先總統　蔣公云：「我們要戒除百病，要修養品德，就要拿勤字來醫懶惰，拿儉字來醫奢侈。勤勞者必不驕傲，節儉者必不淫佚。」（註八九）能夠勤儉樸實，其生活素質必高，其工作效率必強。蔣總統經國先生闡釋勤儉的精義云：「勤的眞諦不只是講身體上的勤勞，更主要的是精神上永保主動進取的幹勁，永保冒險犯難的衝力。儉的眞諦不只是講金錢上的節省，更主要的是在精神上永保臥薪嘗膽的志節，永保悲天憫人的仁心。」他並勉勵「人人都能力行『勤』的精神，掃除一切陳腐之氣；力行『儉』的精神，掃除一切虛矯之氣。」（註九〇）由此可知勤儉的眞諦，是精神上的革新，這種精神上的革新，可以帶動生活革新與工作革新。而勤儉之義蘊的發揮，有契於科學化之企業管理。易言之，勤儉之眞諦，實具有現代化之精神。人人發揮勤儉精神，就能自強不息，克難實踐，有守有爲，日新其功。爲社會轉移風氣，爲國家開創新局。

6. 崇秩序：人是社會動物，也是政治動物。政治要民主，就是要先能守法；社會要安和，就是要先能守分。守法和守分，就是民主自由的基本精神。法與分，都是一種秩序，分是分際，人與人之間，有其應守的分際。荀子云：「辨莫大於分，分莫大於禮。」（註九一）禮就是分的具體化，能守分的人，也一定能循禮。曾子曰：「君子思不出其位。」（論語憲問）此處之「位」字，指其所處之分，不獨是職位。思出其位，就是非分之思。行出其位，就是非分之行。所謂「萬人逐兔，一人獲之，貪者悉止，分定故也。」（註九二）萬人逐兔，是因兔之「分」未定。一人獲之，則其「分」已定，故貪者悉止。社會秩序之維持，有賴國民之守分。

守分，即是有所不爲；盡分，即是有所爲。孟子曰：昔齊景公田，招虞人以旌，不至，將殺之。「志士不忘在溝壑，勇士不忘喪其元。」孔子奚取焉？取非其招不往也（滕文公下）。「志士不忘在溝壑」，是守分的表現；「勇士不忘喪其元」，是盡分的表現。

民主政治也是法治政治，守分，是守法的基礎。能守分，必能守法。民主與法治，是一體的兩面。法律所以保障自由，自由所以推行民主。然自由必須在法定的界限之內；方是自由。若出了法定的界限之外，便是放縱（註九三）。放縱不是自由，而是自由之敵。有少數偏激分子，假借民主之名，而行違法之實；假借自由之名，而行放縱之實。破壞社會秩序，惟恐天下不亂。此種人不僅是自由之敵人，也是民主之罪人。李伊先生認爲「這些人根本就是在爲中共軍事進攻、政治顚覆鋪路。」（註九四）此種不法行爲，是可忍而孰不可忍？衡以春秋大義，應予口誅筆伐。

法務部長施啓揚強調應「推動法律秩序的生活化」，使守法成爲國民的生活習慣。人人都有「違法有犯罪感，守法無約束感」的法治觀念。（註九五）所謂「違法有犯罪感」，此是知恥。今日社會有少數人，違法而無犯罪感，例如坐監前居然舉行惜別會，顧炎武所云「士大夫之無恥，是謂國恥。」（註九六）正是指此種人。所謂「守法無約束感」，此是知禮。禮是人心自然的規範，守法而成爲生活習慣，習慣成自然，故無約束感。禮如轡而法如鞭，禮禁將然，法施已然。故守禮實爲守法的基礎。

五、結論

楊倞云：「士者，修立之稱。蓋美士之名則曰儒，核儒之實則曰士。」（註九七）古代之士，即今之知識分子。知識分子是社會的中堅，是時代的先鋒。我們正面臨中興復國的新機運，要勇敢的挺身而出，擔當革命的大責重任。荀子云：「儒者在本朝則美政，在下位則美俗。」（註九八）禮記云：「君子如欲化民成俗，其必由學乎？」（註九九）在此時此地，知識分子應負起「化民成俗」的責任，以建設「富而好禮」的社會。孔子教人「興於詩、立於禮、成於樂」（論語泰伯）。詩禮樂三者，都是精緻文化，復興基地的經濟蓬勃發展，科技工業高速成長，而文化建設則瞠乎其後。最近政府倡導發展精緻文化，以提高國民生活品質，培養生活情趣。此與孔子詩禮樂一貫之教，實有相契之處。然因時代環境不同，文化之內容與層次亦異。今日爲民主時代，爲發揮社教功能，精緻文化之發展，當力求其普遍化、通俗化、社會化。以詩禮樂言之：優美的辭句，配合優美的形式，便是詩；適當的動作，配合適當的時機，便是禮；動聽的聲調，配合動人的內容，便是樂。「興於詩」以感通其情，「立於禮」以檢束其心，「成於樂」以和平其氣。所謂「聖人感人心而天下和平。」（註一〇〇）感人心，就是要靠教化，而詩禮樂就是教化的利器。故孔子云：「溫柔敦厚，詩教也；廣博易良，樂教也；恭儉莊敬，禮教也。」（註一〇一）又曰：「移風易俗，莫善於樂；安上治民，莫善於禮。」（註一〇二）

總之，知識分子要擔當「化民成俗」的責任，必先有「仁爲己任」的抱負。孔子以「行己有恥」教子貢。廉恥實爲士人之大節。羅從彥云：「士人有廉恥，則天下有風俗」（註一〇三）。國父云：「咨爾多士，爲民前鋒。」身爲知識分子，當以「行己有恥」爲首要。今日海峽兩岸的對峙，是一場沒有砲聲的戰爭，這種無形的戰爭，較有形的戰爭尤爲可怕。先總統　蔣公云：「我們決不可在敵人的惡意之下安枕，也不能在友人的善意之上建國。」（註一〇四）一切都要靠我們自己。今日復興基地繁榮富庶，而憂患意識却日益低迷。有識之士，莫不憂心忡忡。古人所謂「明恥教戰」，「明恥」就是要切切實實的覺悟，要有「居安思危」的警惕心，要有「舍我其誰」的責任感。更要有「枕戈待旦」的敵情觀念。隨時提高警覺，準備迎接戰鬥。須知「眞正的戰爭要打在開火之前，最後勝利要取決於準備之日」（註一〇五）。今天我們對敵人作戰，在表面上是以寡擊衆，在民心上是以衆擊寡。只要我們團結一致，竭盡責任，就必能打開僵局，開創中興復國的機運。

【附　註】

註一：見李孝定「甲骨文字集釋」第二、「牡」字條。

註二：如「詩經」衞風氓篇：「女也不爽，士貳其行」。鄭風，「女曰雞鳴，士曰昧旦」。溱洧篇：「維士與女」。召南野有死麕：「有女懷春，吉士誘之。」

註三：見「白虎通」卷上、爵。

註四：堯典：「帝曰：皐陶，汝作士」。「史記」五帝本紀，集解引馬融曰：士，獄官之長。

註五：「孟子」告子下篇。

註六：引見孫星衍「尚書今古文注疏」，「皇清經解」卷七五二。

註七：「尚書」周書多士篇云：「惟爾知惟殷先人有典有册」。

註八：「尚書」周書多士篇：「爾殷遺多士……告爾多士……告爾殷多士，」又周書多方篇：「告爾有方多士，暨殷多士。」

註九：見「大雅」文王。朱子集傳：「膚，美；敏，疾也。祼，灌鬯也。將，行也，酌而送之也。京，周之京師也。」

註一〇：原抄本「日知錄」卷十，士何事條。

註一一：「國語」齊語：管子對桓公曰：「四民者勿使雜處，」柳詒徵云：「春秋之時，授田之制漸廢，始有士農工商之分。」見「中國文化史」上册，周代之變遷「四民之名以立」條。

註一二：見「管子」卷三，五輔第十。

註一三：見「國語」齊語。

註一四：「戰國策」齊策四：齊宣王見顏斶曰：「斶前」，斶亦曰：「王前，」王忿然作色曰：「王者貴乎？士貴乎！」對曰：「士貴耳，王者不貴。」

註一五：見「史記」仲尼弟子列傳。

註一六：見「資治通鑑」卷一，周威烈王二三年。

註一七：「朱子語類」卷四三「子貢問士章」。

註一八：見「史記」游俠列傳序。

註一九：「孟子」盡心上篇，王子墊問曰：「士何事？」孟子曰：「尚志！」曰：「何謂尚志？」曰：「仁義而已矣。」

註二〇：見「二程全書」册二、明道文集一「秋日偶成」。

註二一：見「中國文化之精神價值」，第十三章、豪傑之士。

註二二：見「杜詩詳註」卷十七，詠懷古跡之五。

註二三：「朱子語類」卷一三六、歷代三。
註二四：見胡寅「諸葛武侯論」，「忠武誌」卷七。
註二五：見「中國文化之精神價值」，第十三章，俠義之士。
註二六：見「漢書」卷九二游俠傳序。
註二七：見「史記」卷八六刺客列傳，案梁玉繩「史記志疑」謂曹沫劫齊桓公事不足信，以為「曹子非操匕首之人，春秋初亦無操匕首之習，前賢謂戰國好事者為之耳。」（見史記志疑卷三一）愚案：「史記」刺客傳記燕太子丹之言云：「誠得劫秦王，使悉反諸侯侵地，若曹沫之與桓公，則大善矣，」燕太子丹非妄言之人，其說當必有據。
註二八：見「史記」卷八六「刺客列傳」。
註二九：見「韓非子」卷一九「五蠹篇」。
註三〇：詳見「戰國策」卷二〇「趙策」三。
註三一：「文選」鄒陽於獄上書自明，李善注引列士傳曰：荊軻發後，太子丹相氣見白虹貫日不徹，曰：「吾事不成矣。」
註三二：見「後漢書」卷八一「獨行列傳序」。
註三三：見「明史」卷二〇九「楊繼盛傳」。
註三四：見劉宗周「人譜」類記第十八、頁四七、又吳楚材「綱鑑易知錄」卷十、「明紀」二作「偉就右，耿氏居左，既皆縊，耿氏復揮曰：止止，雖在顛沛，夫婦之序，不可失也，復解纓，正左右序而死，」又案「明史」卷二六六「汪偉傳」謂耿氏先縊。

註三五：「左傳」哀公十五年：子路曰：「君子死，冠不免」，結纓而死。又「禮記」檀弓上：曾子寢疾，童子曰：「華而睆，大夫之簀與！」曾子曰：「元起易簀，」舉扶而易之，反席未安而沒。

註三六：見總統訓詞「三民主義之體系及其實行程序」。

註三七：見總統於陸軍官校三十週年校慶典禮訓詞。

註三八：見總統訓詞「革命軍的責任是安內與攘外」。

註三九：語見「荀子」「解蔽」篇。

註四〇：「國父全集」第二册、演講「革命軍的基礎在高深的學問」，頁八－二五九，中央文物供應社。

註四一：「國父全集」第一册、「孫文學說」自序。頁三一－一四。

註四二：見「朱子語類」卷一六、頁三。

註四三：見臧庸「拜經日記」苟日新條，「皇清經解」卷一一七六，頁一一。又案陳槃先生「苟日新日日新義」有詳說，見「書目季刊」卷十六，第二期。

註四四：「論語」述而篇載孔子語子路之言。

註四五：譙國夫人者，高涼冼氏之女，世爲南越首領，多籌略，撫循部衆，能行軍用師，親被甲，乘介馬，張錦傘，領彀騎，所至皆降，嶺表遂定，高祖册封爲譙國夫人。事詳「隋書」卷八十，譙國夫人傳。
註四六：見「宋史」卷三六四，韓世忠傳。
註四七：見「明史」卷二七〇，秦良玉傳。
註四八：見王陽明「傳習錄」下，錢德洪錄。
註四九：引見里奧，巴斯卡力（LEO BUSCAGLIA）「愛」第八章、愛是責任。宇宙光出版社。
註五〇：蔣總統經國先生接受美國「讀者文摘」巡迴編輯芮德訪問談話，見中央日報七十五年一月二十四日第一版。
註五一：見總統訓詞「科學的道理」。
註五二：見「朱子語類」一一四，頁廿七，答黃子淵。
註五三：「國父全集」第二册，演講「學生須以革命精神努力學問」，頁八—六六。
註五四：叔孫豹之語，見「左傳」襄公二十四年。
註五五：于右任詩「高雄遠望」七律：「霸業東方何處尋？癡兒失算復南侵。天留吾輩開新運，人說中原有好音，撥亂非爲一代計，哦詩爭起萬龍吟。旂山當面莊嚴甚，無限光明照古今。」
註五六：黃榦「朱子行狀」：「其爲學也，窮理以致其知，反躬以踐其實」，見「宋元學案」卷四四晦翁學案。
註五七：同註四九，第六章，愛人先愛己。

註五八：見「曾文正公家書」，致九弟，（咸豐七年十二月十四日）。
註五九：見「韓非子集釋」卷八、安危。
註六〇：見徐幹「中論」，爵祿第十。
註六一：參見劉道元「論社會多元化」，中央日報七十五年七月一日專欄。
註六二：見「翰苑集注」卷十四，「奉天請罷瓊林大盈二庫狀」。
註六三：見「曾文正公文集」，「原才」。
註六四：見「中國之命運」第六章、第二節，「社會與學術風氣之改造問題」。
註六五：「二程全書」册一，遺書十七。
註六六：見「宋元學案」卷十一，伊川學案。
註六七：見「宋元學案」卷四六，東萊學案。
註六八：見僞「古文尚書」、旅獒篇。
註六九：見僞「古文尚書」、伊訓篇。
註七〇：見「宋元學案」卷二十，上蔡學案，亦見「宋史」、卷四二八，劉宗周「人譜類記」，記警恃才十六。
註七一：見「論語」憲問「古之學者爲己」章朱註引程子。
註七二：見「孟子」告子下朱註引程子語。
註七三：見「曾文正公日記」，「問學」，己未五月。

註七四：見張子「正蒙」，至當篇第九。

註七五：見「張子全書」卷六，義理，案：欽其事，即敬其事。宋翼祖諱敬，此處作「欽」，乃避諱改字。

註七六：「朱子語類」卷十二，頁六。

註七七：「朱子語類」卷十二，頁十。

註七八：「王陽明全書」册一，傳習錄上，薛侃錄。

註七九：見「禮記」學記。

註八〇：「張子全書」卷六，義理。

註八一：「朱子大全」卷七七，「中庸章句序」。

註八二：見陳立夫先生「四書道貫」修身篇、十二、自得。

註八三：中央日報七十五年一月二十四日第三版短評，題爲「診療社會富貴病」，指出當前不良風氣，是「飽暖思淫慾」的富貴病。

註八四：枚乘七發：「皓齒蛾眉，命曰伐性之斧；甘脆肥醲，命曰腐腸之藥；」見「昭明文選」卷三四，頁三。

註八五：詳見中央月刊第十九卷，第二期「推行倫理道德，端正社會風氣」文復會座談記實。

註八六：見索忍尼辛「給自由中國」，七十一年十月二十四日中央日報。

註八七：根據警方資料，近十年來，暴力犯罪增加了百分之五四・五七，竊盜案件增加了百分之廿七・三，見七十五年一月二十四日中央日報第三版。

註八八：「易經」乾卦九三：「君子終日乾乾，夕惕若，厲，无咎」。「詩經」衞風氓：「夙興夜寐，靡有朝矣。」

註八九：總統訓詞「建軍建國的根本精神」。

註九〇：國軍七十五年工作檢討會，總統書面訓詞，見中央日報七十五年七月八日第一版。

註九一：「荀子」非相篇。

註九二：「後漢書」卷七四，沮授諫袁紹之語。

註九三：參見「中國之命運」，第六章，「革命建國的根本問題」。

註九四：李伊之語，見青年日報七十五年七月十日專論「鎖住理性走偏鋒，事事反對何居心？」

註九五：施啓揚在「中華民國人文科學研究會」演講，題爲「法律秩序與國家現代化」，見中央日報七十五年七月十三日第三版。

註九六：原抄本「日知錄」卷十七，「廉恥」。

註九七：「荀子」儒效篇楊倞注。

註九八：「荀子」儒效篇。

註九九：「禮記」學記。

註一〇〇：「易經」咸卦。

註一〇一：「禮記」經解篇。

註一〇二：「孝經」廣要道章。
註一〇三：「宋元學案」卷三五，豫章學案。
註一〇四：「七全大會文獻」頁六五「總裁政治報告」。
註一〇五：蔣公民國五十一年元旦「告全國軍民同胞書」。

四書憂患意識探源

一

憂患二字，顧名思義，憂者憂愁，患者患難。所謂「憂患意識」即爲憂愁患難之意識。憂患以境言，意識以心言。然有憂患之境，不必有憂患之意識，如燕巢飛幕（註一）者是；無憂患之境，亦不必無憂患之意識，如居安思危（註二）者是。憂患意識，有其積極意義，亦有其消極意義。就前者而言，是一種惟日孳孳、堅忍卓絕之精神。就後者而言，是一種戒愼恐懼、操危慮患之精神。故「憂」非杞人憂天之憂，「患」非患得患失之患。古之君子，憂道不憂貧，憂國不憂家。所謂「君子有遠慮」，「志士多苦心」（註三），「遠慮」、「苦心」，即是憂患意識。孔子亦謂「人無遠慮，必有近憂」（衞靈公），憂所以進德，亦所以防患。常人多狃於目前之安，而疎於久遠之慮。故「唯聖人能外內無患；自非聖人，外寧必有內憂」（註四），孟子謂「無敵國外患者國恆亡」（告子），亦是此意。憂患意識是一種悲天憫人之情懷，亦是一種修慝防微之觀照。前者是「仁」之發露，後者是「智」之明覺。

二

憂患二字，最早見於易繫辭，其言曰：

「易之興也，其於中古乎？作易者其有憂患乎？」

孔穎達正義：「若無憂患，何思何慮，不須營作。今既作易，故知有憂患也。身既憂患，須垂法以示於后，以防憂患之事。」孔氏之意，以爲易之爲書，是作者先有憂患之事，由憂患之事，而產生憂患意識。由憂患意識而發憤作易，以爲處憂患之道，而防憂患之事。史記明謂「西伯拘羑里而演周易」（註五），即指作易者之有憂患而言。鋪觀周易六十四卦，多屬修德防患之事。由此可知作易者所慮之深遠與周備。易繫辭又云：

「又明於憂患與故，無有師保，如臨父母。」

明於憂患之故，雖無有師保之教訓，而有如臨父母之戒懼。此種安不忘危，朝乾夕惕之精神，即是憂患意識之表現。後世所謂「殷憂啓聖」（註六），亦同此理。

而大學則云：「有所憂患，則不得其正」，朱子以「欲動情勝」解之。「欲動情勝」全是一團私意。憂患者既乏悲天憫人之情懷，亦無修慝防微之觀照，心繫於物，難免患得患失，或不能不失其正。是知易傳之憂患，與大學之憂患，其爲憂患則同，其所以處憂患則異。蓋憂患意識，在心而不在境。境之憂患方殷，而能以憂患之心慮之，則憂患乃是進德之階。境之憂患方來，而無憂患之心處之，則憂患終爲禍敗之源。易繫辭下云：

「君子安而不忘危，存而不忘亡，治而不忘亂，是以身安而國家可保也。」

「安不忘危，存不忘亡，治不忘亂」，即是一種「遠慮」，即是一種憂患意識。「不忘」，即是戒懼工夫。由此戒懼工夫，即能產生修慝防患之行爲。而生「身安國保」之效果。「安身」必先心安，此是屬於修己之範疇；保國必先保民，此是屬於安人之範疇。有強烈之道德意識，方能修己而立身；有強烈之政治意識，方能安人而立國。書曰：「天降下民，作之君，作之師」（註七）。古者政教合一，在儒家傳統思想中，道德意識與政治意識，實屬一體而不可分。道德意識之所憂所患，亦爲政治意識之所憂所患，堯典云「克明俊德，以親九族」，「克明俊德」即是大學之「明明德」，「以親九族」即是大學之「親民」。「明明德」屬於道德，「親民」屬於政治。王陽明云：「明明德必在於親民，而親民乃所以明其明德也，」（註八）是二者本爲一事也。

三

牟宗三先生謂「中國哲學之重道德性，是根源於憂患意識」，並以爲「此種憂患意識可以產生道德意識」（註九）。此就中國古代歷史事實而論，固信而有徵，蓋一種學說之發生，絕非無因而起，而必有其時代背景，有其時代需要。例如動亂分裂之時代，易產生和平統一之思想；專制獨裁之時代，易產生民主自由之思想；飽嘗戰亂之痛苦，方知和平之可珍；飽受奴役之痛苦，方知自由之可貴。在道德式微之時代，易產生道德重整之思想。在人心頹廢之時代，易產生心理建設之思想。老子謂「六親不和有孝慈，國家昏亂有忠臣」。又謂「失德而後仁，失仁而後義」。從正面觀察，六親和順，即無所謂孝慈；國家治平，即無所謂忠臣。而在事實上，孝慈之道著，則六親和順；忠臣之道著，則國家治平。從反面觀察，有被稱爲孝慈者，即有不和不順在；有被稱爲忠臣者，即有昏君亂臣在。故無黑暗，即無所謂光明；無失德，即無所謂仁義。時代愈黑暗，其渴望光明之情愈切。故憂患意識之產生，與時代背景密切相關。不堪暴政之奴役迫害，始有大陸同胞之冒死逃亡，牟氏謂「憂患意識可以產生道德意識」，即老子「失德而後仁，失仁而後義」之意。

然從正面觀之，在人性中本具有悲憫之情懷，本具有修德之自覺。而憂患意識之構成，顯然以此種情懷與自覺爲基本因素。此種因素，於平時潛藏內斂，不易被察覺。遇有外界之刺激，隨時可以觸發。外界之刺激愈大，其所產生之反應亦愈大。是以飽歷憂患飽受折磨之人，其憂患意識亦特別強烈，其奮鬥意志亦特別堅毅。孟子曰：「舜發於畎畝之中，傅說舉於版築之間，膠鬲舉於魚鹽之中。」（告子下）畎畝、版築、魚鹽之勞苦，古來處此困境者甚多，何以發之舉之者甚少？可見人之成就，不係於境之困，而係於人之善處困，人之善處困，在於有憂患意識，尤在於有悲天憫人之情懷，舍我其誰之抱負，堅苦卓絕之意志，困心衡慮之精神，莊敬自強，奮鬥到底，鞠躬盡瘁，死而後已。始能肩負艱鉅之任務，創造偉大之事業。春秋之時，桓公不忘在莒之恥，任用管仲，興利除弊，尊王攘夷，九合諸侯，一匡天下。勾踐不忘會稽之辱，臥薪嘗膽，生聚教訓，整軍經武，興師伐吳，卒雪國恥。近者如國父領導革命，十次失敗而不灰心，終於推翻帝制，建立民國。領袖繼承遺志，東征北伐，抗日戡亂，忍辱負重，擇善固執，冒險犯難，在艱彌厲。毅然「以國家興亡爲己任，置個人死生於度外」，此種民胞物與之仁，愼謀能斷之智，奮厲無畏之勇，與其說是與生俱來，不如說是從憂勞患難中歷鍊孕育而成。在我國悠久之歷史文化中，其能繼繼繩繩、光輝日新者，實繫於此種內涵豐富，價値崇高之憂患哲學所陶鑄而成之民族精神。

四

古之聖賢，莫不有憂民之念，莫不有救世之心。此心此念，乃仁心之不容已。孟子曰：「樂民之樂者，民亦樂其樂，憂民之憂者，民亦憂其憂，樂以天下，憂以天下。」（梁惠王下）樂民之樂，憂民之憂，憂樂不以己而以民，不以己而以天下。此即仁心之公，仁道之大。范仲淹推衍孟子之意曰：

「不以物喜，不以己悲，居廟堂之高則憂其民，處江湖之遠則憂其君。是進亦憂，退亦憂，然則何時而樂耶？其必曰：先天下之憂而憂，後天下之樂而樂。」（註一〇）「不以物喜，不以己悲」，此乃仁心之至公處。「進亦憂，退亦憂」，此乃仁心之不容已處。就「先憂後樂」言，古之聖賢，莫不以「先憂」爲心。故孟子曰：「文王視民如傷，望道而未之見。武王不泄邇，不忘遠。周公思兼三王以施四事。其有不合者，仰而思之，夜以繼日；幸而得之，坐以待旦。」（離婁下）

聖人之所以爲聖人，只在憂勤惕厲，修己安民，須臾毫忽不敢自逸，此天理之所以常存，仁心之所以不已也，常人不能憂勤惕厲，故不免自暴自棄，人欲肆而天理亡，身雖存而心不在焉，此言文王之憂勤惕厲，在愛民求道，永不自滿。武王之憂勤惕厲，在愼重周詳，不泄不忘。周公之憂勤惕厲，在效法前王，因時當理。以其愛民之深，故憂民之切。惟其憂民之切，故夜以繼日，坐以待旦，由此可知憂患意識，不僅是心理上之建設，道德上之情操，尤貴在知行之合一，由知行合一，以達天人合一之境界。

五

古代儒家甚重天命，在中國傳統思想中，天命通過憂患意識，而下貫於人事。其道德意識遠過於宗教意識。近人傅斯年氏認爲西周初期之「天人論」，爲敬畏上天、熟察人事兩個元素化合而成。（註一一）其實，此種「畏天威、重人事」之天命觀。並不始自西周。論語載堯命舜曰：「天之曆數在爾躬，允執其中。四海困窮，天祿永終。」（堯曰）

「曆數」即指天命，「曆數在爾躬」，猶言「天命在爾身」。黃式三曰：「數之在躬，德足以順天也；祿之永終，不德之逆天也。」（註一二）黃氏此語道破「天命」之眞諦。天之降命與否，決定於人之德與不德。「允執其中」，其德自然合天；「四海困窮」，其不德必然違天。德如何合天，首在修己以敬。

堯典云：「欽明文思」，又云「允恭克讓」。鄭玄釋曰：「敬事節用謂之欽，照臨四方謂之明，經緯天地謂之文，慮深通敏謂之思」，鄭注四語，未必密合經義。然其立論之精神，則能中其肯綮。此精神即是「敬」字。非惟「欽明文思」爲然，即其下之「允恭克讓」，亦復如此。即堯典通篇，亦可以「敬」字貫之。下文云「欽若昊天」、「敬授人時」，史記「欽若」作「敬順」，義尤顯豁。「敬順昊天」，即是「畏天命」，「敬授人時」，即是「重人事」。「畏天命，重人事」乃儒家之傳統思想。堯典又云：「愼徽五典，五典克從；納于百揆，百揆時敍；賓于四門，四門穆穆。」史記謂「諸侯遠方賓客皆敬」，則「五典克從」、「百揆時敍」之敬，自不待言。「五典克從」，則彝倫攸敍；「四門穆穆」，則諸侯賓服，此合道德意識與政治意識爲一。

國父謂「有道德始有國家，有道德始成世界」，（註一三）其理由即在此。古代儒家之憂患意識，實可兼攝道德意識與政治意識。如「愼徽五典」是道德意識，而「五典克從」便帶有政治意識。「賓于四門」是政治意識，而「四門穆穆」便帶有道德意識。故道德意識與政治意識，實難截然劃分。此種思想，至孔子時猶然，論語載：

或謂孔子曰：「子奚不爲政？」子曰：「書云：『孝乎惟孝，友于兄弟』，施於有政，是亦爲政，奚其爲爲政。」（爲政）

家之有事，猶國之有政，家事國政，理本相通。故事親孝則忠可移於國；事兄悌則敬可移於長，居家理則治可移於官。子貢謂「見其禮而知其政」，（公孫丑上）是政治乃禮教中事。有道德意識，始有政治意識；有憂患意識，始可強化道德意識。

六

皐陶曰：「寬而栗，柔而立，愿而恭，亂而敬，擾而毅，直而溫，簡而廉，剛而塞，彊而義。彰厥有常，吉哉。日宣三德，夙夜浚明有家；日嚴祇敬六德，亮采有邦。翕受敷施，九德咸事；俊乂在官，百僚師師，百工惟時。」（皐陶謨）

此文於天子言九德，於有邦言六德，於有家言三德。浚即敬，明通孟。浚明猶言敬勉。嚴讀爲儼，矜莊貌。大夫之「夙夜浚明」，諸侯之「日嚴祇敬」，其義猶無逸篇之「嚴恭寅畏」，嚴恭在貌，寅畏在心。亦猶先總統　蔣公之「莊敬自強」，莊以立身，敬以治事，自強則夙夜匪懈，乾乾不息。至於「俊乂在官」云云，漢桓寬釋之云：「言官得其人，人任其事，故官治而不亂，事起而不廢。士守其職，大夫理其位，公卿總要執凡而已。」（註一四）公卿謂俊乂，大夫謂百僚，士謂百工。又王充云：「唯聖賢之人，以九德檢其行，以事效考其言。」（註一五）聖賢「以九德檢其行」是基於道德意識；「以事效考其言」，是基於政治意識。此道德意識與政治意識，又皆統攝於憂患意識。

皐陶曰：「無教逸欲有邦，兢兢業業，一日二日萬幾。無曠庶官，天工人其代之。」「兢兢業業」，戒愼危懼之貌，此乃力行九德之基本精神。亦是憂患意識之強烈表現。「無教逸欲」此是戒詞，蓋上有所好，下必有甚焉者，有國者毋導以逸欲，當戒愼危懼，以理萬幾，毋使庶官曠職。天工，謂天之事功，人君代天行道，庶官所治，無非天之事功。天工人代一語，實具有莊嚴之使命感。無教逸欲，逸則失德；無曠庶官，曠則失職。苟一德之或失，一職之或曠，則天工廢矣。可不戒懼哉？「無教逸欲」，偏重於道德意識；「無曠庶官」，偏重於政治意識。而「兢兢業業」之憂患意識，則兼攝道德意識與政治意識爲一，此固儒家傳統思想之特質，亦儒家憂患意識之特徵。此種憂患意識，以其兼攝道德意識與政治意識，具有大智大慧之哲學精神，充其修養工夫之極致，則爲「天人合一」之境界。

皐陶曰：「天聰明自我民聰明，天明畏自我民明畏。達於上下，敬哉有土。」（皐陶謨）

此言天人合一之理，明天命本於民心也，聰明，謂視聽。孟子萬章引泰誓云：「天視自我民視，天聽自我民聽」，即此意也。蔡沈曰：「天人一理，通達無間。民心所存，即天理之所在。而吾心之敬，是又合天民而一之者也。有天下者，可不知所以敬之哉！」（註一六）「達於上下，敬哉有土」，此言唯「敬」能通天人，唯「敬」能治國家。亦唯「敬」能自強不息，盈科漸進，使憂患意識昇華，使道德意識強化，而產生高度之智慧，堅忍之精神，以勤勞民事，憂民之憂，追求共同之福祉，提高人生之價值。此即「主敬立極」之理，亦爲「天人合一」之道。

七

古來聖君賢相，莫不戒愼恐懼，以爲事天引年之法，而戒愼恐懼之觀念，實源於敬天之思想。湯頌云：「帝命不違，至於湯齊。湯降不遲，聖敬日躋。」（長發）「帝命不違」，即不違上帝之命，而「聖敬日躋」，謂聖明敬謹之德日以進升，此即「帝命不違」之註脚。

酒誥云：「在昔殷先哲王，迪畏天，顯小民。經德秉哲。自成湯咸至于帝乙，成王畏相，惟御事厥棐有恭，不敢自暇自逸，矧曰其敢崇飮？」所謂「御事厥棐有恭，不敢自暇自逸」，此即敬畏天命之具體表現。能敬畏天命，勤政愛民，即能上合天心，祈天永命。

召誥曰：「皇天上帝，改厥元子茲大國殷之命。惟王受命，無疆惟休，亦無疆惟恤。嗚呼！曷其奈何弗敬！」

「元子」即天子，此指殷王。元子不可改而天改之，可見天命之靡常，「休」，讀爲庥，指福祥。蔡沈集傳：「今王受命，固有無窮之美，然亦有無窮之憂。於是歎息言：王曷其奈何弗敬乎？」休無疆而憂亦無疆，福者禍之所伏，安者危之所倚。「曷其奈何弗敬」，所以深致感歎，深致警惕，正見其憂患意識之強烈。又君奭篇云：「君肆其監于茲，我受命無疆惟休，亦大惟艱。」又曰：「乘茲大命，惟文王丕承，無疆之恤」。皆與召誥篇所引同義。

八

其在詩經，此種敬天之思想極爲濃厚，前引商頌長發之詩，即爲一例，又大雅亦云：

「穆穆文王，於緝熙敬止。假哉天命，有商孫子。商之孫子，其麗不億。上帝既命，侯于周服。」（文王）

文王能「緝熙敬止」，故爲天命所歸。上帝乃使「有商孫子」，「侯于周服」也。又大雅大明云：

「維此文王，小心翼翼，昭事上帝，聿懷多福。厥德不回，以受方國。」

文王之「小心翼翼」與前文之「緝熙敬止」，均爲敬畏天命之表現，敬畏天命，始能得天之眷顧。大雅皇矣亦云：

「皇矣上帝，臨下有赫。監觀四方，求民之莫。維此二國，其政不獲。維彼四國，爰究爰度。上帝耆之，憎其式廓。乃眷西顧，此維與宅。」

此章述天惡殷商而眷顧岐周。莫，讀爲瘼。上帝「監觀四方，求民之瘼」，此以民心所在爲天命所歸也。「維此二國，其政不獲」，二國，毛傳謂「殷夏」，然上文無言夏事者，朴瑄壽以爲「此二國當是上國，上國謂殷也」（註一七）。蓋以古文上作二，與二形相似而譌，其說甚允。商紂「其政不獲」，故「上帝耆之」，乃眷岐周，而與之居宅。此詩雖似帶有宗教之色彩，然其敬天愛民之精神，即憂患意識之具體表現，此則與宗教之恐怖意識異趣。（註一八）詩周頌敬之云：

「敬之敬之，天維顯思，命不易哉！無曰高高在上。陟降厥士，日監在茲，維予小子，不聰敬止！」

此蓋嗣王自戒之詞，而周頌「閔予小子」篇亦有「維予小子，夙夜敬止」之句，與此章發端重言「敬之」，以加強語氣，而示戒愼之重要。詩中又言「不聰敬止」，強調不可以不敬，味其詩義，可知其憂患意識，極爲強烈。蓋天命靡常，「上天之載，無聲無臭」，修之則吉，悖之則凶。修之悖之，惟在於敬肆之間而已。

九

綜觀詩書之文，敬天尊祖之思想，不勝僂指，其言雖不免有宗教之意味，然其以天神爲戒勉之用，富有道德意識，肯定道德秩序，提高生命價値，非以天爲惑世愚民之用，未可與宗教相提並論。

以古爲鑑，可知興替。大雅蕩謂「殷監不遠，在夏后之世」。召誥亦云：

「我不可不監于有夏，亦不可不監于有殷。我不敢知曰，有夏服天命，惟有歷年；我不敢知曰，不其延，惟不敬厥德，乃早墜厥命。我不敢知曰，有殷受天命，惟有歷年；我不敢知曰，不其延，惟不敬厥德，乃早墜厥命。」

相傳召誥乃召公誥成王之辭。召公意謂夏殷歷年長短，所不敢知。所可知者，「惟不敬厥德，乃早墜其命」。若反其意則當云「惟敬厥德，乃延厥命」，此即周書「皇天無親，惟德是輔」之義（註一九）。周公作無逸，歷舉殷商先王享國之久近，得壽之修短，以爲有國者之戒，其言頗爲深切：

「昔在殷王中宗，嚴恭寅畏，天命自度，治民祇懼，不敢荒寧。肆中宗之享國，七十有五年。其在高宗，時舊勞于外爰曁小人。作其即位，乃或亮陰，三年不言；其惟不言，言乃雍。不敢荒寧，嘉靖殷邦。至於小大，無時或怨。肆高宗之享國，五十有九年。其在祖甲，不義惟王，舊爲小人。作其即位，爰知小人之依；能保惠于庶民，不敢侮鰥寡。肆祖甲之享國，三十有三年。自時厥後，立王生則逸，生則逸，不知稼穡之艱難，不聞小人之勞，惟耽樂之從。自時厥後，亦罔或克壽：或十年，或七八年，或五六年，或三四年。」（註二〇）

此文通篇以「敬」字作骨，其謂「嚴恭寅畏」、「治民祇懼，不敢荒寧」，皆敬也。敬則必能憂勤，而憂勤者必壽，不敬則耽於逸豫，而逸豫者必夭。周公召公之敬愼，直言無隱，時存危悚，其忠君之心，謀國之誠，非特成王之所當戒，實萬世執政者之龜鑑也，蓋人之一心，有所憂患，則能困心衡慮，莊敬自強，臨危不亂，好謀而成。憂患意識之產生，必有其時代之背景，或歷史之因素。周初聖君賢相之憂患意識，即夏殷末葉昏君亂政之反響。大雅蕩云：

「天生烝民，其命匪諶，靡不有初，鮮克有終。」

人生之悲劇，莫悲於重蹈歷史之覆轍，「靡不有初，鮮克有終」，昔晉士季曾引此詩以諫靈公（註二一），惜靈公不聽，終於不免。蓋「爲君難，爲臣不易」，知其爲難而以敬愼處之，則難或可易。不知爲難而以輕心掉之，則他日之難有不可救者矣。呂公著曰：

「唐明皇初即位，宋璟爲相，手寫無逸圖，設于席座，明皇勤于政事，遂致開元之治。而後宋璟死，所獻圖亦敝而徹去，明皇遂怠於政，親見天寶之亂。」（註二二）

「靡不有初，鮮克有終」，晉靈公、唐明皇之故事，可爲殷鑑。執政者誠能愼終如始，安不忘危，則憂勞興國，計日可待，身安歲樂，福祚永保。

十

畏天命而重人事，此乃古代儒家之傳統觀念。而天人合一思想即植基於此。而以敬德爲貫通天人之不二法門。然敬德非止敬天敬事，尤在於「敬愼威儀」，以合天德，以爲民則。詩大雅曾屢言之：

「敬愼威儀，以近有德」（民勞）

「敬愼威儀，維民之則」（抑、魯頌泮水）

「敬爾威儀，無不柔嘉」（抑）

「淑愼爾止，不愆于儀」（抑）

「抑抑威儀，維德之隅」（抑）

「威儀抑抑，德音秩秩」（假樂）

威儀所以立身，亦所以立事。有德之士，未有無威儀者。敬愼威儀，必能親賢以爲之輔，亦必能敬事以爲民法。衞風云：

「瑟兮僩兮，赫兮咺兮，有匪君子，終不可諼兮。」（淇奧）

大學釋之云：「瑟兮僩兮者，恂慄也；赫兮咺兮者，威儀也。」所謂「恂慄」，即是憂患意識。惟其戰兢惕厲，臨深履薄，反身自修，不敢荒怠。故能顒顒卬卬，如圭如璋，周旋可則，容止可觀，作事可法，德行可象。蓋內有繩直，則外有廉隅。和順積中，則英華發外。左氏曾屢引詩以爲觀人之標準（註二三）。故凡在位君子，莫不由德行之踐履，以達政治之目的。由此實踐，以貫通天人，而敬天愛民，踐仁成聖。其憂患意識，經由道德實踐以修己，經由政治實踐以安民。此乃我國傳統文化之精神，此種「敬以修身」、「仁爲己任」之精神，維繫我國數千年國脈，歷久彌固而不墜，光輝日新而不衰。

十一

柳詒徵云：「周之盛時，公卿大夫固恆以勤恤民隱，詔其君主；即至衰世，亦時時代表民意，作爲詩歌，以刺其上。」（註二四）

柳氏所謂「勤恤民隱」，即是基於「恫瘝在抱」之仁心，亦即是憂患意識之具體表現。而當衰周之世，政亂民困，人心陷溺，愛國志士，蒿目時艱，義憤感發，形之於詩，其憂患意識之強烈，以視承平盛世，尤有過之。蓋自成康以降，周道寖衰，厲王暴虐，民不敢謗，而公卿大夫爲詩以刺。其後宣王中興，美刺閒作。至於幽王，天下大壞，詩人傷之，刺詩繁興，怨悱愁苦，情見乎詞，其憂國之深，愛民之切，大聲疾呼，言無忌諱，較之今日民主時代，亦不甚相遠。

徵之詩經，有以上天降威，以戒執政者，如云：「天之方難，無然憲憲。天之方蹶，無然泄泄」。「天之方虐，無然謔謔」、「天之方濟，無爲夸毗」。（大雅板）「昊天疾威，敷於下土」（小雅小旻）。「昊天不傭，降此鞫訩。昊天不惠，降此大戾」（小雅節南山）。「昊天疾威，弗慮弗圖」（小雅雨無正）。

有以民之勞苦，以戒執政者，如云：「民亦勞止，汔可小康，……無縱詭隨，以謹無良」。（大雅民勞）此詩凡五章。而「民亦勞止」及「無縱詭隨」之句，凡各五見，於以見其憂民之切，疾惡之甚。又如：「民之無辜，並其臣僕」、「民今方殆，視天夢夢」（小雅正月），「民靡有黎，具禍以燼」、「民之未戾，職盜爲寇」（大雅桑柔）。

有憂讒疾邪之詩，如云：「黽勉從事，不敢告勞，無罪無辜，讒口嗸嗸」（小雅十月之交）。「亂之又生，君子信讒」、「巧言如簧，顏之厚矣」（小雅巧言）。「取彼譖人，投畀豺虎；

豺虎不食，投畀有北；有北不受，投畀有昊」（小雅巷伯）。可謂深惡痛絕。又如：「讒人罔極，交亂四國」（小雅青蠅）。「歙歙訿訿，亦孔之哀，謀之其臧，則具是違；謀之不臧，則具是依」（小雅小旻）。小人在位，而從邪議，顚倒是非，而排君子。

有傷時憂世之詩，如云：「正月繁霜，我心憂傷」、「哀今之人，胡爲虺蜴」（小雅正月）。「三事大夫，莫肯夙夜；邦君諸侯，莫肯朝夕。庶曰式臧，覆出爲惡。」（小雅雨無正）霜降失節，不以其時；政治失序，不以其道。朝臣諸侯，尸位素餐，莫肯奉行王命，庶幾有所改善，反而更加爲惡。

他如「北風其涼」（邶風北風），假風以刺威虐；「雨雪霏霏」（小雅采薇），因雪以愍征役；「碩鼠」（魏風）之刺征斂，「鴇羽」（唐風）之傷行役，「鴟鴞」（豳風）之疾亂臣，「黍離」之閔周室。莫不憂心殷殷，悲歌當哭，流露愛國恤民之至情。其憂患意識之強烈，溢於言表，蓋情意兼至，血淚結晶，故能感人深切。

十二

觀乎歷史之治亂興亡，實與憂患意識息息相關。歐陽修云：「憂勞可以興國，逸豫可以亡身」（註二五），此語實含至理。凡人有憂而不知所憂者則凶，有憂而能善處憂者則吉。就心理建設而言，憂患橫逆並不可怕，怕在缺乏戒愼恐懼之憂患意識。詩云：「潛雖伏矣，亦孔之昭」（

小雅正月)。禍多藏於隱微，而發於人之所忽。苟能居安思危，必能有備無患。我國歷史悠久，憂患綿延，異族侵略，史不絕書，周之玁狁，爲患尤烈。志士仁人所承擔之危機既多，其憂患意識亦特別強烈。先總統 蔣公有言：「我們中華民族對於異族，抵抗其武力，而不施以武力；吸收其文化，而廣被以文化」(註二六)。「抵抗其武力」是勇，「不施以武力」是恕，「吸收其文化」是智，「廣被以文化」是仁。此仁恕智勇四者，經過憂患意識之洗禮，從而建立「存亡繼絕、濟弱扶傾」之王道主義與政治哲學。而古代智識分子，面臨政治動亂，懍於「仁心報國」之大義，而有「舍我其誰」之擔當，勇敢接受現實之挑戰，反映民生之疾苦，揭發政治之危機，寫下可歌可泣之詩篇，以充實之內涵，發潛德之幽光，表現出堅貞之愛國情操，在艱彌厲之奮鬥精神。所謂「國於天地，必有與立」者，立此精神而已。

【附註】

註一：燕巢飛幕，喻所處至危而不知。左傳襄公二十九年，吳季子札曰：「夫子(指孫林父，衞大夫孫良夫之子，獲罪出奔晉，亦稱孫文子)之在此也，猶燕之巢于幕上」。丘遲與陳伯之書：「將軍魚游於沸鼎之中，燕巢於飛幕之上，不亦惑乎？」

註二：左傳襄公十一年，書曰：「居安思危」。思則有備，有備無患。

註三：「君子有遠慮」春秋魯大夫子服惠伯之語，見左傳襄公二十八年。「志士多苦心」，晉陸機猛虎行詩，見丁福保全晉詩卷三。

註四：春秋晉大夫士燮之語，士燮即范文子，事見左傳成公十六年。

註五：見史記太史公自序。

註六：文選卷三十七劉越石勸進表：「或殷憂以啓聖明」。

註七：孟子梁惠王篇引逸書之文。

註八：見王陽明大學問。

註九：見中國哲學的特質、第二講「中國哲學的特點何以落在主體性與道德性」。

註一〇：見岳陽樓記。

註一一：見傅孟眞先生集第三册「性命古訓辨證」。

註一二：程樹德論語集解引黃氏「論語後案」。

註一三：見 國父民國二年在日本對中國留學生講演「學生須以革命精神努力學問」。

註一四：鹽鐵論卷二、刺復第十。

註一五：論衡卷十一、答佞。

註一六：蔡沈尚書臯陶謨集傳。

註一七：見李慈銘越縵堂讀書記、中册、頁五三六「說文解字翼徵」條，世界書局本。

註一八：宗教情緒並非源於憂患意識，而是源於恐怖意識。詳見牟宗三著「中國哲學的特質」第二講、頁十三、學生書局本。

註一九：見左傳僖公五年引周書，杜注以爲「逸書」。

註二〇：三四年，各本並作四三年。以文理審之，當作三四年。徐幹中論天壽第十四引此文作「三四年」不誤。

註二一：事見左傳宣公二年。

註二二：見古今圖書集成、皇極典卷二四二君道部引呂公著「無逸論」。

註二三：左傳襄公三十一年，北宮文子對衞侯云：「詩云：『敬愼威儀，維民之則』，令尹無威儀，民無則焉」。又昭公二年，叔向曰：「子叔子知禮哉，詩曰：『敬愼威儀，以近有德』，夫子近德矣。」

註二四：柳詒徵中國文化史第二十一章「共和與民權」、頁二六五、正中書局。

註二五：五代史記伶官傳序。

四書中的憂患意識

一、憂患與憂患意識

憂患的「憂」字，本字作「㥑」。說文：「㥑，愁也，從心從頁。」這個「頁」字，今讀葉，又音啓（康禮切），「頁」就是人的頭，其實應該讀首（ㄕㄡˇ）才對。所以徐鍇說：「㥑形於顏面，故從頁」。一個人心中憂愁，就會形於顏面。詩經上說：「我心憂傷」（檜風羔裘）。又說：「心之憂矣」（邶風柏舟、綠衣）。憂愁是發於「心」而形於「面」的。

至於「患」字，說文：「患，憂也。」段玉裁注：「古本當作從心毌聲。」就字形看，「心上串爲患」，心爲愁思所貫穿，此可見「患」字較「頁」字意義來得深長，所以徐鍇繫傳通論說：「患，憂之深也。」我們通常所說的「憂患」，是同義複詞。

有了憂患，就有憂患意識，憂患如樹，憂患意識如樹上的菓子。什麼樹，就結什麼菓子。但人類因文化發達，知識提高，可以記取既往的經驗教訓，而提高防微慮患的警覺。這種警覺，就是一種憂患意識。憂患二字皆從「心」，所以憂患在「心」而不在「境」。但在事實上，憂患意識之產生，與時代環境的關係極爲密切。例如我們常見到先總統 蔣公所題「毋忘在莒」四個大字，這四個字就含有很深的憂患意識，這種憂患意識，是我們失去大陸，政府來到台灣以後才有的。但我們今天的復興基地，究竟有多少人懷有「毋忘在莒」的憂患意識呢？所以有憂患之境，不一定就有憂患意識，如古人所說「燕巢於飛幕之上」（丘遲與陳伯之書），這是歷史悲劇所以重演的主要原因。在另一方面，沒有憂患之境，也不必沒有憂患意識，如古人說「安而不忘危，存而不忘亡，治而不忘亂」（易繫辭下）。孔子也說：「人無遠慮，必有近憂」（論語衞靈公），「遠慮」，就是一種憂患意識。

意識是指精神上的自覺，而憂患意識是指一個人對於面臨的事物，有了相當程度的關切。從關切中體認到自己所負的責任。聯想到我們面臨的事物，可能產生如何的影響。在事情沒有發生之前，我們應該如何去防範。在事情既已發生之後，我們應該如何去處理。更重要的是如何去防止類似情事的重演。凡此種種，都是應該考慮的問題。如果我們能夠記取歷史的經驗，接受歷史的教訓，又能面對現實，認識環境，知道自己所負責任的重大，那就會毫不遲疑的盡心盡力，流血流汗，充分發揮「當仁不讓」「舍我其誰」的大義血忱。

二、憂患意識與道德意識

牟宗三先生認爲：「中國哲學之重道德性是根源于憂患意識，中國人的憂患意識特別強烈，由此種憂患意識可以產生道德意識」（中國哲學的特質第二講）。因爲一種學說思想的發生，必有其時代的背景。在道德衰微的時代，易產生道德重整的思想；在人心陷溺的時代，易產生心理建設的思想。沒有病的人，不需要去找醫生，沒有憂患的民族，不需要民族的救星，這是很自然的事，但從另一個角度來看，中國人的憂患意識所以特別強烈，也可說是受了儒家思想的影響。所謂「君子有遠慮」（左傳襄公二十八年子服惠伯之語），「君子憂道不憂貧」（衞靈公），「遠慮」，「憂道」，都是指的憂患意識。這種憂患意識是一種悲天憫人的情懷，也是一種防微修慝的觀照。「君子」是指成德之人，也就是具有理想人格的聖人。春秋晉國大夫士燮曾說：「唯聖人能外內無患；自非聖人，外寧必有內憂」（見左傳成公十六年）。聖人爲什麼能「外內無患」呢？因爲聖人仁智兼備，聖人的憂患意識特別強烈。而我國大學、中庸、論語、孟子四書，是儒家思想的寶典，也是先聖先賢智慧的結晶。四書中的憂患意識，更是我們爲學做人的指導原則，安身立命的不二法門。可惜我們現在一般知識青年，沒有好好去閱讀，甚至有些學中文的同學，往往妄自菲薄，認爲學中文沒有出路。見了學理工的同學，似乎有點「抬不起頭來」之感，這實在是一種不健全的心理。須知中華文化有三件寶貝，是舉世無比的，那就是文字、歷史、儒家思想。今天這三件寶貝，都是在學中文的手中，尤其是「放之四海而皆準」的儒家思想，更是値得我們去發揚光大。而至聖先師孔子，是儒家思想的代表，當年魯國大夫叔孫武叔毀仲尼，子貢就義正詞嚴地說：

無以爲也，仲尼不可毀也。他人之賢者，丘陵也，猶可踰也；仲尼，日月也，無得而踰焉。（子張）

今天科學發達，儘管美國的太空人阿姆斯壯首先完成了「登陸月球」的壯舉，但沒有人能超越孔子，因爲孔子是世界的太陽，是宇宙的光輝，是「無得而踰焉」。宋儒說得好：

天不生仲尼，萬古如長夜。

用這兩句讚頌孔子，實在是最確當不過了。孔子不但是中國的聖人，東方的聖人，而且也是世界的聖人。孔子的學說，得人心之所同然。孔子之道，如日月經天，江河行地。不管今後時代如何進步，絕不能再產生第二個孔子。因爲至美至善至中至正的眞理只有一個─仁，已被孔子一語道破。

我們要研究孔子思想，不可不讀四書，四書經過宋儒程子、朱子的表章和闡揚，而後家喻戶曉。研讀四書依照朱子的次序是先大學、次論語、次孟子，最後是中庸。朱子說：

某要人先讀大學，以定其規模；次讀論語，以立其根本；次讀孟子，以觀其發越；次讀中庸，以求古人之微妙處。（語錄卷十九）

大學一書，程子認爲是「孔氏之遺書，而初學入德之門」，於此書可見古人爲學的次第。論、孟二書，雖然同爲問答記言體裁，但論語簡要，孟子發越。論語謹嚴精妙，孟子波瀾壯濶。孔子教人多就「事」上用功，孟子教人多就「心」上用功。朱子說：

譬如今沙糖，孟子但說糖味甜耳，孔子雖不如此說，却將那糖與人喫，人若肯喫，則其

味之甜，自不待說而知也。（語錄卷十九）

因爲孔孟教人方法不同，所以我們研讀論孟，也要有不同的方法。一般說來，「論語要冷看，孟子要熟讀」，冷看要虛心涵泳，切己體察。熟讀則文義自見，然亦須窮究充廣，始爲實得。至於中庸，朱子認爲「說下學處少，說上達處多」，必須看完三書後，才宜讀之。先總統　蔣公認爲「中庸是本體論，大學則是方法論」（中庸要旨）。而大學和中庸，乃是我們先聖先賢遞相傳習的道統所在，不可不熟讀精思，研究透徹。

三、憂患意識與道德思想

講到先聖先賢相傳的道統，我們應該研讀朱子的中庸章句序，這篇序以尙書大禹謨「人心惟危，道心惟微，惟精惟一，允執厥中」十六字，爲舜禹相傳的心法。「大禹謨」雖然有人說是僞古文尙書，但其中的道理仍然有其價値。所謂「人心惟危，道心惟微」，也就是一種憂患意識。朱子認爲人心「生於形氣之私」，道心「原於性命之正」。質言之：人心是生於血氣，道心是生於義理。孔子說「操之則存，舍之則亡」（孟子告子上），這兩句話，就是「人心惟危，道心惟微」的最佳註脚，心在理上便存，心在欲上便亡，此心不操即舍，不存便亡，操舍之間，便是人心道心的分野。人心如船，道心如舵，船如無舵，就會隨波逐流，有時入於危浪，有時行於安流，不可一定。但有了舵，就可操縱自如，雖遇狂濤，也可化險爲夷。

人心如果沒有主宰，就會使「危者愈危，微者愈微」，所以必須痛下「惟精惟一」的工夫，以求做到「允執厥中」的境地。孔子贊美顏子說：

回之為人也，擇乎中庸，得一善則拳拳服膺，而弗失之矣。（中庸）

顏子的「擇善」，就是「惟精」，顏子的「服膺弗失」，就是「惟一」，能做到「惟精惟一」，便能「允執厥中」。這十六字心法，前八字是憂患意識，後八字是所以處憂患之道，我們也可以說，這十六字心法，就是儒家的憂患哲學，如果再進一步探本溯原，不能不說到論語堯曰篇，堯說：

咨爾舜，天之曆數在爾躬，允執其中，四海困窮，天祿永終。

「曆數在爾躬」，如同說「天命在你的身上」，黃式三論語後案：「數之在躬，德足以順天也；祿之永終，不德之逆天也」，德之順天，這是憂患意識的表現，順天者必能畏天威，能畏天威，必能善盡人事，以合天心。「畏天威」就是一種憂患意識，而「善盡人事」，就是所以處憂患之道。反之，逆天者必不畏天威，不畏天威，亦必不能善盡人事。這種逆天悖道的人，是沒有什麼憂患意識可言的。

敬畏天命的思想，是儒家憂患意識的根源，由天命的層層下貫，強化了道德的意識，也強化了道德的秩序，孔子言三畏，以「畏天命」居首，由此可見儒家的天命觀，在中國哲學思想中，佔有相當重要的地位。

四、四書憂患意識探源

(一)周易

一種哲學思想的產生，必有其思想的淵源。四書中的憂患意識，大都是源於古代的文獻。尤其是易經、書經、和詩經。而憂患二字，首見於易傳。繫辭說：

易之興也，其於中古乎？作易者其有憂患乎？

孔穎達正義：「若無憂患，何思何慮，不須營作，今既作易，故知有憂患也。身既憂患，須垂法以示於后，以防憂患之事。」孔氏之意，認爲易之爲書，是作者先有憂患，然後產生憂患意識，有了憂患意識，然後發憤作易，以爲將來處憂患之道。而史記更明白地指出「西伯拘羑里而演周易」。孔子曾說：「文王旣沒，文不在茲乎？」（子罕）這話雖不是指的周易，但我們也不能排除周易。繫辭又說：

又明於憂患與故，無有師保，如臨父母。

「明於憂患與故」，當然必有憂患意識，「無有師保」，必知自強；「如臨父母」，必能莊敬；這是透過憂患意識而產生的「莊敬自強」的精神。所以「莊敬自強」，也可說就是憂患哲學的實踐，繫辭又說：

吉凶者，言乎其失得也，悔吝者言乎其小疵也；无咎者，善補過也。

吉凶是失得之象，吉則得，失則凶。悔吝是憂虞之象，只是小病。就人情而論，有懊悔就有遺憾，有遺憾就有遺憂。如對事物吝惜，亦必有所顧慮。以用錢而論，捨不得花錢，是惟恐錢花光了，日子不好過。這種心理，也是有所憂患而然。當然這只是「小人喻於利」的憂患意識，而君子是「憂道不憂貧」的。易經的彖辭，爻辭中講到吉凶、悔吝、无咎之處甚多，其意是在教人寡過，教人補過。而能力求寡過，補過的人，他的憂患意識也較一般人要強烈，這是顯而易見的事。

孔穎達說：「六十四卦，悉爲脩德防患之事。」（繫辭正義）孫夏峯說：「六十四卦，會而通之，皆所以處憂患之道。」（孫夏峯語錄四十九頁）我們也可以說，易經一書，就是一本有體系的憂患哲學。

孔子和孟子對於易經都有精深的研究，所以孔孟的憂患意識也特別強烈。孔子曾說：

加我數年，五十以學易，可以無大過矣。（述而）

南人有言曰：人而無恒，不可以作巫醫。善夫，不恒其德，或承之羞。（子路）

孔子論及「易」的話，在論語中僅此兩條。其中「不恒其德，或承之羞」之語，見於易經恒卦九三爻辭。「或承之羞」即是「不恒其德」之患。欲免此患，必須有恒。這一章是孔子引易經的話，以戒人不可無恒。而易經的那兩句話，正充分顯示了孔子憂患意識之強烈。至於孔子所說「五十以學易，可以無大過」的話，我們可以從兩方面加以分析，第一，易經是一部修德防患的憂患哲學，能夠精通易理，身體力行，便能減少錯誤，不犯大過。第二，孔子是道高德備的聖之時者，那裡會有什麼大過，就是小過恐怕也不會有，然而孔子說「可以無大過」，「可以」是期之而難必之辭，「無大過」，是期之而難免之辭。這是何等危悚何等強烈的憂患意識，蓋孔子眞見得易道無窮，易理難明，而有俛焉孳孳之意，王陽明說：「聖人雖是生知安行，然其心不敢自是，肯做困知勉行的功夫」（傳習錄下）。聖人之所以爲聖，其道理也就在此。

(二)尚書

孔子祖述堯舜，憲章文武，自謂「述而不作，信而好古」，其憂患意識，自有其歷史淵源。孟子滕文公載：

放勳曰：勞之、來之，匡之、直之，輔之、翼之，使自得之，又從而振德之，聖人之憂民如此，而暇耕乎？

勞之來之，謂勉之以勤；匡之直之，謂正之以義；輔之翼之，謂助之以教化；振德之，謂提撕警覺以加惠之。其憂民之深，愛民之切，於此可見，昔樊遲請學稼、學圃，孔子以不如老農、老圃爲答，並斥樊遲爲小人，正可見孔子憂其大，而樊遲憂其小，孔子憂道，樊遲憂貧。然就教育而言，則孔子「有教無類」的宗旨，正可顯示「一視同仁」的平等精神，和「仁爲己任」的偉大懷抱。孔子曾說：

愛之能勿勞乎？忠焉能勿誨乎？（憲問）

使他勤勞，怕他經不起考驗；誨他不倦，是怕他學無所成。故知愛之而勞，忠焉而誨，都有其憂患意識存在。若愛而不勞，不免姑息養奸，忠焉不誨，何以能長善救失。大學載：

康誥曰：「克明德」。太甲曰：「顧諟天之明命」。帝典曰：「克明峻德」。皆自明也。

朱子說：「顧諟天之明命，古註云：常目在之，說得極好。」又說：「目在是如目存之，常知得有此理，不是親眼看，『立則見其參於前，在輿則見其倚於衡』，便是這模樣，只要常常提撕在這裡，莫使他昏昧了。」（語錄十九）常目在之，參前倚衡，這是持敬的工夫，能保持此心不昧，便能「克明峻德」，而常目在之，乃是天命的層層下貫，通過憂患意識，而強化了道德意識—敬德。至於「克明德」，就是這種道德意識，落實於人事，所修養而成的境界。道德意識和政治意識，其關係極爲密切，在儒家思想中，道德與政治並非截然二事。例如孔子所說的「修己以安人」（憲問），「修己」是道德意識，「安人」便是政治意識，有人問朱子：「修己如何能安人」？曰：「且以一家言之，一人不修己，看一家人安不安。」（語類四四）修己是安人的條件，安人是修己的效驗。王陽明說：「明明德必在於親民，而親民乃所以明其明德也」。（大學問）「明明德」是修己，「親民」是安人，二者只是一事。皐陶謨載：

天聰明自我民聰明，天明畏自我民明畏，達於上下，敬哉有土。

無教逸欲有邦，兢兢業業，一日二日萬幾。無曠庶官，天工人其代之。

天人一理，民心之所存，就是天理之所在。而吾心之「敬」，非獨可以修己，更可合天人爲一，所謂「達於上下」，可見唯有「敬」，才能貫通天人。所謂「敬哉有土」，可見唯有「敬」，才能自強不息，治國安邦。這就是「主敬立極」的道理。

至於「無教逸欲」，雖屬道德意識，然其下「有邦」二字，而帶有政治意識，可知爲政者須具備「修己以敬」的道德修養，才能達到「修己以安人」的效驗。「無曠庶官」是政治意識，然既云「無曠」，即與個人之道德修養有關。而其提撕警覺，就在要有「兢兢業業」的憂患意識，常保精神上的自覺。通過憂患意識，可以強化道德意識，亦可以強化政治意識。

(三)詩經

子曰：詩三百，一言以蔽之。曰：思無邪。（為政）

思無邪三字，見于魯頌駉篇，詩義原為言馬之美，孔子引詩，則斷章取義。斷章取義乃是孔門說詩之法。朱子集註曰：

凡詩之言，善者可以感發人之善心，惡者可以懲創人之逸志，其用歸於使人得其性情之正而已。

就教育意義言，朱子此註自有其價值，然未必合乎孔子之意，熊十力氏云：

須知聖人此語，通論全經，即徹會文學之全面，文學元是表現人生，光明黑暗雖復重重，然通會之，則其啓人哀黑暗向光明之幽思，自有不知所以然者，故曰詩無邪也。（讀經示要卷三）

熊氏以「啓人哀黑暗向光明之幽思」，來解說孔子「思無邪」一語的涵義，比朱注要圓融得多。也很能合乎孔子的意思，所謂「哀黑暗」，便是憂患意識。所謂「向光明」，便是道德意識。哀黑暗而向光明，即是由憂患意識而產生道德意識。其所經歷的憂患愈多，其道德意識亦愈強烈，「哀黑暗向光明之幽思」，也可說是一個人「處憂患之道」的思路歷程。孔子教弟子「興於詩」，「興」就是興起感發，孔門如子貢，子夏都是能「興于詩」的高第弟子。論語子罕篇載：

唐棣之華，偏其反而，豈不爾思，室是遠爾。子曰：未之思也，夫何遠之有？

唐棣之華是逸詩，這章詩孔子特別強調「思」，而又能會通於「理」。「未之思也」則不近情理。不近情理，即無憂患意識可言。此章罕譬而喻，耐人尋味。泰伯篇載：

曾子有疾，召門弟子曰：啓予足，啓予手，詩云：戰戰兢兢，如臨深淵，如履薄冰。而今而後，吾知免夫！小子。

戰兢臨履，這是非常強烈的憂患意識，詩人以此免禍而盡忠，曾子以此守身而盡孝。在免禍與守身的過程中，必須反觀內省，切己體察，謹於念慮之微，致其戒愼之知，無一時懈怠，無一事放過，久而久之，才能修養高尚的人格。此章曾子於臨終啓手啓足之時，猶以冰淵自懍，這可見憂患意識是徹始徹終，死而後已的。孟子所謂「君子有終身之憂」的話，可爲此章的註脚。孟子公孫丑篇載：

詩云：迨天之未陰雨，徹彼桑土，綢繆牖戶。今此下民，或敢侮予？孔子曰：爲此詩者，其知道乎！能治其國家，誰敢侮之？

此章所引是詩經豳風鴟鴞篇，就全詩的內容看，其中的憂患意識極爲明顯，所以朱註說：

周公以鳥之爲巢如此，比君之爲國，亦當思患而預防之，孔子讀而贊之，以爲知道也。

只爲有「侮予之民」，所以要「綢繆牖戶」。只爲怕下雨，所以要「及時綢繆」。其所憂的主要對象，是「侮予」的「下民」，其處憂患之道，是從速「徹彼桑土，綢繆牖戶」，只要「牖戶」堅固，就不畏下民侮予，後人以「未雨綢繆」，比喻「有備無患」，可見此詩的憂患意識，已產生了深遠的影響，孔子贊美此詩作者的知道，全在「能治其國家，誰敢侮之」句中表達出來。孔子以「能治其國」一語揭出「綢繆牖戶」的主旨，而以「誰敢侮之」表示「能治其國」的功效。並將原詩的「或敢」改爲「誰敢」，語氣顯得特別強烈。詩句經過孔子的贊美，將憂患意識化爲政治意識，其內涵更顯得豐富，意義更顯得重大。離婁上載：

孔子曰：道二，仁與不仁而已矣。暴其民甚，則身弒國亡；不甚，則身危國削，名之曰幽厲。雖孝子慈孫，百世不能改也。詩云：殷鑒不遠，在夏后之世。

身弒國亡，身危國削，是不仁者應有的下場。前事不忘，後事之師。「殷鑒不遠」的詩句，說明了憂患意識的歷史背景。此種背景愈悲慘，其憂患意識亦愈強烈。例如當年越南淪陷，孫院長說：「今天我們不能做一個爲自由而奮戰的鬥士，明天就會淪爲漂流海上的難民」。如果沒有越南淪亡的慘劇，孫院長講這話，就不易引起共鳴。大學載：

詩云：穆穆文王，於緝熙敬止。爲人君，止於仁；爲人臣，止於敬；爲人子，止於孝；爲人父，止於慈；與國人交，止於信。

「於」字是歎美辭。「緝熙」二字有繼續光明之意。能繼續光明，自無不敬，而其所止者，無非至善。其下的仁、敬、孝、慈、信諸德，都是「緝熙敬止」的明效，以此類推，便能止於至善。此章的緊要處，全在一個「敬」字。中庸載：

詩云：衣錦尚絅，惡其文之著，故君子之道，闇然而日章；小人之道，的然而日亡。

詩云：潛雖伏矣，亦孔之昭。故君子內省不疚，無惡於志，君子之所不可及者，其唯人之所不見乎！

「衣錦尚絅」，兪樾認爲當作「衣錦絅尚」，「尚」是「裳」字的初文，「惡其文之著」，用一「惡」字，就有憂患意識在，「其文之著」，不免遭人嫉妬，所以君子深藏不露，如顏子的「有若無，實若虛」，雖發自謙虛的美德，但亦不能無憂患意識在。而君子的「內省不疚，無惡於志」，這是戒愼恐懼的工夫。君子才動念，便須內省，才內省，便惟恐有疚。「無惡於志」，即是「無愧於心」。君子無時不戒愼，無事不戒懼，其內省功夫是持續不斷，貫徹始終的。

五、憂患意識的內涵

㈠自覺性

子曰：我非生而知之者，好古敏以求之也。（述而）

子曰：多聞，擇其善者而從之，多見而識之，知之次也。（述而）

孔子以「生而知之」之質，而用「學而知之」之功，這可見其自覺之明，爲學之力。其「好古敏求」，「好」字可見其自覺之深，「敏」字可見其力行之勇。至於孔子的多聞多見，擇善而從，亦在求得眞知特識，以蓄其德，但「多聞多見」，只是「知之次」，然則什麼是「知之上」呢？王陽明說：

夫子嘗曰：蓋有不知而作之者，我無是也。是猶孟子是非之心，人皆有之之義也。此言正所以明德性之良知非由於聞見耳。若曰多聞，擇其善者而從之，多見而識之，則是專求諸見聞之末而已，落在第二義矣，故曰知之次也。（傳習錄中答顧東橋書）

陽明之意，是以德性之良知爲「知之上」，因爲良知是有虛靈知覺的，而憂患意識的產生，不能離開良知的明覺。

子曰：見賢思齊焉，見不賢而內自省也。（里仁）

此處思齊的「思」字，自省的「省」字，都是指良知的自覺，「思齊」在進德，「自省」在修慝。進德和修慝，自覺是先決的條件。

子曰：德之不修，學之不講，聞義不能徙，不善不能改，是吾憂也。（述而）

孔子所憂者即其所覺者。聖人不自聖，以此四者爲憂，此聖人之所以益聖。常人不自覺，不以此四者爲憂，此愚者之所以益愚。李見羅說：

自古聖賢常見自己不是，常知自己不足，時時刻刻用省身克己工夫。故聖如孔子，且以不善不改爲憂，無大過自歉，此豈謙詞，眞見得渾身皆性命之流行，通體皆至善之充周也。（明儒學案止修學案）

君子憂道不憂貧，德必修而日新，學必講而日明，蓋學無止境，聖人之心，不容自已，聖人之憂，亦無已時。

子曰：仁，遠乎哉？我欲仁，斯仁至矣。（述而）

子曰：飽食終日，無所用心，難矣哉？（陽貨）

仁固不遠，反求即得，才提起，其心便在。心存處，便是理得處。才放下，其心便昏，心昏時，便是欲肆時。「飽食終日，無所用心」，亦必不能自覺。不能自覺，自無憂患意識可言。

孟子曰：周公思兼三王以施四事，其有不合有，仰而思之，夜以繼日，幸而得之，坐以待旦。（離婁下）

「仰而思之，夜以繼日」，這就顯示出周公憂患意識的強烈。而其用「思」之深，用「思」之苦，也是不難想見的，杜甫詩說：「更覺良工心獨苦」（題李尊師松樹障子歌），范仲淹說：「先天下之憂而憂」（岳陽樓記），凡當大任的聖君賢相，都是用心良苦，所以其憂患意識亦特別強烈。

憂患意識是一種精神上的自覺，能自覺而後才能覺人。

孟子曰：天之生此民也，使先知覺後知，使先覺覺後覺也。予天民之先覺者也；予將以斯道覺斯民也。（萬章上）

孟子曰：賢者以其昭昭，使人昭昭。（盡心下）

「使先知覺後知，使先覺覺後覺」這一段話原是伊尹說的，孟子轉述這一段話，無異是「夫子自道」，所謂「非予覺之而誰也」，不就是孟子「舍我其誰」的張本嗎？「賢者以其昭昭，使人昭昭」，不就是「使先覺覺後覺」的轉語嗎？孟子不忘天下之憂，以斯道覺斯民自任，志切而思深，功高而心苦，明儒蔡清說：

孟子之學，惟于思之一字，着力最深，故每以此覺人，一則曰：弗思耳，二則曰：弗思甚也。又曰：求則得之，舍則失之，求亦思也。至於所引誠之者，人之道也。亦改誠之爲思誠，其喫緊之意可見。（朱子異同條辨孟子卷十一）

能用「思」，即能自覺，能自覺，才能覺人。用「思」是自覺的工夫。自覺是良知的靈明，能用「思」的自覺，其覺也昭昭，不用「思」的自覺，良知便粗了。朱子說：「格物是夢覺關，格得來是覺，格不來只是夢」（語類卷十五），這是說格物是自覺的工夫，不能格物而欲有爲，無異癡人說夢，唐君毅先生認爲「西洋文化精神乃是自覺地求表現者，而中國的文化精神則是自覺地求實現者」（引見牟宗三氏中國哲學的特質第十講）。唐氏這個分別很好，「自覺地求表現」，不免務外遺內。「自覺地求實現」，是要明善誠身，制欲循理，是以德潤身的爲己之學，顏子「有不善未嘗不知」，這是良知的自覺；「知之未嘗復行」，這是自覺地求實現。

㈡悲憫性

自覺是智慧的觀照，悲憫是仁心的發露，論語載：

子食於有喪者之側，未嘗飽也。子於是日哭，則不歌。（述而）

朋友死，無所歸，曰：於我乎殯。（鄉黨）

有其性情，而後有其事業。朱註：「臨喪哀，不能甘也，一日之內，餘哀未忘，自不能歌也。」所謂「不能甘」、「不能歌」，都是出於豐富的同情心，也是眞情實意的自然流露。至於殯葬死而無所歸的朋友，此是交友之義，理應如此，並非有心於厚，於此，可見聖人爲義之中節處，然若無豐富之同情心，即不能恰如其分的行義。公冶長篇載：

顏淵、季路侍。子曰：盍各言爾志，子路曰：願車馬，衣輕裘，與朋友共，敝之而無憾。顏淵曰：願無伐善，無施勞，子路曰：願聞子之志。子曰：老者安之，朋友信之，少者懷之。

朱註引程子說：「夫子安仁，顏淵不違仁，子路求仁」。安仁、不違仁、求仁，都是發於悲憫的同情心，吳草廬說：「孔門弟子問夫子所志，曰：老安少懷而信朋友。是使之一一皆得其所也。」（見宋元學案草廬學案）「使之一一皆得其所」，這是「萬物一體之仁」的懷抱。

孟子曰：人皆有不忍人之心，先王有不忍人之心，斯有不忍人之政矣。（公孫丑上）

不忍人之心，就是仁心，有仁心才有仁政。憂患意識的精義，即在具有「悲天憫人」的仁心，以實現「博施濟衆」的仁政。

孟子說：禹思天下有溺者，由己溺之也；稷思天下有飢者，由己飢之也。是以如是其急也。（離婁下）

又說：文王視民如傷，武王不泄邇，不忘遠。（離婁下）

禹稷思在救民，這是仁民之「思」，「由」字通「猶」，由己飢、由己溺。這個「己」字含有多麼深的切膚之痛，也含有多麼重的責任之感。救民如救火，這「如是其急」的「急」字，更有憂心如焚，迫不及待的情懷，而文王的「視民如傷」，其愛民之心無微不至。視民之疾苦，如傷痛之在身，其悲憫之心，可謂既深且切。由此更可想見其憂患意識的強烈。而武王的「不泄邇，不忘遠」，朱註：「泄，狎也。邇者，人所易狎而不泄，遠者，人所易忘而不忘，德之盛、仁之至也。」「不泄邇，不忘遠」在心態上是一視同仁。在作法上是敬事而信。大學說：

康誥曰：如保赤子。心誠求之，雖不中，不遠矣。

「如保赤子」，要出於仁心，發於至誠。孟子說「唯仁者宜在高位」，因仁者有悲憫之心，有強烈的憂患意識，能憂民之憂，爲民造福，以推行民生樂利的仁政。

㈢歷鍊性

時代是一個大熔爐，憂患就是這個熔爐中的烈火，能夠經過熔爐的考驗，烈火的煎熬，才能鍛鍊出精純的偉器，才能擔當起艱鉅的使命。

曾子曰：士不可以不弘毅，任重而道遠，仁以爲己任，不亦重乎？死而後已，不亦遠乎？（泰伯）

弘是弘大，毅是強毅，弘如大車之載重，毅如駱駝之致遠。所以非弘不能任重，非毅不能致遠。在任重道遠的歷程中，不知道有多少橫逆要忍受，有多少困難要克服。能由困而亨，由窮而通者，皆由自己忍辛耐苦，歷鍊磨礪以成其德，不是窮困之境能成就人，而是有爲之士而能善處窮困之境。

孟子曰：舜發於畎畝之中，傅說舉於版築之間，膠鬲舉於魚鹽之中，管夷吾舉於士，孫叔敖舉於海，百里奚舉於市，故天將降大任於是人也，必先苦其心志，勞其筋骨、餓其體膚、空乏其身、行拂亂其所爲，所以動心忍性，增益其所不能，人恒過，然後能改，困於心，衡於慮，而後作。徵於色，發於聲，而後喻，入則無法家拂士，出則無敵國外患者，國恒亡。然後知生於憂患，而死於安樂也。（告子下）

畎畝、版築、魚鹽之中苦，亦即無異於勞、餓、空、拂亂之苦。世間處此困境的人不知凡幾，惟舜、傅說、膠鬲等人，能忍辛耐苦、動忍增益，不斷磨鍊以成其德，程子說：「若要熟，也須從這裡過」。人能從艱苦中不斷奮鬥，動忍增益，方能擔當大任。蓋困窮拂逆，能堅人心志；偷安逸樂，能損人精神。所以孟子說「生於憂患，死於安樂」，其實，憂患未必便生，有憂患意識，而時時戒愼惕厲，則有生之理。安樂未必便死，無憂患意識，而沉溺於安樂，則有必死之理。由此觀之，憂患與安樂，在心而不在境，有憂患意識，則雖處安樂而亦生；無憂患意識，則雖處憂患而亦死。生死之間，在於自擇，自擇之道，在於常存憂患意識，困心衡慮以益其志，動心忍性以成其德。

孟子曰：人之有德慧術知者，恒存乎疢疾，獨孤臣孽子，其操心也危，其慮患也深，故達。（盡心上）

本章與前一章相互發明，疢疾，是指憂患，孤臣孽子，處境惡劣，憂患意識特別強烈，所以操心危而慮患深，而能日新其智，日新其德。庶幾操心危而轉危爲安，慮患深而防患於未然。

(四) 時代性

憂患意識有其時代背景，前文說到史記「西伯拘羑里而演周易」，周易可說是一部憂患哲學，如果周易六十四卦，果眞是文王所演，那末在這六十四卦中，就必然有文王的憂患意識。正如太史公說「屈原放逐，乃賦離騷」，我們今天在離騷的字裡行間，就不難發現屈原的憂患意識一樣。而屈原的憂患意識，就不同於文王的憂患意識，這是因爲文王和屈原所處的時代不同。

孔子生於春秋時代，在春秋二百四十二年中，「弑君三十六，亡國五十二，諸侯奔走不得保其社稷者不可勝數」（史記太史公自序）。這是一個亂臣賊子悖禮犯義的時代，孔子的憂患意識，不能與這個時代脫離關係。

孟子說：世衰道微，邪說暴行有作，臣弑其君者有之，子弑其父者有之，孔子懼，作春秋。（滕文公下）

孔子因憂患而作春秋，在孔子所作的春秋中，就必然有孔子的憂患意識，而孔子春秋中的憂患意識，就必然與春秋的時代有關。太史公說「春秋文成數萬，其指數千」（太史公自序），這數千之「指」是什麼？姑置不論，但「誅亂臣、討賊子」，一定是春秋的大旨，不然，爲什麼孟子要說「孔子成春秋，而亂臣賊子懼」呢？論語載：

子路曰：衞君待子而爲政，子將奚先？子曰：必也正名乎？（子路）

孔子「正名」的主張，旨在維持「禮」的秩序。孔子「觚不觚，觚哉觚哉」之歎，就是因名不副實而發，孔子所以強烈反對「季氏八佾舞於庭」和「旅於泰山」，以及批評管仲的不知禮，在在都可以反映出孔子當時的憂患意識與時代的關係。而孟子的時代，則較孔子時更爲惡劣。孟子說：

聖王不作，諸侯放恣，處士橫議。楊朱、墨翟之言盈天下，天下之言，不歸楊則歸墨。

戰，經得起磨鍊，在憂患之中，就種下了勝利和成功的種子。

放眼世界，遙望大陸，已近「否極泰來」的時刻，我們懍於「仁爲己任」的憂患意識，要時時保持警覺，慮遠防微，安不忘危，在修己方面，要時時省察克治，擇善固執，戰兢臨履，無時或懈。在政治方面，要信仰主義，堅持眞理，充分準備，迎接挑戰，克服困難，達成任務，而其一貫的精神，就是「莊敬自強，貫徹始終」。

附記

或問：四教以文爲先，四科以文爲後，其義安在？

答：四教以文爲先，是就爲學之次序言，四科以爲之後，是就立身之本末言，王應麟困學紀聞：「四教以文爲先，自博而約；四科以文爲後，自本而末」。蓋學不博者，不能守約，本不立者，何有於末？

所以謂之聖，只論精一，不論多寡，只要此心純乎天理處同，便同謂之聖。（傳習錄上）陽明這句話，就是「人皆可以爲堯舜」的最佳註脚。

綜上以觀，自覺性是智，悲憫性是仁，歷鍊性是勇，這智仁勇三者，是憂患意識的主要內涵，而時代性是就其產生的關係而言，普遍性是就其修養的對象而言，孔孟所處的時代，是春秋戰國憂患的時代。孔孟的憂患意識，經由德性的實踐，以收政治的宏效。建立了儒家「內聖外王」的理想境界。

六、結　論

今天的時代，是一個憂患的時代。英國史學家湯恩比，綜觀世界古今史學，獲得文化之生長衰亡的定律，關于文化之發生者，是「挑戰與反應」，有自然與人事的挑戰，而後有創造與發明的反應，文化遂以形成。關于文化之生長者，則爲「退出與復回」，對接連而來的挑戰，其初或不能克服，於是退出而自立自強，再復回充分準備，進而克服困難，爭取勝利，文化遂以成立，經過一番磨鍊，則能獲得進一步的成功，這就是「多難興邦」的道理。

先總統　蔣公最后遺墨：「以國家興亡爲己任，置個人死生於度外」，這就是「仁爲己任」的憂患意識。須知「堅持就是勝利，奮鬥就是成功」。古往今來的聖君賢相，所以能成就旋乾轉坤，繼往開來的偉大事功，都是從艱難困苦中歷鍊奮鬥而來的。能夠勇敢地面對現實，經得起挑楊氏爲我，是無君也；墨氏兼愛，是無父也。無父無君，是禽獸也。公明儀曰：「庖有肥肉，廐有肥馬，民有飢色，野有餓莩，此率獸而食人也」。楊墨之道不息，孔子之道不著，是邪說誣民，充塞仁義也。仁義充塞，則率獸食人，人將相食，吾爲此懼，閑先王之道，距楊墨，放淫辭，邪說者不得作。（滕文公下）

孟子以聖道不明，人心不正，慨然憂世，閑先王之道，以正人心爲先，遏人欲，存天理，闢楊墨，息邪說。始終站在時代的尖端，其憂患意識之強烈，充分表現出「拔邪樹正」的淑世精神。

(五)普遍性

憂患意識的眞諦，實以修身爲本，所以孔子說「修己以敬」，「敬」就是透過憂患意識而強化其道德的眞精神，大學說：「自天子至於庶人，壹是皆以修身爲本」，「修身」是道德意識，而所以「修身」，即不能無憂患意識。

曾子曰：十目所視，十手所指，其嚴乎！（大學）

有諸內必形諸外，修己當先正心，正心當先誠意，誠意必先愼獨。十目十手，不是假設地景象，是眞見得如此。其嚴於律己，一念不可放，一事不可苟。所謂「惟聖罔念作狂，惟狂克念作聖」，聖狂之分，就在一念之間，可見憂患意識是不分賢愚的，聖如孔子，猶以「德之不修，學之不講」爲憂，則知我們常人，更應痛下「人一己百，人十己千」的工夫，才能收到「雖愚必明，雖柔必強」的效果。孟子所說的「人皆可以爲堯舜」，充分的說明了修身的普遍性。王陽明說：

孟子的心學

一、引言

聖賢之學，心學而已。古代雖無心學之名，然不必無心學之實。尚書云：「汝猷黜乃心，無傲從康。」又云：「汝克黜乃心，施實德於民。」又云：「式敷民德，永肩一心。」（並見盤庚）所謂「猷黜乃心」、「克黜乃心」。絀字有「貶降」之義，此謂對心之「制約」。至於「永肩一心」，猶今語「一心一德」。盤庚之教，既諄諄言心，可知其並不忽視「心學」，祇以世遠言湮，其詳莫得而聞。

降及周代，稍加詳焉。詩經云：「維此文王，小心翼翼，昭事上帝，聿懷多福。」（大雅大明）又云：「秉心塞淵，騋牝三千。」（鄘風定之方中）所謂「小心翼翼」，謂心之恭敬謹愼。「秉心塞淵」，謂心之誠實淵深。「小心翼翼」，所以「昭事上帝」；「秉心塞淵」，以致「騋牝三千」。由此可見古人言心，皆就實事而言，很少離事言心，與後世空談心性者有異。此種「

就事言心」之精神，至春秋孔子時猶然。孔子稱顏回「其心三月不違仁」。（論語雍也）又自謂「七十而從心所欲，不踰矩。」（為政）前者是就「不違仁」言心，後者是就「不踰矩」言心，皆非泛泛之論。（註一）

至於戰國時之孟子，則大談心學，全書七篇，言心之處多至百餘見。且謂：「學問之道無他，求其放心而已矣。」（告子上）其對心學之重視，固不待言。其對心學之研究，尤能原原本本，析理精微，發前聖所未發，上繼洙泗之正傳，下開宋明之心學，大有功於學者。千古入道之閫，無越於此矣。韓愈氏謂「孟子醇乎醇者」、又謂「孟氏之功不在禹下」，豈虛語哉！

二、性善之論證

(一)以心善證性善

孔子但云「性相近也，習相遠也。」（陽貨）並未明言性善。中庸惟言「率性之謂道」，率，循也。率性云者，謂循本性而行。道為當行之路。性既可率，可證其性本善。否則，不得謂之率，即率之亦不可謂之道矣。中庸「率性之謂道」一語，已開性善論之先河。然孟子言性善，亦自有其理論之依據。孟子就心善以證性善，認為「人皆有不忍人之心」，是即性善之明證。其言云：「所以謂人皆有不忍人之心者；今人乍見孺子將入於井，皆有怵惕惻隱之心，非所以內交於孺子之父母也，非所以要譽於鄉黨朋友也，非惡其聲而然也。由是觀之：無惻隱之心，非人也；

無羞惡之心，非人也；無辭讓之心，非人也；無是非之心，非人也。惻隱之心，仁之端也；羞惡之心，義之端也；辭讓之心，禮之端也；是非之心，智之端也。人之有是四端也，猶其有四體也；有是四端而自謂不能者，自賊者也。」（公孫丑上）

不忍人之心，即是本心，即是仁心。此心是天理之自然，亦是人心之本然。無論智愚賢不肖，無不具有此心。朱註云：「惻隱、羞惡、辭讓、是非，情也，仁、義、禮、智，性也。心統性情者也。端，緒也。因其情之發，而性之本然可得而見。」「性之本然」，即是本然之善，即是不忍人之心。孟子又云：「人之所不學而能者，其良能也；所不慮而知者，其良知也。孩提之童，無不知愛其親也；及其長也，無不知敬其兄也。親親，仁也。敬長，義也。無他，達之於天下也。」（盡心上）

人之有四端，有良知良能，此皆與生俱來，自然而然，可證人性本善。然孟子所謂性善，乃指善根而言。善如穀種，仁是生理，必待雨露之滋，壅培之功，然後始能長大結實。陳澧云：「孟子所謂性善者，謂人人之性皆有善也；非謂人人之性，皆純乎善也。」（註二）「有善」與「純乎善」不同，性譬如金礦，礦中有金，然非純金，必待陶煉之功，去其雜質，而後成爲純金。孟子所舉仁義禮智四端，此「端」字下得極好，「端」是端緒，亦是開端。有此善端，必須繼續發展，不斷擴充，始能成爲「純善」，始能「止於至善」。易謂「繼之者善也。」（繫辭上）亦是此意。

㈡惡之由來

或謂人性本善，則惡何由生？孟子認爲人之所以爲不善，由於「不能盡其才」，因而「陷溺其心」。其所以「不能盡其才」，主要由於物欲之引誘、環境之壓力、以及自暴自棄等因素。就物欲之引誘言，孟子曰：「耳目之官不思，而蔽於物，物交物，則引之而已矣。」（告子上）耳目聲色，皆屬於物，耳迷美聲，目眩美色，不覺神搖心醉。耳目蔽於外物，外物接於耳目，交相接引，流連荒亡，終則不免於沉淪。孟子曰：「牛山之木嘗美矣，以其郊於大國也，斧斤伐之，可以爲美乎！是其日夜之所息，雨露之所潤，非無萌蘗之生焉。牛羊又從而牧之，是以若彼濯濯也。」（告子上）「牛山之木嘗美」，以喻人性本善；「斧斤伐之、牛羊牧之」，以喻物欲之戕害；「若彼濯濯」，以喻本心之喪失。范浚所謂「一心之微，衆欲攻之。」（註三）其所存者，蓋亦鮮矣。就環境之壓力言，孟子曰：「富歲子弟多賴，凶歲子弟多暴。非天之降才爾殊也，其所以陷溺其心者然也。」（告子上）賴是懶之古字，豐年衣食饒足，凶歲衣食不足，皆有以陷溺其心而爲惡。孔子謂「小人窮斯濫矣。」（衞靈公）「窮」則環境不良，「濫」則恣肆爲非。故孟子云：「乃若其情，則可以爲善矣；若夫爲不善，非才之罪也。」（告子上）「才」指材性、材質而言，「情」字與「才」字同義。（註四）人之本質原可以爲善，其所以爲不善者，是因其不能盡其才，不肯去爲善，而不是本質不好。

人之本心，易蔽於物欲，染於環境。意志堅強者尚可努力向善，抗拒外界之壓力，意志薄弱者，則不免自暴自棄。孟子曰：「自暴者，不可與有言也；自棄者，不可與有爲也。言非禮義，謂之自暴也。吾身不能居仁由義，謂之自棄也。」（離婁上）自暴者喪失自信而非毀禮義，自棄者溺於怠惰而不行仁義。前者是「拒之以不信」，後者是「絕之以不爲」。自暴自棄者失其本心，不肯向善，自甘墮落，無可救藥。故自暴自棄之害，遠較物欲與環境之害爲大。而事實上物欲之誘惑，與環境之感染，又常爲自暴自棄者之搖籃。

然人性本善，故雖自暴自棄者，其良知亦未嘗不在。以商紂之不仁，亦知禹、湯之爲聖；以盜跖之不義，亦知顏、閔之爲賢。（註五）人之常情，爲善則心安，爲惡則心不安。爲善心安，可見善之有根；爲惡心不安，可見惡之無根。善之有根，可證人性本善；惡之無根，可證人性非惡。

㈢性善論之價值

孟子曰：「欲貴者人之同心也，人人有貴於己者弗思耳。人之所貴者，非良貴也；趙孟之所貴，趙孟能賤之。詩云：『既醉以酒，既飽以德。』言飽乎仁義也，所以不願人之膏粱也。令聞廣譽施於身，所以不願人之文繡也。」（告子上）人人皆有欲貴之心，而不思其所以當貴之處，是以不知在己之可貴，反慕在人之可賤。不知「人之所貴者」，非良貴也；「有貴於己者」，乃良貴也。良貴者指「仁義忠信」之天爵，非良貴者指「公卿大夫」之人爵。前者得之於天，求則得之；後者受之於人，不可強求。受之於人者，人得而賤之；得之於天者，人不得而賤之。人心莫不欲貴，然不知貴其所當貴，反而貴其所當賤，是舍本而逐末，欲貴而反賤。夫內重則有以勝外之輕，飽乎仁義，聞譽彰著，則不羨人之膏粱、文繡。所謂「道在邇而求諸遠，事在易而求諸難」。（離婁上）仁義內在，不必他求，求之在我，求之必得，何樂而不爲？

孟子之性善論，肯定人之道德價值，以興起人向善之志，使其反躬內求，修其天爵，透顯其良貴，涵養其人格，以建立正確之人生觀。蓋戰國之時，邪說誣民，壞人心術，惟知功利之可求，不知己性之本善，聖賢之可學。孟子「道性善，稱堯舜」，提高人之地位，建立人性之尊嚴，誠如王陽明所云「人胸中各有個聖人，只自信不及，都自埋倒了。」（註六）人知其性本善，即可恢復自信。人若自信得及，則當下便有工夫可循。所謂「反身而誠，樂莫大焉。」（盡心上）識得在己之可貴，即能拔出流俗，自作主宰，而有頂天立地氣概。陸象山謂「若某則不識一箇字，亦須還我堂堂地做箇人。」（註七）人之所以為人之道，其最基本之目的，即是貴其所當貴，「堂堂地做箇人」。凡成己成物、成德成聖，皆由此植基，以層層開展，步步上達。孟子謂「聖人與我同類」，（告子上）「堯舜與人同耳」，（離婁下）「人皆可以為堯舜」。（告子下）又曰：「舜何人也，予何人也，有為者亦若是。」（滕文公上）所謂「可以為」「有為」，皆以性善為立論基礎。而其作聖之功，必須「有為」，「修其天爵」即是「有為」，顯其「良貴」即能成聖。孟子曰：「五穀者，種之美者也，苟為不熟，不如荑稗。夫仁亦在乎熟之而已矣。」（告子上）不斷去「為」則「熟」。王觀濤云：「心如穀種，必以存養為栽培，以克復為耘耨，至天機暢茂，德性堅凝，方是熟處。」（註八）熟處即是成處。五穀不熟，不如荑稗；為仁不熟，不能有成。心如穀種，仁即穀種之生機。心學貴乎實踐，心學之實踐，即所以求仁。孟子性善論之價值，即在拔邪樹正，以提高人之地位，興起人之心志，使人貴其良貴，「堂堂地做箇人」。

三、心學之實踐

(一)心之抉擇

人之所以為萬物之靈，即在人有理性，知所抉擇，人之所以異於禽獸者亦在此。孔子言人道，但嚴君子小人之分，教人為君子，勿為小人。孟子言人道，則首重人禽之辨。其言云：「人之所以異於禽獸者幾希，庶民去之，君子存之；舜明於庶物，察於人倫，由仁義行，非行仁義也。」（離婁下）求食、求偶、與求仁，為人類三大本能，人若不能求仁，雖顏如渥丹，其貌則人，其心與禽獸何異！又安可謂之人乎？

孟子人禽之辨，旨在彰顯人道，提高人格。王夫之云：「幾希，言幾於無也，乃一線之象，非一點之象。」（註九）禽獸亦知求食、求偶，然而不明庶物，不察倫類，不知求仁；人欲自異於禽獸，即須求其所以異於禽獸者，存之充之，以善盡為人之道。為人為禽，止爭一線。孔子曰：「道二，仁與不仁而已矣。」（離婁上）人能求仁，即可為賢為聖，不能求仁，即不免淪為禽獸。出乎仁，即入乎不仁。仁與不仁之別，亦即人禽之判。王夫之云：「庶民者，流俗也。流俗者，禽獸也。」（註一〇）人若不願為禽獸，亦不當止為流俗之人，而應力爭上游，立志為賢為聖。孟子性善之論，在建立人性之尊嚴；人禽之辨，在光大人性之光輝。欲光大人性之光輝，必先使人遠離禽獸生活，使人自覺其所以為人，進而明人倫而盡人道，行仁義而為聖賢。明人倫，行仁義，此皆吾性中之所有事，亦爲吾心之所不容已者。故人禽之分，雖僅幾希之微，然此幾希，所關甚大。孟子人禽之辨，指點人識此幾希之異，戰兢惕厲，以保持之，存養之，則爲賢爲聖，皆由此發軔。否則，稍有不愼，即將由壁立萬仞之懸崖，墮入萬劫不復之深淵。所謂「毫釐之差，天壤易處，三綱旣淪，九法亦斁。」（註一一）可不懼哉！故人禽之辨，不啻予學者當頭棒喝，使其提高警覺，反求諸己，懸崖勒馬，回頭是岸。由此一立立定，便是超凡入聖之階梯。

孟子重人禽之辨，亦重義利之辨。人禽之辨，以喚醒人之自覺，以興起人求仁之志。而義利之辨，則爲人禽之辨之推衍，故其範疇則較人禽之辨爲大。人禽之辨偏重爲人之道，義利之辨則兼重爲政之道。孟子第一篇開宗明義，即以義利之辨對梁惠王之問，即此可知其深意之所在。

孟子曰：「鷄鳴而起，孳孳爲善者，舜之徒也；鷄鳴而起，孳孳爲利者，蹠之徒也。欲知舜與蹠之分，無他，利與善之間也。」（盡心上）循理之謂善，從欲之謂利。舜是爲善之極，蹠是爲利之極。舜蹠之相去，善惡雖甚懸殊，原其初也，只在一念之間。一念爲善，充之則可以爲舜；一念爲利，放之則不免爲蹠。然此善利之間，必須察之精而守之一，不精則雜而僞，不一則離而流。此精一之功，正心學之吃緊用力處。程明道云：「孟子辨舜跖之分，只在義利之間。言間者，謂相去不甚遠，所爭毫末耳。義與利只是公與私也，纔出義，便以利言也。」（註一二）義利之辨，即公私之辨，亦即理欲之辨。此消彼長，此長彼消。苟講之不精，察之不明，則不免見利忘義，或以利爲義，學者所當愼思而明辨之也。

孟子曰：「生，亦我所欲也；義，亦我所欲也；二者不可得兼，舍生而取義者也。生亦我所欲，所欲有甚於生者，故不爲苟得也。死亦我所惡，所惡有甚於死者，故患有所不辟也。」（告子上）好生惡死，人之常情。而羞惡之心，人皆有之。當生與義二者不可得兼時，則應「舍生取義」。朱註云：「欲惡有甚於生死者，乃秉彝義理之良心，是以欲生而不爲苟得，惡死而有所不避。」秉彝之良心，人皆有之，惟賢者能存而不喪，常人則不免蔽於私慾，見利忘義。

王陽明云：「學問功夫，於一切聲利嗜好，俱能脫落殆盡，尙有一種生死念頭毫髮掛帶，便於全體有未融釋處。」（註一三）人之生死念頭最難去，然若能不失本心，明辨義利，知「所欲有甚於生」，「所惡有甚於死」者，則其「捨生取義」，自覺得其所欲，便能心安理得，便是求仁得仁。文天祥所謂「鼎鑊甘如飴，求之不可得」，此實本心之所不容已者，此本心之不容已處，乃由學問功夫而來，非辨之明而守之固，則亦不免蔽於利害，狥私做作。賢者之能不失本心，非必由其天生質美，實亦由其工夫篤實，見得分明。

㈡心之自反

君子求諸己，小人求諸人。求諸己必須能自反。顏子之克己，曾子之省身，皆是自反之工夫。而不遷怒，不二過，啓手啓足，免身全歸，皆爲自反之實效。孟子之學，出於子思，子思之學，出於曾子。孟子曰：「昔者，曾子謂子襄曰：『子好勇乎？吾嘗聞大勇於夫子矣；自反而不縮，雖褐寬博，吾不惴焉？自反而縮，雖千萬人，吾往矣！』」（公孫丑上）縮，直也。惴，懼也。縮不縮，以「理」言；惴不惴，以「氣」言。理者氣之主，理直則氣壯，理不直則氣餒。孔子曰：「內省不疚，夫何憂何懼！」（顏淵）孟子之「自反而縮」，即是孔子之「內省不疚」。「

雖千萬人，吾往矣」，即是「不憂不懼」。孟子之自反工夫，原是孔子、曾子之一脈相承。

孟子曰：「君子所以異於人者，以其存心也。君子以仁存心，以禮存心。仁者愛人，有禮者敬人。愛人者人恆愛之，敬人者人恆敬之。有人於此，其待我以橫逆，則君子必自反也。我必不仁也，必無禮也，此物奚宜至哉？其自反而仁矣，自反而有禮矣，其橫逆由是也，君子必自反也，我必不忠。自反而忠矣，其橫逆由是也。君子曰：『此亦妄人也已矣！如此，則與禽獸奚擇哉？於禽獸又何難焉？』」（離婁下）自反而仁，自反而有禮，此皆就心上說，仁禮，非徒為外表之愛敬，尤須出於內心之誠實。蓋吾人於接物待人之際，苟有絲毫之自欺，有絲毫之不實，即是不盡其心。不盡其心，即是不忠。我既「自反而忠」，而其「橫逆由是」，則直在我，而曲在彼。直在我，則我可無怍；曲在彼，則我可不計。若我猶與之較，則我亦與彼一般見識矣。孟子以禽獸比之，在孟子固不能無惻怛之懷，在常人則不能免悻悻之意，此等處最宜精察而深體之。

孟子又曰：「愛人不親，反其仁；治人不治，反其智；禮人不答，反其敬。行有不得者，皆反求諸己。其身正，而天下歸之。詩云：『永言配命，自求多福。』」（離婁上）反求諸己，則其身正。其身正，則天下歸之。自反要能知所取法，要有見賢思齊之心。孟子曰：「舜，人也；我，亦人也。舜為法於天下，可傳於後世，我由未免為鄉人也，是則可憂也。憂之如何？如舜而已矣。」（離婁下）知可憂，亦必知可恥。君子以不如舜為恥，則其所存者大，所志者遠。陸象山謂「人惟知所貴，然後知所恥」，此猶作兩層說。須知「恥」即羞惡之心，知恥之心，一觸即覺。恥不如舜，則思有以去其不如舜者，就其如舜者。如此，則過可遠而善可遷。過遠則學日進

，善遷則德日醇。於此處著實用功，隨時省察，即能日去其恥而恥可無。故孟子曰：「無恥之恥，無恥矣。」（盡心上）

自反之道，須知恥，尤須立誠。孟子曰：「悅親有道，反身不誠，不悅於親矣。誠身有道，不明乎善，不誠其身矣。是故誠者天之道也，思誠者人之道也。」（離婁上）誠者是「天道之本然」，思誠者是「人道之當然」。誠者是「本體即工夫」，思誠者是「工夫即本體」。「維天之命，於穆不已」，此即天道之本然。「愼思明辨，自強不息」，此即人道之當然。然孟子所重，實在後者。故朱註云：「思誠爲修身之本，而明善又爲思誠之本。」不思誠，則無以修身；不明善，則無以思誠。其工夫皆兼知行而言。思誠之極致，則爲至誠。至誠而不動者，未之有也。

孟子曰：「萬物皆備於我矣，反身而誠，樂莫大焉。強恕而行，求仁莫近焉。」（盡心上）熊十力云：「反身而誠，樂莫大焉者，皆備之實體，我所固有，不從外得。唯其非外，故萬物所以然之理，不勞我之逐物推測，直須反身而自盡其誠。則盡己性，而物性即盡，灼然無疑矣。夫皆備者，仁體也。反身而誠，則本吾所固有皆備之仁體而克盡之謂也。誠斯樂，不誠即無樂。何以故？誠即攝萬物爲一己，而無所不足。」（註一四）熊氏此解極深切。反身而誠，言反身而實有此理而又克盡此理之謂。如反之於心，爲父而實有慈，爲子而實有孝，推而至於兄弟必盡其愛，於君臣必盡其義，於夫婦必盡其別，於朋友必盡其信，則俯仰無愧，樂莫大焉。若反之於心，稍有未盡，稍有不實，則中心愧怍，不能自安，必不樂矣。故反身而未誠，則須強恕而行，恕者推己及人。己之所欲，當念人亦欲之，而思有以利人；己所不欲，當念人亦不欲，愼勿施之於人。必使行無不慊於心，無不利於人。則樂在其中矣。故自反之工夫，原不離人倫日用，故須時加省察，強恕而行，到得工夫純熟，則仁體透露，無少欠闕，此即自反之實功，由此便可上達天德。

㈢心之存養

存者操存，養者涵養，存謂操而不舍，養謂順而無害。孟子於操存涵養工夫，言之至詳且切，論其大端，則不外求放心、寡欲、從大體、存夜氣、養氣，知言六者，玆分別論述之。

1.求放心：學者之患，在放其心而不知求。孟子曰：「仁，人心也；義，人路也。舍其路而弗由，放其心而不知求，哀哉！人有鷄犬放，則知求之；有放心而不知求！學問之道無他，求其放心而已矣。」（告子上）人之本心，至虛至靈，恆存恆覺，何嘗有放失。然就吾人之生活言，妄念私慾，常縈於心，如烏雲蔽日，本心昏而不明，便謂之放失。人心放時多，存時少。才私便放，才放便昏，愈私愈昏，最難收拾。

朱註云：「學問之事，固非一端，然其道則在於求其放心而已矣。蓋能如是，則志氣清明，義理昭著，而可以上達。不然，則昏昧放逸，雖曰從事於學，而終不能有所發明矣。」仁者，人之本心，本心存則爲仁，放則不仁。不仁之人，必不能居仁由義，故求放心，即所以求仁，而其切要工夫，不外「敬以直內，義以方外」二者。直內則心無私，方外則事當理。內直則養乎外者益方，外方則養乎內者益直。敬則本體常惺，內無所私，自然不失其直；義則妙用時措，外無所滯，自然不失其方。其實敬義原非二事，敬之精明條理處即是義，義之整齊嚴肅處即是敬。其精神徹上徹下，原是一貫。識得本心，即是學問；行到是處，即是工夫。由此尋向上去，便能從容中道，直達天德。

要之，求放心，不是把捉此心，不是枯守此心，而是要在學問上用功。以敬自持，一念不敢肆，以義自律，一事不敢苟。心本非外，縱之即放，求之即存。時刻儆醒，著實用功，攝此心於理義之中，而不逐物以流，此便是學問之實功。李退溪云：「竊以爲求放心，淺言之，則固爲第一下手著脚處；就其深而極言之，瞬息之頃，一念稍差，亦是放。顏子猶不能無違於三月之後，只不能無違，斯涉於放。惟是顏子纔差失，便能知之。纔知之，便不復萌作，亦爲求放心之類也。」（註一五）蓋求放心之工夫，實爲貫動靜，合內外，一知行，而徹始終者也。

2. 寡欲：難持者心，易染者欲，心之放失，多由於私欲。故欲養心，應先寡欲。孟子曰：「養心莫善於寡欲。其爲人也寡欲，雖有不存焉者寡矣；其爲人也多欲，雖有存焉者寡矣。」（盡心上）欲者，感物而動者也，心誘於欲則不得其正。人欲之不可無節，猶水流之不可無道。水流無道則橫溢汎濫，人欲無節則陷溺其心。寡欲所以減少外力之誘惑，亦所以增強內力之克制。蓋「內重則可以勝外之輕，得深則可以見誘之小」。（註一六）凡人內有不足，方見在外之有餘；中無所存，始覺紛華之可羨。能寡欲則心境清而明睿生，義理著而精神完。雖聲色臭味誘於外，榮辱利害交乎前，而能主宰常定，不爲物搖，無有梏亡之患矣。反之，不能寡欲，則心逐於物，恣肆而無節，妄作而無檢，心爲物役，人欲橫流，善端既損，天理必虧，其去禽獸不遠矣。

程子云：「所欲不必沉溺，只有所向便是欲。」（註一七）其語極警切，工夫極細密，此等處學者最宜留意。若不於此際省察克治，待其遷於物，溺於心，則用力又難矣。

孟子曰：「無爲其所不爲，無欲其所不欲，如此而已矣。」（盡心上）朱註云：「李氏曰：有所不爲不欲，人皆有是心也，至於私意一萌，而不能以禮義制之，則爲所不爲、欲所不欲者多矣。」「爲」是一身之動，「欲」是一念之動。「無爲其所不爲」，是就躬行上克治；「無欲其所不欲」，是就念頭上克治，有不正當之念頭，斯有不正當之行爲。私意初萌處，正是學者用力處。能於此處研幾謹微，見得分明，守得牢固，斬釘截鐵，不使一念不善潛伏心中，由此存養擴充，而義不可勝用矣。

莊子云：「其耆欲深者其天機淺」（大宗師），蓋欲與理常互爲消長，欲勝理則昏而亂，理勝欲則明而治。使欲順乎理，理得心安，則主宰常定，羣邪退聽，百體自然從命。

3.存夜氣：孟子曰：「雖存乎人者，豈無仁義之心哉！其所以放其良心者，亦猶斧斤之於木也。旦旦而伐之，可以爲美乎？其日夜之所息，平旦之氣，其好惡與人相近也幾希，則其旦晝之所爲，有梏亡之矣。梏之反覆，則其夜氣不足以存；夜氣不足以存，則其違禽獸不遠矣。人見其禽獸也，而以爲未嘗有才焉者，是豈人之情也哉？」（告子上）夜氣之說，發自孟子。所謂夜氣，即夜半醒後之心情，以其未與物接，故最易體認本心。即所謂「天良發現」之時也。此時萬籟俱寂，心境如晴空萬里，了無纖塵，「清明在躬，氣志如神。」（註一八）能於此時反觀內省，切己體察，透顯其良知良能，保存其清明之氣，實爲進德修業之良基。然在常人，其旦晝之所爲，既有以害其夜之所息；而其夜之所息，又不能勝其旦晝之所爲，因而其夜氣日以寖薄，不足以存其仁義之本心，而其好惡遂與人遠矣。故欲保存夜氣，其要在理會「旦晝之所爲」，欲理會「

旦晝之所爲」，其要在理會好惡。能於「好惡」上見得分明，著實好之惡之，有得力處，則夜氣自存。日間明得一分道理，夜氣便存得一分。道理愈明，夜氣愈清，此亦可見理氣之不可分。蓋夜氣愈清，本心亦愈透顯。夜氣如水，本心如珠，水清則珠明，水濁則珠昏。故存夜氣即所以明本心。

湛若水云：「夫仁義之心，即吾心之生理，所謂性也。旦晝不害其性，則夜氣益清；夜氣既清，則旦晝之理益明。蓋性之存亡係乎氣之清濁，氣得其中正，即仁義之性也。」（註一九）要之夜氣之消長，本心之存亡，顧人之所以養之者如何，而養之之道，則以旦晝理會好惡爲重要關鍵。王陽明云：「良知只是箇是非之心，是非只是箇好惡。只好惡就盡了是非，只是非就盡了萬事萬變。」（註二〇）此語雖非指存夜氣而言，然欲存夜氣，實亦不能外於好惡也。學者誠能隨時體察本心，好善惡惡，窮理明德，旦晝常如夜氣之時，則心得其養矣。

4.從大體：孟子曰：「體有貴賤，有小大，無以小害大，無以賤害貴，養其小者爲小人，養其大者爲大人。」（告子上）人之於身也無所不愛，亦當無所不養，然體有貴賤小大，能「無以小害大，無以賤害貴」，此爲養身之原則。善養者在養大而不忘小，養貴而不忘賤，不善養者反是。貴而大者，心志也；賤而小者，血氣也。若養目便貪美色，養耳便貪美聲，養口腹便貪美味，養四體便貪安佚，此是以小害大，以賤害貴。須當思量，耳如何聽，目如何視，口腹如何言食，四體如何動作，使此數者皆能合乎禮義，此即是「無以小害大，無以賤害貴」。質言之：循理是養其大，從欲是養其小。養其小者必失大，故曰「爲小人」；養其大者自兼小，故曰「爲大人」。

公都子問曰：「鈞是人也，或爲大人，或爲小人，何也？」孟子曰：「從其大體爲大人，從其小體爲小人。」曰：「鈞是人也，或從其大體，或從其小體，何也？」曰：「耳目之官不思，而蔽於物，物交物，則引之而已矣。心之官則思，思則得之，不思則不得也。此天之所與我者。先立乎其大者，則其小者不能奪也，此爲大人而已矣。」（告子上）孟子此章之要，在於「先立乎其大」一語，此語影響宋、明，陸、王之心學至大。所謂「先立乎其大」，即是要「收拾精神，自作主宰。」（註二一）使得其能思之職而已。蔡虛齋曰：「孟子之學，惟于思之一字着力最深，故每以此覺人。一則曰『弗思耳』，二則曰『弗思甚也』，又曰『求則得之，舍則失之』，求亦思也。至于所引『誠之者人之道也』，亦改『誠之』爲『思誠』，其喫緊之意可見。誠以人之所以爲人者，心焉而已。」（註二二）心必思而後得，思愈精其所得愈多；不思則不得。小人利小體之易從，畏大體之難得；利其易從，則流連荒亡；畏其難得，則自暴自棄。惟大人能朝乾夕惕，不敢或懈，如賓如祭，時存嚴畏，造次顚沛必於是，靜存動察而不違，絕悔吝於未萌，愼樞機於將發，故能正位居體，不爲小者所奪，不爲諸惑所迷。蓋心正則羣邪退聽，內而管攝乎存養省察之功，外而管攝乎致知踐履之事，無非心思之大用。故曰：「思曰睿，睿作聖」，（尚書洪範）心者，萬事之原；思者，聖功之本。

孟子謂高子曰：「山徑之蹊間，介然用之而成路；爲間不用，則茅塞之矣。今茅塞子之心矣。」（盡心下）山徑喻人心，茅喻物欲。用之則成路，不用則茅塞，其關鍵全在「用」字。爲間不用，則心失其養；用之成路，乃擴充之功。故學問工夫，貴乎日新不已，少有間斷，則禮義廢弛，內蔽於氣習，外誘於物欲，而茅塞其心矣。

5. 養氣：心不離乎氣，故養氣即所以養心。孟子自謂「我四十不動心」，不動心即是養氣之效果。然告子之不動心，則與孟子不同。公孫丑問曰：「敢問夫子之不動心，與告子之不動心，可得聞與？」「告子曰：『不得於言，勿求於心；不得於心，勿求於氣。』不得於心，勿求於氣，可；不得於言，勿求於心，不可。」（公孫丑上）「不得於言」，謂不知其言之是非；「勿求於心」，謂不反求己心，以求了解。「不得於心」，謂於心有所不安；「勿求於氣」，謂不求於氣，以為安心之助。告子之「不求心」、「不求氣」，只是把捉其心，使之不動。蓋告子以義為外，不欲以累其心，故不求於心。

朱子曰：「不得於言，勿求於心，是心與言不相干；不得於心，勿求於氣，是心與氣不相貫。」（註二三）心與言既不相干，心與氣又不相貫，則其心顯已孤立。是告子之不動心，既非憑血氣之勇，亦非靠義理之力，而是採取「遺世獨立、孤高自守」之途徑，忘去榮辱得喪，以求其心常逸，強制使心不動。夫言為心聲，言病出於心病，而曰「勿求於心」，故孟子斷言「不可」。氣生於心，常隨心動，心之不正，未必皆氣使然，「勿求於氣」，未為大失，故孟子以為「可」。然氣不得所養，亦能動其心，是氣亦有工夫，非終不求也。是告子「勿求於氣」之說，雖「可」而有未盡也。以實論之，告子實未嘗不動心，何以言之？告子既明言「不得於言」、「不得於心」，是即「動心」之驗也。故知「不動心」之道，非可強硬把捉，義襲而取之也。

知告子不動心之失，則知孟子之得矣。孟子之不動心，其要在持志養氣。孟子曰：「夫志，氣之帥也；氣，體之充也。夫志至焉，氣次焉，故曰：持其志，無暴其氣。」「既曰『志至焉，氣次焉』，又曰『持其志，無暴其氣』者，何也？」曰：「志壹則動氣，氣壹則動志。今夫蹶者、趨者，是氣也；而反動其心。」（公孫丑上）志為氣之帥，氣為體之充，則志與氣息息相關。夫志者心之所之，言「志」就心之動處說，孟子重志，即所以重心。既曰志至氣次，則言志必當輔之以氣。「志壹則動氣，氣壹則動志」，志氣交互影響，志以作氣，氣以興志。二者工夫不可偏廢，故曰「持其志，無暴其氣」。然孟子之不動心，其工夫似偏重於養氣上。蓋就持其志言，必須恃氣以配之。如周亞夫軍中夜驚，亞夫堅臥不起，固由其志之定，然若非亞夫氣定，夜驚不已，何能安眠？蓋持之於平素者，必決之於臨事之一旦，於蹶者（註二四），趨者，其氣之急迫，心亦為之驚惕奮厲。如衝鋒陷陣，救火拯溺，踴躍奔赴，無所屈撓，此之謂「一鼓作氣」。

黃氏紹曰：「持志工夫，簡而易知；養氣工夫，密而難明，故孟子因公孫丑之問，獨詳於養氣，而不復更言持志。」（註二五）黃說得之，猶未盡也。蓋養氣工夫在於集義，能集義，則持志即在其中矣。

公孫丑曰：「敢問何謂浩然之氣？」曰：「難言也。其為氣也，至大至剛，以直養而無害，則塞於天地之間。其為氣也，配義與道；無是，餒也。是集義所生者，非義襲而取之也。行有不慊於心，則餒矣。我故曰告子未嘗知義，以其外之也。必有事焉而勿正，心勿忘，勿助長也。」（公孫丑上）義者，事之宜，道者，理之正。義屬主觀，道為客觀。配者配合。浩然之氣，乃合義與道而成。無道義，則氣餒而不浩然矣。集義猶言集善，事事皆合於義，即是集義。義爲事之宜，亦爲心之宜。故集義須隨時行其內心所當爲之事，內心何以知其當爲？此須有自反工夫。自反而縮，其氣自壯，其行自勇。若夫義襲而取，只是一事偶合於義，是客氣而非勇氣，是意氣而非理氣。由此可知集義是發自內心，是歲久積善之功；義襲是取之於外，是一朝偶然之事，前者是順其自然，行慊於心，是爲己之學；後者是勉其當然，行不慊於心，是爲人之學。

而養氣之道，在於「直養而無害」，集義是直養，義襲則有害。直養是順其自然，是「必有事焉」，無害是「勿忘勿助」。「必有事焉」是工夫，「勿忘勿助」是防病。言勿忘，以見集義工夫之不可緩；言勿助，以見集義工夫之不可急。蓋無所用心而忘之，則私欲滋生；妄有作爲而助之，則違天害理。王陽明云：「必有事焉者，只是時時去集義。若時時去用必有事的工夫，而或有時間斷，此便是忘了，即須勿忘。時時去用必有事的工夫，而或有時欲速求效，此便是助了，即須勿助，其工夫全在必有事焉上用。勿忘勿助，只就其間提撕警覺而已。若是工夫原不間斷，即不須更說勿忘；原不欲速求效，即不須更說勿助。」（註二六）其論精到明快。

養氣譬如煉丹，「集義是養氣底丹頭，必有事便是集義底火法」（註二七），火法即火候，火微則灰死，火猛則丹走，惟有不微不猛，恰到好處，慢火常在爐中，歷時既久，自然養得丹成。杜預云：「優而柔之，使自求之；厭而飫之，使自趨之。若江海之浸，膏澤之潤；渙然冰釋，怡然理順，然後爲得也。」（註二八）養氣之火候，此數句形容極好。

6. 知言：知言則智，養氣則勇。養氣在於集義，知言在於明理。理明則義精，義精則仁熟。

義精仁熟，自然其氣浩然。公孫丑問曰：「何謂知言？」曰：「詖辭知其所蔽，淫辭知其所陷，邪辭知其所離，遁辭知其所窮。生於其心，害於其政。發於其政，害於其事。聖人復起，必從吾言矣。」（公孫丑上）言出於心，即其言之病，可知其心之病。詖、淫、邪、遁之辭，言之病也；蔽、陷、離、窮之失，心之病也。故由言可以觀心，知言即能知人。孔子曰：「不知言，無以知人也。」（堯曰）不知言，非惟不知人，亦不知己；非惟不知己，亦不知義。若告子之「不得於言，勿求於心」，是不知己、亦不知義也。

程子曰：「心通乎道，然後能辨是非，如持權衡以較輕重，孟子所謂知言是也。」（註二九）王夫之曰：「我能知道之大全，而一偏之不足以盡道，乃以知詖辭之所蔽。我能知道之所止，而不可逞小慧以肆辨，乃以知淫辭之所陷。我能知道之大中至正之矩，而不可踰越，乃以知邪辭之所離。我能知道之一以貫萬，曲暢旁通，乃能知遁辭之所窮。全在知字上見功效，而所以知之者，求之於心而不求知於彼之言也。若取人言而一一逆億之，則已疑惑而心爲之動矣。」（註三〇）王氏此論，可爲程說之註脚。孟子之理義，是自內流出。王氏所謂「求之於心」，其說與孟子合。

至於知言與養氣之關係，朱子認爲養氣由於知言，知言是養氣前一截工夫（註三一），近人徐復觀認爲知言是由集義自然推擴出去（註三二），朱子主張養氣必先知言，緊要全在知言上；徐氏主張集義而後知言，緊要全在集義上。平實論之，知言與養氣，雖是兩事，理無二致。知言偏重知，養氣偏重行。知所以導行，亦所以厲行；行所以驗知，亦所以擴知。知之深，則行之愈力；行之力，則其知益深。二者交養互發，工夫原自一貫。以理言，則知爲先；以氣言，則行爲重。能知言，則集義必精；集義精，則知言益明。孟子以集義成勇，以知言成智，智以知仁，勇以行仁。其工夫本不可離，自不宜截然劃分。

四、心之擴充

由存養而擴充，乃由本而末、自內而外之層層開展，步步上達。孟子之心學，始終循此原則，而身體力行之，以求心性之自盡。孟子曰：「盡其心者，知其性也；知其性，則知天矣。存其心，養其性，所以事天也；夭壽不貳，修身以俟之，所以立命也。」（盡心上）程子謂「盡心然後知性」，朱子謂「知性然後能盡心」。（註三三）以實論之，程說爲長。若謂「知性然後能盡心」，不特與下文由存心而養性、由知性而知天之理不順，亦與孟子擴充四端、從其大體之說扞格。蓋擴充四端與從其大體，皆言心學之工夫，亦皆是盡心之事。孟子指點人眞心，如乍見孺子將入於井，而怵惕惻隱；（公孫丑上）見親委壑爲狐所食，睨而不視；（滕文公上）見夫乞食東郭墦間，羞泣中庭；（離婁下）見嘑蹴之食，不屑不受；（告子上）見牛將釁鐘，不忍其觳觫之類。（梁惠王上）此皆就心善以證性善，欲學者存養擴充，以盡其心。盡心云者，言心之德用顯發，無有虧欠，所謂「眞宰常照，諸惑永伏」，眞宰即本心，諸惑謂一切私欲。（註三四）心即是性，性即是天。天理流行，私欲退聽，天人合一，本性自明。故盡心，即已知性知天。若不盡心以求之，則行之不著，習焉不察，竟不知何者是其性，馴至認賊作父而不自知。孟子謂：「心之官則思，思則得之，不思則不得也。」（告子上）苟能善盡其心，靜存動察，證之以學問，驗之以力行，事事反求諸心，而後實有諸己，則知宇宙間事，皆己性分中事。夫心之體，性也；性之原，天也。心性天三者，皆一理也。天者，神化之總名，自然之生理，賦於人曰性，主乎身曰心。中庸曰：「惟天下至誠，爲能盡其性。」至誠，即心之神明之極。能盡其心然後能知其性，知其性則知天矣。

近人唐君毅云：「盡其心者，充盡其心之表現；知其性者，由此表現而知此心能興起生長之性也。知天者，知與我以此心性爲其本原之天也。」（註三五）充盡其心之表現，即是「繼之者善」；興起生長之性，即是「成之者性」。盡心知性之功，即在不斷充盡其心，以自默識其性實有之理，故「心能檢性，性不能檢心」。

至於「存其心，養其性」，謂存得此心則能養得此性。朱子曰：「存心者，氣不逐物，而常守其至正也。養性者，事必循理，而不害其本然也。」（註三六）語極精到。存此心之神明，不使逐物遷流，以使仁義禮智之性，得以正常發展，由此擴充將去，便能上達天德，此即「所以事天也」。如子之事父當盡其孝，臣之事君當盡其忠，臣子能善盡忠孝之道，存之而不敢失，養之而不敢害，此便是事天，不然，便是違天。

朱子謂「盡心知性知天，此是致知；存心養性事天，此是力行。」（註三七）其實，聖學工夫，全是知行交養並進，蓋非知無以善其始事，非行無以竟其全功。盡心知性雖就知處說，然知處自有「行」在；行得篤實，則知得眞切。存心養性雖就行處說，然行處亦自有「知」在，知得眞切，則行得篤實。就盡心、存心言。此心既能充擴而無不盡，則此心之存即無不實；就存心、盡心言，此心既能常存而無不實，則此心之充擴即無不盡。反之，此心不能充擴而無不盡，則亦不能常存而不放失；此心不能常存而不放失，則亦不能充擴而無不盡。能存得一分，便能盡得一分，能盡得一分，便能存得一分，反之則否。盡心存心之理如此，知性養性之理，亦復如此。故「盡心知性」、「存心養性」之工夫，非可判然分爲兩層工夫，乃係密切相關，交養互進。其心充擴愈盡，其存養則愈厚。其心存養愈厚，其充擴則愈盡。因而更盡其心，更存其心。不是存心養性工夫已精熟後，纔去做盡心知性工夫；亦不是盡心工夫已精熟後，便不做存心養性工夫。如循環接力，交互前進；又如波浪相續，繼長增高。「盡心知性以知天，如易傳之言『先天而天弗違』；存心養性之事天，如易傳之『後天而奉天時』，此二者固相依爲用也。」（同註三五）先天、後天，總是一天；盡心、存心，非有二理。人能盡心知性以知天，存心養性以事天，其於存養擴充之道，思過半矣。

所謂「夭壽不貳，修身以俟之」，乃是見得生死有命，不以夭壽而動其心，但能擇善固執，以修其身，而俟其命之至。孔子謂「不知命，無以爲君子」（堯曰），人能善盡其道，以全其天之所付，則命得其正，此即是立命。「夭壽不貳」以知言，「修身以俟」以行言。其所以立命處，緊要則在「修身以俟之」。然非了悟「夭壽不貳」，則亦不能「修身以俟之」，此知行並進之功也。

五、結論

自古心性之學，其詳始於孟子。論本原，則以道性善爲要，論工夫，則以求放心爲先。合而言之，則「盡其心、知其性」是也。然心固未易盡，性亦未易知。心之所以未易盡者，以人自放其良心而不知求耳。夫君子所性，仁義禮智根於心。心之官則思，思則得之，即得乎仁義禮智之理。盡心之道，即在經由學問之功，以踐履此理，存養之、充擴之，至於義精仁熟，以上達天德而已。夫理必著於形，而後可言盡；形必本於理，而後可言踐。孟子曰：「形色，天性也；惟聖人而後可以踐形。」（盡心上）踐謂踐履，形謂形色。人之有形有色，無不各有其自然之理。此理受之於天，故曰天性。如耳能盡其聰，目能盡其明，此之謂踐耳目之形。我能善用其耳目，以極其視聽之能事，此之謂盡耳目之性。推而至於吾身之每一官體，莫不有其自然之理，我能率性而行，爲其所當爲，不爲其所不當爲。使耳無一毫之不聰，目無一毫之不明，以至於口鼻四體，皆無一毫之不盡，則踐形之能事畢矣。夫形者心之器，心者形之主，形無一毫之不踐，則心無一毫之不盡。故踐形即所以盡心，盡心不外乎踐形。形色天性，聖愚所同，罔念作狂，克念作聖，踐形與否，存乎其人。然常人蔽於氣稟，染於物欲，是以視則不明，聽則不聰，貌則不恭，言則不從，故不能踐其形。其所以不能者，非眞不能者，不肯爲耳。蓋能與不能係乎才，爲與不爲存乎德。吾人誠能不欺其心，辨人禽，明義利，自反自勵，強恕而行，操存不舍，直養無害，充其善端，日新不已。則能大以成大，小以成小，不假外慕，無不具足。此便是「人皆可以爲堯舜」之道。

【附　註】

註一：詳見本書「孔子的心學」。

註二：東塾讀書記卷三。

註三：范浚心箴，引見朱註告子上。

註四：胡適云：「孟子用情字與才字同義。告子篇牛山之木一章中云：『人見其濯濯也，以爲未嘗有材焉，此豈山之性也哉？』又云：『人見其禽獸也，而以爲未嘗有才焉，此其人之情也哉？』可以爲證。」今從之。見中國古代哲學史三「荀子以前的儒家」、頁十、十一。

註五：略本司馬光「致知在格物論」，見古今圖書集成第七十三册、理學彙編、學行典第九十卷致知部藝文一。

註六：傳習錄下、陳九川錄。

註七：宋元學案第三册、卷五十二、象山學案、頁六三七。

註八：引見四書朱子異同條辨、孟子告子上、頁九七。

註九：四書箋解孟子離婁、頁三七八。

註一〇：見俟解。
註一一：朱子敬齋箴。
註一二：引見四書朱子異同條辨、孟子卷十三、盡心上、頁七九，近譬堂藏版。
註一三：傳習錄下、錢德洪錄。
註一四：新唯識論、卷下第八章、明心上、頁二七〇、語體文本。河洛圖書出版社印行。
註一五：增補退溪全書、第一册、卷七心學圖說、頁三十、成均館大學校、大東文化研究院印。
註一六：程明道語，見近思錄卷二、頁五二、台灣商務印書館印。
註一七：引見朱註孟子盡心下。
註一八：禮記孔子閒居。
註一九：湛若水聖學格物通、正心中，引見古今圖書集成第七十四册、理學彙編、學行典第一二一卷心學部。
註二〇：傳習錄下、錢德洪錄。
註二一：陸象山語、宋元學案第三册、卷五二象山學案、頁六四四、正中書局本。
註二二：四書朱子異同條辨、孟子卷十一告子上、頁八七。
註二三：引見趙順孫孟子纂疏卷三、頁九、通志堂經解本。
註二四：王夫之四書箋解云：「左傳、禮記及說文，皆以蹶爲跳躍。」今從之。
註二五：四書朱子異同條辨、孟子卷三公孫丑上、頁三二。

註二六：傳習錄中、答聶文蔚二。
註二七：同註二五、語類、頁五三。
註二八：同註二五、精義、頁五三。
註二九：引見朱註。
註三〇：四書箋解、頁三一八。
註三一：朱子云：「不窮理無以知言，不集義無以養氣。而窮理方能集義，故知言是前一截工夫。」同註二五、頁五六。
註三二：中國思想史論集、孟子知言養氣章試釋、頁一五三、臺灣學生書局印。
註三三：孟子精義：伊川曰：「只心便是天，盡之便知性。」語類：「伊川云：『盡心然後知性。』此不然。盡字大，知字零星，若未知性，便要盡心，則懸空無下手處。惟就知性上積累將去，自然盡心。」又曰：「盡其心者，由知其性也。先知得性之理，然後明得此心。知性猶格物，盡心猶知至。」又曰：「知性然後能盡心。先知然後能盡，未有先盡而後方能知者。」並見四書朱子異同條辨、孟子盡心上、頁三、頁五。
註三四：說本熊十力讀經示要卷一、頁七八。
註三五：中國哲學原論—原道篇弍、第六章孟子之立人之道（下）、頁二四四、新亞研究所印行。
註三六：四書朱子異同條辨、孟子卷十三、盡心上、或問、頁七。
註三七：同前書、語類、頁四。

孟子的教育思想

一、性善之旨

孟子爲吾國孔子後最偉大之教育家，其對教育之最大貢獻，即在肯定人性皆善。由此一大肯定，乃能立教育之本。蓋人性善惡問題，乃爲能否盡性之問題，亦即能否贊參化育之問題，此一問題解決，教育始易爲力。

孟子性善之說，發端於中庸，中庸首揭「天命之謂性，率性之謂道」，即明示性善也。設性不善，則不得言率，即率之亦不得謂之道矣。

善者何？

孟子曰：「可欲之謂善。」（盡心）

此可欲之善，乃人人所固有。故孟子曰：

「惻隱之心，人皆有之；羞惡之心，人皆有之；恭敬之心，人皆有之；是非之心，人皆

有之。惻隱之心，仁也；羞惡之心，義也；恭敬之心，禮也；是非之心，智也。仁義禮智，非由外鑠我也，我固有之也。」（告子）

孟子且舉例證曰：「今人乍見孺子將入於井，皆有怵惕惻隱之心，非所以內交於孺子之父母也，非所以要譽於鄉黨朋友也，非惡其聲而然也。」（公孫丑）

此惻隱之心，最純潔亦最天眞，爲人人所固有。他如羞惡，恭敬，是非之心，孟子雖未舉例證明，然吾人苟能反證良知，亦可獲致肯定之答案。蓋良知爲人人所固有，良知即是羞惡、恭敬、是非之心。

孟子曰：「人之所不學而能者，其良能也；所不慮而知者，其良知也。孩提之童，無不知愛其親者，及其長也，無不知敬其兄也。親親，仁也；敬長，義也。無他，達之於天下也。」（盡心）

此愛敬之心，即是良知，此愛敬之行爲，即是良能。此良知良能，爲人性本然之善。教育即在使人本其良知良能，以發展其善，擴充其善，成就其善，故孟子曰：

「乃若其情，則可以爲善矣。」（告子）

又曰：「若夫爲不善，非才之罪也。」（告子）

蓋人性本善，因受習俗所染，而失其本然之善，私欲隨之而生，因而便會作惡。

孔子曰：「性，相近也；習，相遠也。」（論語陽貨）

性相近謂近於善，習相遠兼善惡而言。孟子所謂可欲之善，乃本然之善，此善爲人類向上向善之生機，此生機如鳶飛魚躍，活潑自得。吾人但能循此而行，即可由下學而上達。此一向上向善之生機，即爲教育之根本，亦爲教育之動力。孔子所謂「己欲立而立人，己欲達而達人」，（論語雍也）此一「欲」字，即是孟子「可欲之謂善」之「欲」。此「欲」發自善端。人人均具善端，故人人均可爲善。告子不明此理，故曰：

「人性之無分於善不善也，猶水之無分於東西也。」（告子）

此念一生，其心思便下降至「生之謂性」上，生之謂性，便但有自然生命，而無道德生命，因而失却「可欲」之動力，窒息向善之生機。故告子雖先孟子不動心，然因只知把捉其心，義襲而取，阻斷生生不息之根。此即揠苗助長，非徒無益，而又害之。孟子直指本心，時時集義，養得此心充滿浩然之氣，自然無可動處。

由此，可知孟子教育思想，但順人心之所同然之理，以發展擴充之，故能簡易直截，眞切自然。

二、養氣之道

養氣爲立志之工夫，亦是爲善之工夫。王陽明曰：

「孟子性善，是從本原上說。然性善之端，須在氣上始見得。若無氣，亦無可見矣。惻隱、羞惡、辭讓、是非即是氣。」（傳習錄中）

性與氣不可分，志與氣亦不可分。故孟子曰：「夫志，氣之帥也；氣，體之充也。夫志，至焉；氣，次焉。故曰：『持其志，無暴其氣。』」（公孫丑）

朱子釋「志至氣次」云：「志固爲至極，而氣即次之。」此說似與孟子「志爲氣帥」之理未盡相合。陳組綬近聖居燃犀解云：「志至之『至』，是至到之至。氣次之『次』，是次舍之次。」似較朱說爲長。

蓋志爲氣之帥，故志之所至，氣即隨之。欲養氣，必先立志，志不立，則氣亦無所依。

志者何？

王子墊問曰：「士何事？」孟子曰：「尙志。」曰：「何謂尙志？」曰：「仁義而已矣。殺一無罪，非仁也，非其有而取之，非義也。居惡在？仁是也；路惡在，義是也。居仁由義，大人之事備矣。」（盡心）

蓋志者，心之所之，亦爲氣之所主。故志定則心定，心定則氣定。

公孫丑問曰：「夫子加齊之卿相，得行道焉，雖由此霸王不易矣。如此，則動心否乎？」孟子曰：「否！我四十不動心。」（公孫丑）

此一不動心，由立志養氣而來。所謂不動心，亦即大學之「知止而後有定」，知止者，知止於仁義之極也。能知止於仁義之極，則志有定向，心有所主，氣有所依，故能「清明在躬，志氣如神」，「神明如日之昇，精神如鼎之鎭」，而不爲外物所動矣。

志氣二者，相因亦復相關。孟子所謂「志壹則動氣，氣壹則動志」，此處之「壹」，乃專一無貳之意。正義以爲「持其志便專一不貳，是爲志壹；守其氣便專一不貳，是爲氣壹。」人若不能持志，即易爲氣所勝。所謂「小不忍則亂大謀」，氣勝志也。苟能持志不貳，志既立定，氣即不能動之矣。

公孫丑問曰：「敢問夫子惡乎長？」孟子曰：「我知言，我善養吾浩然之氣。」「敢問何謂浩然之氣？」曰：「難言也，其爲氣也，至大至剛，以直養而無害，則塞於天地之間。其爲氣也，配義於道，無是，餒也。是集義所生者，非義襲而取之也。行有不慊於心，則餒矣。我故曰：『告子未嘗知義，』以其外之也。必有事焉而勿正，心勿忘，勿助長也。無若宋人然：宋人有閔其苗之不長而揠之者，芒芒然歸，謂其人曰：『今日病矣，予助苗長矣。』其子趨而往視之，苗則槁矣。天下之不助苗長者寡矣。以爲無益而舍之者，不耘苗者也；助之長者，揠苗者也。非徒無益，而又害之。」（公孫丑）

孟子講持志養氣，教人知言集義。知言爲持志之事，集義爲養氣之事。所謂浩然之氣，乃配義與道所生。道者，天理之自然者也；義者，人心之當然者也。道者體而義者用，孟子言集義，係就用而言。能集義，則道即在其中表現。朱注以爲「集義猶言積善，蓋欲事事皆合於義也。」欲事事皆合於義，須事事自反於心，如此，則能自然而然，行所無事。此即「直養而無害」，亦即「必有事焉而勿正」。直養者，自反而縮，直道而行之謂也。自反在求其直，直道在行其義。無害者，心勿忘，勿助長之謂也。勿忘，即是勿忘其所有事，即是「必有事焉」，必有事則時時不忘，念茲在茲，純一不已。勿助長，即是勿預期其效，勿存將迎意必之心。不耘苗即是忘，揠苗即是助長，不耘苗則失其養，揠苗則害其養。必去此二者，順其自然，養之既久，其氣自充。

持志之道，在於知言。孔子曰：

「不知言，無以知人也」。（論語堯曰）

易繫傳曰：「將叛者其辭慚；中心疑者其辭枝；吉人之辭寡；躁人之辭多；誣善之人其辭游；失其守者其辭屈。」

孟子釋知言曰：「詖辭知其所蔽，淫辭知其所陷，邪辭知其所離，遁辭知其所窮。生於其心，害於其政，發於其政，害於其事。」（公孫丑）

蓋言爲心聲，心正則言無不正，心明則言無不明。此蔽、淫、邪、遁四者，皆言之病也。言之病由於心之失，心之失必不能持其志矣。故不知言，非獨無以知人，亦且無以知己。告子將言看成外在之事，故曰：

「不得於言，勿求於心。」（公孫丑）

「不得於言，」既失其外；「勿求於心」，又失其內。皆因告子未能知言之病，此病實由未能知義而來。蓋仁義皆內在，「義外」之說，失其本心，本心既失，其志與氣亦與之俱失矣。

孟子以知言爲持志之道，能知言，故能明於道義而無所疑。以集義爲養氣之方，能集義，故能配於道義而無所懼。無所疑，可見其智；無所懼，可見其勇。智勇兼俱，而守之以仁，即能臻於不動心之境。孟子之所以大過人者在此，孟子之所以修己而教人者亦在此。

三、修為之方

仁義二者，爲孟子所樂道。立志養氣，是性情中事，亦是仁義中事。孟子教人先立其大者，亦是指仁義而言。有所立，而後有所存；有所存，而後有所養；有所養，而後有所充；有所充，而後有所成。立之、存之、養之、充之，而達乎至善，此爲孟子修爲之一貫工夫，亦爲孟子教人之不二法門。

修己之先決條件，須有眞切向善之心。孔子曰：

「吾未見好德如好色者也。」（論語衛靈公）

又曰：「不曰『如之何如之何』者，吾末如之何也已矣！」（論語衛靈公）

對於自暴自棄者，教育亦無能爲力。孟子首揭性善之旨，即在啓發人之向善之心，使人人知所愛，知所養。惜世人多不明此理，故孟子慨然曰：

「拱把之桐樹，人苟欲生之，皆知所以養之者；至於身，則不知所以養之者，豈愛身不若桐梓者，弗思甚也。」（告子）

所謂弗思甚者，不用其心，不存其心也。孟子曰：

「君子之所以異於人者，以其存心也。君子以仁存心，以禮存心，仁者愛人，有禮者敬人。愛人者人恒愛之，敬人者人恒敬之。」（離婁）

儒家之學，道術兼具，體用並該。就仁禮二者言，仁爲道而禮爲術，仁爲體而禮爲用。然不可因此便謂仁內禮外，須知內外本爲一體之二面，知體用之不可分，即知內外之本合爲一。如仁是在內，然仁者之愛人，則及乎外矣。禮似在外，然有禮者之敬人，則發自內矣。孟子教人「以仁存心，以禮存心」，又謂「仁者愛人，有禮者敬人」，此皆即體即用，即用即體。程子所謂「論性不論氣，不備，」此是說有體必須有用。又謂「論氣不論性不明」。（均見宋元學案伊川學案）此是說有用必須有體。離體則不見其用，離用則亦無體可言。孟子之學，雖爲心學，然非唯心者，其理在此。

體用不可分，心體亦不可分。孟子重存心，尤重養體。故曰：

> 「人之於身也，兼所愛；兼所愛，則兼所養也。……體有貴賤，有小大，無以小害大，無以賤害貴。養其小者爲小人，養其大者爲大人。」（告子）

大者，貴者指心性，小者，賤者指口腹。養其體，應重其大者，貴者。

> 公都子問曰：「鈞是人也，或爲大人，或爲小人，何也？」孟子曰：「從其大體爲大人，從其小體爲小人。」曰：「鈞是人也，或從其大體，或從其小體，何也？」曰：「耳目之官，不思而蔽於物。物交物，則引之而已矣。心之官則思，思則得之，不思則不得也。此天之所與我者，先立乎其大者，則其小者不能奪也。此爲大人而已矣。」（告子）

耳目與心，均爲天之所與我者。心之官能思，耳目之官則否。能思則能得，不思則不能得。大者既立，則天君泰然，百體從令。故立得大，即能服得小，服得小，始能成其大。故曰：「此爲大人而已矣。」

孟子曰：「有天爵者，有人爵者。仁義忠信，樂善不倦，此天爵也。公卿大夫，此人爵也。」

又曰：「欲貴者，人之同心也。人人有貴於己者不思耳！人之所貴者，非良貴也。趙孟之所貴，趙孟能賤之。詩云：『既醉以酒，既飽以德』，言飽乎仁義也；所以不願人之膏粱之味也。令聞廣譽施於身，所以不願人之文繡也。」（均見告子）

人要知其所養，當先知其所貴，知其所賤。天爵，所當貴者也；人爵，所當賤者也。養其天爵而人爵從之；飽乎仁義則勝於膏粱之味；令聞廣譽則勝於文繡之美。蓋公卿大夫，可變之虛位也；膏粱文繡，可變之虛物也。前者之貴在人，後者之美在物。凡在人與在物者，無之不可謂之窮，有之適以顯其卑。而仁義忠信，內在之德也；令聞廣譽，德之輝光也，此皆有貴於己者，凡有貴於己者，無之不可謂之善，有之適以顯其美。在人在物者甚輕，在己在內者甚重。所謂「人人有貴於己者」，端在善自存養而已。

孟子曰：「苟得其養，無物不長，苟失其養，無物不消。孔子曰：『操則存，舍則亡，出入無時，莫知其鄉，』惟心之謂與？」（告子）

孔子此處之「操」，亦即孟子之「養」。蓋「人心惟危，道心惟微」，此一操一舍之間，即爲人禽之分野，善惡之樞機。人若識得此心，操之養之，則無物不長矣。

孟子修爲之方有二：曰復性，曰盡性。復性者，存養之謂，盡性者，擴充之謂。復性重修己，盡性重安人。然修己必在於安人，安人即所以修己。蓋修己者，立其體也，安人者，致其用也。復性盡性者，合內外之道也。故二者只一事。

孟子曰：「盡其心者，知其性也。知其性，則知天矣，存其心，養其性，所以事天也；殀壽不貳，修身以俟之，所以立命也。」（盡心）

王陽明曰：「盡心知性知天者，生知安行，聖人之事也；存心養性事天者，學知利行，賢人之事也；殀壽不貳，修身以俟者，困知勉行，學者之事也。」（傳習錄中）

此三者工夫原是一貫。就其下學處言，雖常人亦是學知利行；就其上達處言，雖聖人亦是困知勉行。故中庸曰：「君子之道，費而隱。夫婦之愚，可以與知焉；及其至也，雖聖人亦有所不知焉。夫婦之不肖，可以能行焉，及其至也，雖聖人亦有所不能焉。」

孟子思想，雖趨於高明，然其教人，仍注重下學工夫。所謂「養心莫善於寡欲。」（盡心）寡欲即爲下學之事。明儒顧憲成却曰：「寡欲莫善於養心」，（明儒學案東林學案）養心便偏重上達，此說不可謂不對，但工夫較深，非常人所可幾及。吾人進德爲學，不必希高慕大，但能專心致志，平平實實，修身以俟，困知勉行，從下學做起，自有上達之日。

孟子曰：「求則得之，舍則失之，是求有益於得也，求在我者也。求之有道，得之有命，是求無益於得也，求在外者也。」（盡心）

此數語爲孟子教人修己之根本。求在外與求在我，其所別甚微，而所關極大。程兆熊先生解之曰：

「求其主觀的條件之具備，是『求在我者也』，此則我爲主體，既爲主體，即『求有益於得』，亦即所謂作得主，這是一決定一切。求其客觀的條件之具備，是『求在外者也』，此則我非主體，既非主體，即『求無益於得』，亦即所謂作不得主，這是一切決定一。」（孟子講義盡心章）

按，程氏所論甚審。主觀條件爲內在之仁義禮智，即所謂天爵。客觀條件爲外在之富貴利達，即所謂人爵。天爵在我，故求之必有得，人爵不在我，故求之不必有得。孔子所謂「富而可求也，雖執鞭之士，吾亦爲之，如不可求，從吾所好。」（論語述而）亦是此意。其實，此猶淺言之。蓋聖人未嘗有意求富，豈問其可不可得哉？若深言之，此非能否求得之問題，而是求之是否有益於己之問題。富貴利達，均外在之事，縱求必有得，於己無益，況求之未必有得乎？孔子曰：「古之學者爲己，今之學者爲人。」（論語憲問）求之在我，求之必有得，此即「爲己」之學，孟子之學，皆「爲己」之學也。

孟子曰：「形色，天性也，惟聖人而後可以踐形。」（盡心）

踐形者，所以盡心盡性也。

形色，指人之五官四體而言。五官四體乃天之所與我者，有是形，即有踐是形之理。我能善自用之，以極踐形之能事，則天理即表現於其中。如有耳目則善用其耳目，以極其視聽之能事，此之謂踐耳目之形。有四體則善用其四體，以極其動作之能事，此之謂踐四體之形。

朱注引楊氏曰：「天生烝民，有物有則。物者，形也，則者，性也，各盡其則，可以踐形矣。」

「各盡其則」，此是盡性，亦是盡心。蓋五官四體統於心，根於性，而心性亦不外於五官四體，故踐形即所以盡心盡性，而盡心盡性亦不外於踐形。踐形之能事畢，則吾之心性亦無不盡矣。自踐形而盡心盡性，下學而上達也。

孟子曰：「君子所過者化，所存者神，上下與天地同流，豈曰小補之哉！」（盡心）

蓋一人之心，即萬人之心也；一人之理，即萬物之理也。君子有以極夫盡心之功，故能「所存者神」。君子能以其心接觸一切之心，故能「所過者化」。君子能以其心之理，通乎天地萬物之理，故能「上下與天地同流。」

「所存者神」，此爲一心之妙用。「所過者化」，此爲一氣之運行。「上下與天地同流」，此爲一理之流行。孔子曰：「惟天爲大，惟堯則之。」（論語泰伯）到此境界，便是天人合一之極致，便是「蕩蕩乎民無能名焉。」（論語泰伯）

四、教學之法

(一)貴務本

孟子之學，以尊德性爲宗，其所教人，貴乎務本。

徐子曰：「仲尼亟稱於水曰：『水哉！水哉；』何取於水也？」孟子曰：「原泉混混，

不舍晝夜，盈科而後進，放乎四海，有本者如是，是之取爾；苟爲無本，七八月之間雨集，溝澮皆盈，其涸也，可立而待也。故聲聞過情，君子恥之。」（離婁）

孟子有見於性情之本，故有取於原泉。王陽明曰：「人心是天淵，心之本體，無所不該，原是一個天。」又曰：「心之理無窮盡，原是一個淵。」（均見傳習錄下）吾人爲學，應本乎性情，向前向善。自強不息，如水之不舍晝夜；循序漸進，如水之盈科後進；擴而充之，如水之放乎四海，以臻乎至大至善之境。

孟子曰：「於不可已而已者，無所不已；於所厚者薄，無所不薄也；其進銳者其退速。」（盡心）

於不可已而不已，於所厚者厚，此爲性情之眞，有本之學，固當如是。「於不可已而已」，「於所厚者薄」，此則失去性情，失去根本。終至「無所不已」，「無所不薄」，此則自暴自棄，無所不失矣。或憑血氣之勇，一鼓作氣，再衰三竭，此皆由於不知務本。

孟子曰：「君子深造之以道，欲其自得之也。自得之，則居之安；居之安，則資之深；資之深，則取之左右逢其源。故君子欲其自得之也。」（離婁）

道者，本也。深造之以道，即爲有本之學。能深造之，則能自得之。自得之者，得此道也。能自得之，則能默識心通，理得心安。夫如是，而後資之者深，深則左右逢源，而樂在其中矣。

㈡尚規矩

公孫丑曰：「道則高矣，美矣，宜若登天然，似不可及也。何不使彼爲可幾及，而日孳

孳也。」孟子曰：「大匠不爲拙工改廢繩墨，羿不爲拙射變其彀率。君子引而不發，躍如也。中道而立，能者從之。」（盡心）

蓋道有定體，而教有成法。君子教人，但可授以學之之法，而不能告以得之之妙。法可傳而妙不可傳。要在「神而明之，存乎其人」。神妙，皆上達之功；方法，皆下學之事。然上達亦只在下學中，捨下學而求上達，如捨規矩而求方圓，此乃不可能之事。規矩雖非道，然亦不離道。故一切皆可犧牲，原則不能犧牲，一切皆可遷就，規矩不能遷就。

趙簡子使王良與嬖奚乘，終日而不獲一禽。嬖奚反命曰：「天下之賤工也。」或以告王良，良曰：「請復之。」彊而後可，一朝而獲十禽。嬖奚反命曰：「天下之良工也。」簡子曰：「我使掌與汝乘。」謂王良，良不可。曰：「吾爲之範我馳驅，終日不獲一；爲之詭遇，一朝而獲十。詩云：『不失其馳，舍矢如破。』我不貫與小人乘，請辭。」（滕文公）

方圓離不開規矩，道離不開原則。規矩與原則，即是標準。降低標準，則方圓不成方圓，道亦不成爲道。「君子引而不發，躍如也。」此中有其眞學問在，此學問非可言傳，要在耳濡目染，默識心通，身體力行之，始能得於心而應於手。

㈢重身教

孟子教人，最重身教，身教偏重做人。荀子教人，最重博學，博學偏重讀書。做人則以尊德性爲主，讀書則以道問學爲功。蓋孟子偏重於道，荀子偏重於術。偏重道始能爲人師，偏重術僅足爲經師。昌黎謂「孟子醇乎醇者也，荀與楊大醇而小疵。」（讀荀）其意亦在此。孟子高明亢爽，以爲「堯舜之道，孝弟而已。」（告子）能行孝弟，則「人皆可以爲堯舜。」孝弟之道，雖人人所能爲，然亦須賢父兄之身教以影響之，使之涵育薰陶，潛移默化，故孟子曰：

「中也養不中，才也養不才。故人樂有賢父兄也。如中也棄不中，才也棄不才，則賢不肖之相去，其間不能以寸。」（離婁）

賢父兄之所以爲賢父兄，即在能以身作則，感化子弟，使其成人。孟子復引孔子語曰：「上有好者，下必有甚焉者矣。君子之德，風也；小人之德，草也；草尚之風，必偃。」（滕文公）君子之德化，如風行草偃，身教之效，速且大矣。孟子在「君子之所以教者五」章中，將「有如時雨化之者」（盡心）列於其他四者之前，亦可見其微意矣。

孟子曰：「有大人者，正己而物正者也。」（盡心）

又曰：「身不行道，不行於妻子。使人不以道，不能行於妻子。」（盡心）

又曰：「賢者以其昭昭，使人昭昭。」（盡心）

以上所引均爲孟子注重身教之證。「正己而物正」，即是正己化人之意。所謂「身教者從，言教者疏」。行爲之表現，即爲最有效之教育。禮記學記曰：「良冶之子，必學爲裘；良弓之子，必學爲箕。」此皆身教之力有以致之。

「身不行道」，於己爲不忠；「使人不以道」，於人爲不恕，不忠不恕，即不能成己以成人，此之謂不知身教，故曰：「不行於妻子」，「不能行於妻子」。

賢者之能「昭昭」，因賢者能自明其明德。能自明其明德，即能「以先知覺後知，以先覺覺後覺」，而使後知後覺者，亦能如賢者之昭昭。然此功效，捨身教無由達。

(四)與人為善

我四周之人，對我而言，是一榜樣，亦是一鑑。取人之長，可補己之短。所謂「他山之石，可以爲錯。」（詩小雅鶴鳴）我能虛心向善，處處均爲進德之基。故孔子曰：

「三人行，必有我師焉！」（論語述而）

又曰：「見賢思齊焉，見不賢而內自省也。」（論語里仁）

孟子於大舜樂善之道，推崇備至，蓋善學孔子者也。其言曰：

「大舜有大焉：善與人同，舍己從人，樂取於人以爲善。自耕稼陶漁以至爲帝，無非取於人者。取諸人以爲善，是與人爲善者也。故君子莫大乎與人爲善。」（公孫丑）

夫「太山不讓土壤，故能成其大，河海不擇細流，故能就其深。」（史記李斯列傳）蓋積善所以成德，取於人者，積善之道也。故荀子曰：「積善成德，而神明自得，聖心備焉。」（勸學）

取人爲善，則能成己之善，與人爲善，則能成人之善。成己，忠也；成人，恕也。忠恕之道，一以貫之。此舜之所以爲大也。故曰：「君子莫大乎與人爲善。」

(五)尚友古人

與人爲善固佳，然天下善士，不能盡友；縱能盡友之，亦未必能盡善。故孟子復主張尚友古人。其言曰：

「一鄉之善士，斯友一鄉之善士；一國之善士，斯友一國之善士；天下之善士，斯友天下之善士。以友天下之善士爲未足，又尚論古之人。頌其詩，讀其書，不知其人可乎？是以論其世也；是尚友也。」（萬章）

此爲個人心靈德慧之步步開展，層層擴充，由空間之無限，到時間之永恒。「悵望千秋一灑淚，蕭條異代不同時」，此恨人之所同。然古人雖死，其書仍在。透過書本，今人可與古人對語，可與古人神交。讀其書，想見其爲人。而尚論古人之人者，其心靈，其德慧，其性情，亦可上通古人，而及於永恒，臻於至善。所謂「心遊邃古，一念萬年」，古人活在吾之心中，吾之心靈必更充實，吾之德慧必更光明，吾之性情必更深厚，吾之人格必更完美。則吾之所取於古人者多且大矣。

(六)因材施教

「有教無類」（論語衞靈公）本孔子語，孟子實亦主之，且曾身體而力行之。孟子主張人性皆善，此即「有教無類」之思想依據。

孟子之滕，館於上宮。有業屨於牖上，館人求之弗得，或問之曰：「若是乎，從者之廋也？」曰：「子以是爲竊屨來與？」曰：「殆非也。」「夫予之設科也，往者不追，來者不拒，苟以是心至，斯受之而已矣。」（盡心）

「往者不追，來者不拒」，此蓋孟子設科授徒之原則。往者不追，於以見其包涵之深。來者不拒，於以其見包容之廣。蓋聖人之心，高明博厚，「洋洋乎發育萬物」。（中庸）「辟如天地之無不持載，無不覆幬。」（中庸）其所教人，不論貴賤貧富，不分智愚賢不肖，凡來學者，各就其性分之所近，才力之所及，循循善誘，因勢而利導之，使之大以成大，小以成小。此即所謂「小德川流，大德敦化。」（中庸）也。故孟子曰：

「君子之所以教者五：有如時雨化之者，有成德者，有達財者，有答問者，有私淑艾者。此五者，君子之所以教也。」（盡心）

此五種教學法，其上者「有如時雨化之」，係指德慧最高者言，此即王陽明所謂「利根之人」，此種人心體明澈，「一悟本體，即是工夫，」（傳習錄下）內外一齊俱透，故能如時雨之化。其次成德者與達財者，均須賴教學而後有成。夫足乎己之謂德，堪其任之謂材。德者，得其道也。材者，能其事也。故德貴養而材貴學，成德則能有守，達財則能有爲。有守有爲，斯謂之君子。其次答問者，則在隨其所問，以解其惑。至於私淑艾者，則因地不相近，時不相及，私慕其道，聞之於人，取以善治其身。

以上五種教學法，除私淑艾者外，餘四者均係因材施教。就其資稟言，有如時雨化之者爲最高，成德者次之，達財者又次之，答問者又次之。四者之中，前者近於生知安行，中二者爲學知利行，後者則爲困知勉行。雖其資稟有高下，工夫有難易，要其成功則一也。

孟子之教學法，除前五者外，尚有所謂不屑教誨之教誨，其言曰：

「教亦多術矣，予不屑之教誨也者，是亦教誨之而已矣。」（告子）

論語載「孺悲欲見孔子，孔子辭以疾。將命者出戶，取瑟而歌，使之聞之。」（陽貨）孔子既以疾辭，又使知其非疾，此即孟子所謂不屑之教誨也。

蓋教誨在於啓發，不屑之教誨在於激發，啓發使人領悟，激發使人悔悟。領悟較淺，悔悟較深。是則不屑之教誨，乃所以深教之也。

(七)選擇環境

環境之移人，以未成年者爲甚。故良好之教育，需有良好之教育環境。孟子「幼被慈母三遷之教。」（語見趙岐孟子題辭，事見劉向列女傳）對教育與環境之關係，必有深切之體認。孔子所謂「里仁爲美，擇不處仁，焉得智」之語，強調選擇環境之重要，而孟子引之，且申之曰：「夫仁，天之尊爵也，人之安宅也。」（公孫丑）則其微意可見矣。

孟子自范之齊，望見齊王之子，喟然嘆曰：「居移氣，養移體，大哉居乎！夫非盡人之子與？王子宮室車馬衣服，多與人同；而王子若彼者，其居使之然也。況居天下之廣居者乎！魯君之宋，呼於垤澤之門，守者曰：『此非吾君也，何其聲之似我君也！』此無他，居相似也。」（盡心）

「居移氣，養移體」，環境移人之力量，可謂大矣！孟子且舉反證曰：

「富歲子弟多賴，凶歲子弟多暴，非天之降才爾殊也，其所以陷溺其心者然也。」（告子）

所以陷溺其心者，乃環境所使然。即如今之太保、太妹，均與其家庭環境及學校環境有關。

(八) 博學反約

孟子曰：「博學而詳說之，將以反說約也。」（離婁）

學問之道，貴乎一以貫之。欲一以貫之，須能融會貫通，欲融會貫通，須博學於文，而詳說其理。夫學欲其博，而守欲其約。不博，不足以反乎約，不約，不足以固其守。孔子之「多學而識」，博而詳也；「一以貫之」，反乎約也。子夏之「博學」「切問」，博學詳說也；「篤志」「近思」，反乎約也。中庸之「道問學」，博學詳說也；「尊德性」，反乎約也。

蓋博文即約禮之功，明善即誠身之功，惟精即惟一之功，下學即上達之功，非二事也。孟子「博學反約」之論，由知識到智慧，由智慧到性情。學而歸本乎性情，則能約而純化，入於聖域矣。

孟子曰：「學問之道無他，求其放心而已」。（告子）

求其放心者，所以反乎約也。朱注引程子曰：「聖賢千言萬語，只是欲人將已放之心，約之使反覆入身來，自能尋向上去，下學而上達也。」此乃澈上澈下，一了百了工夫。孟子爲學之醇乎醇，有以也。

(九) 專心恆心

爲學之功，須專心致志，蓋專則一，一則精，精則妙，妙則神。學而至乎神妙，至矣，盡矣。

孟子曰：「今夫弈之爲數，小數也；不專心致志，則不得也。弈秋，通國之善弈者也。使弈秋誨二人弈，其一人專心致志，惟弈秋之爲聽。一人雖聽之，一心以爲鴻鵠將至，思援弓繳而射之，雖與之俱學，弗若之矣。爲是其智弗若與？曰：非然也。」（告子）光線之凝聚，即能產生高度之熱力，此之謂焦點。精神之凝聚，即能產生高度之力量，此之謂精誠。蓋「精誠所至，金石爲開。」專心而至於精誠，則無不可成之事矣。尚書曰：「德惟一，動罔不吉；德二三，動罔不凶。」此之謂也。

爲學貴乎專，亦貴乎恒。專則能精，恒則能成。

孟子曰：「有爲者辟若掘井，掘井九軔而不及泉，猶爲棄井也。」（盡心）所謂「行百里者半九十」，欲獲致最後成功，必需堅持到底。半途而廢，功敗垂成，皆由於無恒。中庸所謂「道也者，不可須臾離也，可離非道也。」爲學在於深造乎道，深造乎道須持之以恒。

孟子謂高子曰：「山徑之蹊間，介然用之而成路。爲間不用，則茅塞之矣。今茅塞子之心矣。」（盡心）

人心如鑑，須勤加拂拭，以常保其明。若一日間斷，則塵垢生矣。「爲間不用」，即是一暴十寒，未有能生者也。孟子此喻，言切而意深矣。

㈩知恥力行

孟子曰：「人有不爲也，而後可以有爲。」（離婁）

有不爲者，知恥也；有爲者，力行也。知恥與力行，其關係至切。中庸曰：「知恥近乎勇」，勇即力行之精神。欲力行，必先知恥。

孟子曰：「人不可以無恥；無恥之恥，無恥矣。」（盡心）

又曰：「恥之於人大矣！爲機變之巧者，無所用恥焉！不恥不若人，何若人之有？」（盡心）

恥者，羞惡之心也。此羞惡之心，以義爲準則，以仁爲依據。爲其所應爲，義也；欲其所當欲，亦義也。爲其所不爲，恥也；欲其所不欲，亦恥也。人之心總應求其是，求其中，求其安。蓋是則無非，中則無失，安則無悔。恥於違背此原則，即生向上之心；恥於不及此原則，即生進取之勇。不恥不若人，則生機窒息，喪失勇氣。所謂「於不可已而已者，無所不已。」（盡心）無所不已，則無所不失，此皆由知恥而來，故曰：「人不可以無恥。」

曹交問曰：「人皆可以爲堯舜，有諸？」孟子曰：「然。」曰：「交聞文王十尺，湯九尺，今交九尺四寸以長，食粟而已，如何則可？」曰：「奚有於是？亦爲之而已矣。有人於此，力不能勝一匹雛，則爲無力人矣。今曰舉百鈞，則爲有力人矣。然則舉烏獲之任，是亦爲烏獲而已矣。夫人豈以不勝爲患哉？弗爲耳。」

「徐行後長者謂之弟，疾行先長者謂之不弟。夫徐行者，豈人所不能哉？所不爲也。堯舜之道，孝弟而已矣。子服堯之服，誦堯之言，行堯之行，是堯而已矣。」（告子）

蓋道本易知，不求則難知；道本易行，不爲則難行。夫能與不能，此則繫乎力；爲與不爲，此則關乎德。力不可勉強而致，德可反求而得。故孟子又曰：

「夫道若大路然，豈難知哉？人病不求耳？」（告子）

不求則不得，不爲則不成。求與不求，爲與不爲，皆存諸己。所謂「聖人，人倫之至也。」（離婁）人倫之至，蓋始於孝弟，孝弟本率性之事，故雖孩提之童，亦知愛親敬長。孟子重力行，係就人之良知良能處啓發誘導，人若本其良知良能，行孝弟之道，擴而充之，即可造乎聖域。王陽明先生曰：「人到純乎天理方是聖。」（傳習錄上）蓋所以爲聖者，在其心之純乎天理，而不在其才力之高下，此則人人所應爲，亦爲人人所易爲者也。

五、結論

孟子以性善爲教育根本。其所教人，以行善爲出發點，以盡善爲終極點。由行善至盡善，此其間有其發展之層次，此在孟子答浩生不害問中，已明示之矣。

浩生不害問曰：「樂正子何人也？」孟子曰：「善人也，信人也。」「何謂善？何謂信？」曰：「可欲之謂善，有諸己之謂信，充實之謂美，充實而有光輝之謂大，大而化之之謂聖，聖而不可知之謂神。樂正子二之中，四之下也。」（盡心）

此善信美大聖神六者，爲個人人格之步步發展，層層上達。可欲之善，本然者也。由此可欲之善而實之於己，即爲有諸己之信。有諸己則實有其善，實有其德，此存養之功也。充實之美者，其善充滿積實，美在其中，所謂「萬物皆備於我」（盡心）是也。由有諸己之信，到充實之美，此實踐之功也。所謂「強恕而行，求仁莫近」（盡心）者也。充實而有光輝者，盛德充於中而形於外，此即禮記所謂「和順集中而英華發外」（樂記）之意。由充實之美，到充實而有光輝之大，此則擴充之功也。所謂「親親而仁民，仁民而愛物」（盡心）是也。大而化之者，不思不勉，從容中道，而能「溥博如天，淵泉如淵」，（中庸）而能「光被四表，格於上下」，（尚書堯典）此非人力所可勉強，要在仁精義熟，純一不已，自然而化之。充乎其極，則「上下與天地同流」，而妙不可測，此即聖而神矣。此「神」之境界，爲內聖之極點，亦爲外王之極點。

孟子之教，平易切實。中庸所謂「尊德性而道問學」，「極高明而道中庸」二語足以盡之。其性善之論，立教育大本。爲善與否，存乎其人。爲之之道，即在順其可欲之善，本其良知良能，操之、存之、養之、充之，各就其才性之所近，而致其力，即能步步發展，層層上達，由可欲之善，到諸有已之信，而達乎美大聖神之境。

「舜何人也，予何人也，有爲者亦若是。」（滕文公）方今國家多難，羣言淆亂，其所以充塞仁義，陷溺人心者不一而足。吾儕苟能力行孟子之教，以致其廣大，盡其精微，必能激濁揚清，振衰起弊，化民成俗，撥亂世而反之正，豈曰小補之哉！

孟子的憂患意識

一、前　言

歷史上的治亂興衰，往往相因而生，治久則亂，亂久則治；盛極而衰，衰了復盛。在冥冥中似乎有一軌則存在。我國傳統的「否極泰來」、「物極必反」的「天道循環」觀念，深入人心，牢不可破。李康說：「治亂，運也；窮達，命也。」（註一）三國演義說：「天下大勢，分久必合，合久必分」（第一回），水滸傳說：「遭逢坎坷皆天數，際會風雲豈偶然？」（第三一回）這些觀念都與天道或天命有關。

其實，歷史的治亂興衰，人事的坎坷分合；都只是一種表象，表象的發生必有其因，有因才會有果。歷史由治而亂，大都種因於逸豫宴安的腐化生活，所以管仲說：「宴安酖毒，不可懷也。」（註二）而國家由亂而治，大都繫於殷憂啓聖的憂患意識，所以孟子說：「生於憂患，死於安樂。」（告子下）因憂患而「生」，因安樂而「死」。然而人之常情，莫不愛生而惡死，愛安樂而惡憂患。愛安樂，每耽之而不能自拔；惡憂患，每避之而不知自強。殊不知安樂可盡，而憂患無窮。耽之而不能自拔，不免樂極生悲；避之而不能自強，不免窮極斯濫。這就必然難逃敗亡的命運。孟子「生於憂患，死於安樂」的名言，說明了生與死的因果關係。這句富有人生哲理的啓示，到了宋儒歐陽修把它推衍成「憂勞可以興國，逸豫可以亡身」（註三），意義就更爲顯豁。

一、何謂憂患意識

根據說文，憂患的「憂」字，本字作「㥑」，說文云：「㥑，愁也。」「患，憂也。」憂患二字組成同義複詞，二字皆從心，所以憂患以心言，而不以境言。就心理學言，意識是指精神覺醒之狀態，一切精神現象，如知覺、記憶、情緒、想像等，皆爲意識內容之一種。簡單的說，意識，就是精神的自覺，而憂患意識，乃是一個人對於面臨的事物，有了相當程度的關切和責任感，經過反省與思考而產生的先見和遠慮。憂患與恐怖不同，恐怖是盲目的、臨事慌張，莫知所措的；憂患是理性的，處變不驚、愼謀能斷的。其最大的不同之點，在於憂患意識的形成，是基於自覺的責任觀念；而恐怖心理的產生，是源於自私的逃避觀念。自覺是本於理，自私是出於慾。孔子說：「君子坦蕩蕩，小人長戚戚」（述而）。君子循理，心廣體胖，所以坦蕩蕩；小人逐物，患得患失，所以長戚戚。君子所憂的，不是位之不得，名之不成，利之不就，而是憂其德之不修，學之不講，道之不行。憂患意識的精神表現，是居安思危的懍然情操，臨深履薄的戒愼心理，俯仰無愧的虔誠態度，百折不撓的堅強鬥志，困心衡慮的奮厲潛力，悲天憫人的偉大情懷，任重道遠的弘毅精神，未雨綢繆的準備工夫。以此爲己，則能心安理得，清明在躬，下學上達，德立身修。以此治事，則能得心應手，好謀而成，自助人助，事半功倍。以此爲政，則能興利除弊，防患未然，上行下效，衆擎易舉。由此可知憂患意識的高度表現，實具有大智、大仁、大勇的精神修養。此種精神修養，是立身立德的必要條件，也是治事治國的必要條件。

三、憂患意識的內涵

憂患意識的內涵，在我國傳統文化中，却有極具體極明碻的闡發，論語中「仁以爲己任」的話，就是憂患意識的精義所在。而在孟子七篇中，憂患意識更爲強烈，這是由於孟子生當戰國擾攘的動亂時代，聖王不作，諸侯放恣，處士橫議，羣言殽亂。孟子蒿目時艱，由其對歷史文化的傳承，對時代環境的不滿，激發其恫瘝在抱的慈悲心，舍我其誰的責任感，思有以「正人心、息邪說、距詖行、放淫辭」（滕之公下），以承先啓後，經世濟民，爲往聖繼絕學，爲萬世開太平。茲就下列數者，以探討孟子憂患意識的內涵。

(一)自覺性

憂患意識是一種精神上的自覺，自覺是一種戒愼恐懼的心情。戒愼恐懼是良知的發用，王陽明「以良知爲照心」（註四），又說「思是良知之發用」（註五）。良知之照，應感而發，物來順應，如明鏡照物，廓然大公，過而不留，時存戒愼恐懼的心情，以保持良知的常覺常照。戒愼恐懼，即是憂患意識，此種恐懼與恐怖不同，恐怖往往懼其所不當懼，王陽明說：「懼所不當懼，是懼鬼迷」（註六）。懼所不當懼，是由於平日不能集義，心有所虧，也就是不能自反自覺，理不直而氣不壯。若素行合於神明，自反而縮，問心無愧，何懼之有！自反自覺須從「思」字用功。「思」是良知的發用，也是聖功的根本。「思」就積極方面說，可以增進智慧，明白道理；就消極方面說，可以減少錯誤，免入歧途。所以書經說：「思曰睿」，又說：「思免厥愆」（註七）。孟子一書，非常重視「思」的功夫。

孟子說：「耳目之官不思，而蔽於物，物交物，則引之而已矣。心之官則思，思則得之，不思則不得也。」（告子上）

耳目之官主於欲，心之官主於理，人縱耳目之欲，易爲聲色所引，久而久之，欲肆而理亡。心之官則思，聽則思聰，視則思明，以心思管攝耳目之官，便能以理制欲，令物不能引，俗不能移，欲仁則仁，欲義則義，卓然有立，碻然有守。

「思」用於修身，便能「清明在躬，氣志如神。」「思」用於爲政，便能政通人和，行得其宜。孟子認爲周公在政治上的成就，即是得力於勤思。

孟子說：「周公思兼三王，以施四事，其有不合者，仰而思之，夜以繼日，幸而得之，坐以待旦。」（離婁下）

三王是指禹湯文武三代的君王，周公欲兼三王之所長，遇有行爲或施政不合時，便仰而思之，以求合情合理，方能順利推行，媲美三王。李卓吾說：「周公之聖，唯在於思兼。思而不合，則夜以繼日。」（註八）「夜以繼日」，可見其思之勤；「坐以待旦」，可見其行之力。理無定在，唯有深思者才能「允執其中」，而無過與不及的偏差。

深思才能自覺，自覺才能覺人。孟子對於伊尹的覺民，深加稱道。孟子引伊尹的話說：

「天之生此民也，使先知覺後知，使先覺覺後覺也。予天民之先覺者也；予將以斯道覺斯民也；非予覺之而誰也？」（萬章上）

先覺必能自覺，能自覺才能覺人，覺有喚醒的意思。程子說：「譬之皆睡，他人未覺來，以我先覺，故搖擺其未覺者，亦使之覺。」（註九）大乘佛教要人悲智雙修，常說：「以大智故，不住生死；以大悲故，不住涅槃。」（註一〇）先覺即是大智，覺民即是大悲。　國父遺囑有「喚起民衆」之主張，正是這個意思。伊尹「以斯道覺斯民」的話，也正是孟子汲汲去做的事。所謂「非予覺之而誰也？」不就是孟子「舍我其誰」的最佳註脚嗎。

明儒蔡清說：「孟子之學，惟于思之一字，着力最深。故每以此覺人。一則曰『弗思耳』；二則曰：『弗思甚也。』又曰：『求則得之，舍則失之』，求亦思也。至於所引『誠之者，人之道也』，亦改『誠之』爲『思誠』，其喫緊之意可見。」（註一一）

中庸說：「聰明睿知，足以有臨」，聰以耳，目以明，而所以聰明者，皆在於心思，睿智爲心思的作用，固不待言。書經洪範說：「思曰睿，睿作聖」，睿智可以作聖，可知「思」的重要。其實，聰明睿智，都可說是精神上的覺醒。孟子主張「先立乎其大」，也就要人以「心」爲主宰，以盡「思」的全功。也就是要常保精神上的覺醒。

(二)悲憫性

自覺是智慧的表現，悲憫是仁心的發露。孟子說：「仁，人心也；義，人路也。」（告子上）

仁就「心」上說，義就「事」上說。事雖在外，然如何行事則在我。欲行事得其宜，必先在於心得其宜。若行事而心不安，便非當然之宜，也就非當由之路了。由此可知人心可以包人路，也就是說仁可以包義。

孟子說：「惻隱之心，仁之端也。」（公孫丑上）又說：「惻隱之心，仁也。」（告子上）

惻隱之心，也就是不忍人之心。就「仁」字來說，「仁」從二人，鄭玄以「相人偶」解釋「仁」字。（註一二）孟子說：「人皆有不忍人之心」（公孫丑上）。以此一人不忍彼一人，即二人「相人偶」的理論根據。見孺子將入於井而不忍，見牽牛將以釁鐘而不忍，推而廣之，見草木之摧折，見瓦石之毀壞，亦皆有憫恤、顧惜之心，這都是仁心的發露，也就是憂患意識的根源所在。

憂患意識的精義，即在具有「悲天憫人」的懷抱，以追求「博施濟衆」的宏願，為天地立心，為生民立命。

孟子說：「禹思天下有溺者，由己溺之也；稷思天下有飢者，由己飢之也，是以如是其

急也。」（離婁下）

又說：（伊尹）「思天下之民，匹夫匹婦，有不被堯舜之澤者，若己推而內之溝中，其自任以天下之重如此。」（萬章上）

禹、稷、伊尹「思」在救民，這是仁民之「思」，也是職分之「思」，由「己」溺，這「己」字包含多麼深的切膚之痛，包含多麼重的負荷之感。而「如是其急」的「急」字，更有憂心如焚、刻不容緩的情懷。

孟子說：「文王視民如傷，武王不泄邇，不忘遠；周公思兼三王以施四事。」（離婁下）

文王「視民如傷」，與書康誥的「恫瘝乃身」有同樣的心情。蔡沈說「視民之不安，如疾痛之在身」，聖人愛民之心、憂民之情，既深且切，無時或已，這是悲憫心與責任感的具體表現。武王「不泄邇、不忘遠」，這是一視同仁，大公無私的表現。悲憫是仁心的發露，也是仁心的不容已處。周公「思兼三王，以施四事」，這「思兼」二字，永無已時，這是君子終身的憂勤。這種終身的憂勤，是基於救民的慈悲心和淑世的責任感。

就救民淑世而言，孟子主張「親親而仁民，仁民而愛物」。（盡心上）他教齊宣王推行仁政的方法是「老吾老以及人之老，幼吾幼以及人之幼」。（梁惠王上）也就是要「善推」，這「善推」二字，必須權衡輕重，斟酌調停，以求稱物平施，其中固大有事在。而其要只在如何「舉斯心加諸彼」，「舉斯心」是「理一」，「加諸彼」是「分殊」。「理一」就是仁，「分殊」就是義。

孟子說：「不仁哉梁惠王也，仁者以其所愛及其所不愛；不仁者以其所不愛及其所愛。」（盡心下）

「以其所愛及其所不愛」，這是「善推其所爲」；「以其所不愛及其所愛」，這是「不善推其所爲」。仁者之思，由親及疏；不仁之禍，由疏逮親。仁與不仁，只在一轉念間，所謂「惟聖罔念作狂，惟狂克念作聖」（註一三）。如能察識此心本然之理，然後即可得其當然之序，便能「善推其所爲」，由親親而仁民，由仁民而愛物，如此推行王政，便能無所處而不當，無所往而不利了。孟子說：「惟仁者宜在高位」（離婁上），就是因爲仁者有悲憫之心，能善推其所爲，以實行救民淑世的仁政。

㈢歷鍊性

沒有驚濤駭浪，顯不出偉大的舵手；不臨硝煙彈雨，顯不出英勇的將士。大時代就是一個大熔爐，時時在向人類作嚴厲的考驗。能經得起嚴厲的考驗，才能肩負艱鉅的使命，成就不朽的功業。

孟子說：「天將降大任於是人也，必先苦其心志，勞其筋骨，餓其體膚，空乏其身，行拂亂其所爲，所以動心忍性，曾益其所不能。人恆過，然後能改，困於心，衡於慮，而後作。徵於色，發於聲，而後喻。入則無法家拂士，出則無敵國外患者，國恆亡，然後知生於憂患，而死於安樂也。」（告子下）

憂患意識的精義，在於「仁以爲己任」。仁爲己任，是一大重擔。要肩負這一重擔，必須經過一番刻苦砥鍊、動心忍性的工夫。朱註引程子的話說：「若要熟，也須從這裏過。」人生就是戰鬥，在人生的旅途中，不知有多少困難險阻，若能堅苦卓絕，冒險犯難，動心忍性，不屈不撓，即能克服困難，衝破險阻。若畏難卻顧，不肯前進，一朝遭遇患難，便將張皇失措，一蹶不振，由此可知，愈經患難困窮，愈能益人神智，強人筋骨。呂晚村說：「增益不能，正動忍得力處。」（註一四）動忍增益之後，便能擔當重任。正如寶石經過琢磨，愈能煥發出燦爛的光輝。乃知憂患適所以「玉汝於成」。而人能不吝改過，困心衡慮，然後感發興起，思有所作爲。或「驗於人之色，發於人之聲」，然後能激發其良知，有所警悟而通曉。若無「法家拂士」，則不能持正規諫，有所獻替。無「敵國外患」，則易於逸豫宴安，縱欲惰志，而招致危亡。憂患是智慧的犁耙，耕耨到靈魂的深處，能激發人的潛力，使其克堪大任，成就遠大。

孟子說：「人之有德慧術知者，恆存乎疢疾，獨孤臣孽子，其操心也危，其慮患也深，故達。」（盡心上）

此章與「動心忍性」章相互發明。朱子認爲「德慧純粹，術知聰明，須有朴實工夫，方磨得出。」（註一五）疢疾，指憂患。孤臣孽子，由於身分特殊，處境惡劣，其憂患意識亦特別強烈，故其操心危而慮患深。操心危，所以敬愼專一而不敢放肆；慮患深，所以精審周至而不敢疏忽。專精之極，無懈可擊，德慧由此而更純粹，術智由此而更聰睿，故能通達事理，而日新其德，日增其智。庶幾操心危而轉危爲安，慮患深而防患未然。

憂患是奮鬥的資本，危機是挑戰的信號，沒有憂患，就不知奮鬥；沒有危機，就難有挑戰，沒有挑戰，文化就無由發達，無由進步。孟子生當世衰道微、諸侯放恣、政治敗壞、社會紊亂的戰國，其憂患意識的強烈，操心慮患的深切，雖孤臣孽子，何以過之。

以上係就自覺、悲憫、歷鍊三者，以探討憂患意識的內涵，自覺是大智，悲憫是大仁，歷鍊是大勇，而這智仁勇三者，又實以仁爲中心。智以知仁，勇以行仁。孟子說：「賢者以其昭昭，使人昭昭。」（盡心下）又說：「知之於賢者也。」（盡心下）可見賢者是聰明睿知的。「以己昭昭」是「智」，「使人昭昭」是「仁」，前者是「明明德」，後者是「新民」。「以己昭昭，使人昭昭」，有率先倡導，「與人爲善」的意思。這種「以道覺民」「推己及人」的精神，與其說是與生俱來，不如說是由歷史文化、憂患坎坷的環境所孕育出來的。

四、結論

戰國初期，正是個人主義、功利主義流行，楊墨之言盈天下，儒家思想式微，邪說暴行有作，人心陷溺，思想紊亂，所謂「生於其心，害於其政；發於其政，害於其事」（公孫丑），孟子私淑孔子，以儒家的道統自任，慨然有憂世之心，毅然有救民之志。明義利之辨，定王霸之分，判人禽之別，嚴夷夏之防，闢邪說，正人心，倡性善之理，明人倫之教。由此遂奠定了中國二千多年來一脈相承的正統思想。在我國歷史上，自戰國秦漢以來，每當內憂外患交至紛乘之時，政治危機，不可終日，國脈民命，不絕如縷，必有仁人志士，挺身而起，糾合同志，不顧身家性命，毅然以「撥亂反正」「救亡圖存」爲己任，這種「仁心報國」的大義血忱，「鞠躬盡瘁」的犧牲精神，維繫着數千年歷史文化、民族命脈於不墜，且能歷久彌著，光輝日新。

心是萬事的本源，也是行動的主宰。天下的大患，莫大於人心陷溺而不自覺。人心陷溺，則人慾橫流，如潦水赴壑，浸淫泛濫，一旦奔馳潰決，忽焉不終朝而枯竭。所謂「哀莫大於心死」，就是這個道理，際此中國文化面臨繼往開來存亡絕續的關頭。非有大智慧、大慈悲、大勇猛之人，不足以力挽狂瀾，肩負承先啓後的重擔。而智慧、慈悲、勇猛三者，皆出於憂患意識。孟子說：「君子有終身之憂，無一朝之患。」終身之「憂」自內出，一朝之「患」自外生。前者當求之於己，後者當聽之於人。求之於己，求則得之。君子正一身以正朝廷，正朝廷以正百官，正百官以正萬民。欲正萬民，當先正其心。楊子謂孟子「知言之要，知德之奧，非苟知之，亦允蹈之。」（註一六）知德才能知言，知心才能知德。所謂「非苟知之，亦允蹈之」，可見眞知須從實踐而來。孟子說：「人之有德慧術知者，恆存乎疢疾」，疢疾，指憂患，此即憂患意識與道德意識的合一，憂患意識可以產生道德意識，亦可以強化道德意識。牟宗三先生說：「中國的聖人，必由德性的實踐，以達政治理想的實踐」。（註一七）是即道德意識與政治意識的合一，道德意識可以產生政治意識，亦可以強化政治意識。

【附 註】

註一：見文選卷五三、運命論。

註　二：見左傳閔公元年。
註　三：見五代史記伶官傳序。
註　四：見傳習錄中、啓問道通書。
註　五：見傳習錄中、答歐陽崇一。
註　六：見傳習錄上、陸澄錄。
註　七：「思曰睿」見尚書洪範。「思免厥愆」見僞古文尚書冏命。
註　八：見焚書卷五、季文子三思條。
註　九：見二程全書、册一、頁十四、中華書局。
註一〇：引見巴壺天先生「發掘詩詞礦裏的寶藏禪旨或哲思」、中央日報七十年六月二十三日文史。
註一一：見朱子異同條辨、孟子卷十一、頁八七。
註一二：中庸：「仁者人也」。鄭玄注：「人也，讀如相人偶之人」。
註一三：尚書多方。
註一四：引見朱子異同條辨、卷十二、頁五十八、近譬堂藏版。
註一五：朱子語類卷六十。
註一六：引見朱子異同條辨、孟子序說、頁十一。
註一七：中國哲學的特質第二講。

孟子的中道思想

一、中道與道統

我中華文化，其基本精神，就是中道。中道是堯、舜、禹、湯、文、武、周公、孔子、孟子一脈相傳的道統。

論語載：堯曰：「咨！爾舜！天之曆數在爾躬，允執其中，四海困窮，天祿永終。」舜亦以命禹。

據此，則知堯之命舜，舜之命禹，其要只在「允執其中」一句。其後僞古文尙書大禹謨，載舜命禹之辭曰：「人心惟微，道心惟微，惟精惟一，允執厥中」。此即後世所謂「十六字心傳」。（註一）此十六字仍歸重於「允執厥中」一句。中庸引孔子之言，稱舜「執其兩端，用其中於民。」（註二）中庸之「執兩用中」，即論語之「允執其中」，其後孟子亦屢有「執中」之言，其一脈相傳之跡，至爲顯然。

中庸曰：「喜怒哀樂之未發，謂之中；發而皆中節，謂之和。中也者，天下之大本也；和也者，天下之達道也。致中和，則天地位焉，萬物育焉。」

中庸直以「中」爲性、道之本原。朱註釋「中」云：「中者，不偏不倚、無過不及之名。」不偏不倚，指未發之大本；無過不及，指已發之時中。喜怒哀樂，方其未發，此心至虛，無所偏倚，故謂之「中」。及其已發，此心至靈，無所乖戾，故謂之「和」。實則，既已言「和」，則「中」在其中。「大本」、「達道」以動靜言，未發之中是體，中節之中是用。

中庸所謂「天命之謂性」，性即是道德心靈，即是內在主體，即是行爲之主宰，爲絕對之存在。所謂「率性之謂道」，率，循也；性，理也。率此天命之性，循此天然之理，此即是道，此即是「中」。性既可率，其善可知。孟子性善之論，蓋本於此。所謂「修道之謂教」，此緊承上句而來。「道」是循其性之理，「教」是修其理之則。蓋人之生，性雖相近，然其氣稟有厚薄，不能無過或不及之差，修其所當行之道，使「過之」者俯而就，使「不及」者仰而企，以至於「中」，以復其性，故修道之教，實爲大中至正之道。

孟子曰：「堯舜，性之也；湯武，反之也。」（盡心下）

所謂「性之」，是率性之事；「反之」，是修道之事。「性之」，是不假修爲，從容中道；「反之」，是身體力行，以復其性。「性之」，是即本體以爲工夫；「反之」，是用工夫以復本體。雖其所入有不同，其爲「大中至正」之道則一也。

邵康節云：「唐虞揖讓三杯酒，湯武征誅一局棋。」（註三）

「揖讓三杯酒」，此是堯舜之「中」；「征誅一局棋」，此是湯武之「中」。「揖讓」、「征誅」，是何等大事！康節以酒、棋爲喩，見得聖人處事，只是平常，惟平常故「中」，惟「中」故平常。故朱子云：「堯授舜、舜授禹，都是當其時合如此做，做得來恰好，所謂中也。中即平常也。不如此便非中，便不是平常，以至湯武之事亦然。」（註四）所謂「平常心是道」，此道即是「中」。

孟子曰：「禹惡旨酒，而好善言。湯執中，立賢無方。文王視民如傷，望道而未之見。武王不泄邇、不忘遠。周公思兼三王，以施四事，其有不合者，仰而思之，夜以繼日；幸而得之，坐以待旦。」（離婁下）

孟子所舉禹、湯、文、武諸聖，不過各就一事而言，以見諸聖憂勤惕厲，不敢稍懈之意。此種憂勤惕厲之心，即是執中之道。「惡旨酒、好善言」，此是禹之「中」。「立賢無方」，是湯之「中」。「視民如傷」，是文王之「中」。「不泄邇、不忘遠」，是武王之「中」。「思兼三王，以施四事，夜以繼日，坐以待旦」，是周公之「中」。然周公之「思兼三王，以施四事」，其間多少斟酌損益之處，便有隨時而處中之意。而其「夜以繼日，坐以待旦」，更充分顯示其精思力踐之精神。孔子心儀周公，孟子願學孔子。周公兼取禹、湯、文、武之所長，實爲孔子集大成之先河。

二、中道與狂狷

孟子七篇之中，言及「孔子」者八十七次（其中仲尼六次），言及「曾子」二十二次，言及「子思」十六次，由此可知孟子思想，本於孔子者最多，而孟子之願學孔子，則以中道思想爲最著，此可由孟子敍述或贊揚孔子所以爲聖者而見之。

孟子曰：「非其君不事，非其民不使，治則進，亂則退，伯夷也。何事非君？何使非民？治亦進，亂亦進，伊尹也。可以仕則仕，可以止則止，可以久則久，可以速則速，孔子也。皆古聖人也，吾未能有行焉，乃所願，則學孔子也。」（公孫丑上）

仕、止以出處言，久、速以去就言，孔子於仕、止、久、速，各當其可。「當其可」之謂時，時即時中，孔子爲時中之至聖，即孟子願學孔子之主因，呂晚村曰：「可以仕則仕，可以止則止，可以久則久，可以速則速。四可以即天道之本然，見權度之精，智之事也。四則字乃時中之大用，見神明變化之妙，聖之事也。」（註五）

仕止久速，胥得其當，是時中之大用，亦是智之極致。

孟子曰：伯夷，聖之清者也。伊尹，聖之任者也。柳下惠，聖之和者也。孔子聖之時者也。孔子之謂集大成。集大成也者，金聲而玉振之也。金聲也者，始條理也。玉振之也者，終條理也。始條理者，智之事也。終條理者，聖之事也。（萬章下）

伯夷、伊尹、柳下惠，三子各有所長，亦各有所偏。惟有孔子爲「聖之時者」，聖之時即是時中之聖。梁啓超云：「時中就是從前際後際的兩端，求出個中來適用。」（註六）梁氏所云「前際後際」，係就時間性說時中，然時間亦不能離空間而存在。且孟子稱孔子「集大成」，又以「金聲玉振」「始終條理」釋「集大成」之義。見得孔子之時中，明乎衆理，兼總條貫，千變萬化，其用不窮。隨感而應，無不得其時措之宜。

先總統　蔣公云：所謂「時」，就是要不斷地求進步，具有革新性與時代性。所謂「中」，就是遇事要做到不偏不倚、至當不移的境界，具有科學性與合理性。（註七）革新性是要除舊布新、推陳出新。時代性是要創造時代，繼往開來。科學性是要按部就班，條理井然。合理性是要實事求是，止於至善。總之，時中就是要因時因地因人因事而制其宜，「致廣大而盡精微，極高明而道中庸」，允執其中，日新又新，以達到仁精義熟、盡善盡美之境界。

中庸云：「禮儀三百，威儀三千，待其人而後行。」故有至德之人，而後能行至道之事。所謂「人能弘道，非道弘人」（論語衞靈公）。道待其人而後行，然中道之人，不可必得，孔子亦惟有擇其次者，而激厲裁成之，以期進於中道。孟子載：

萬章問曰：「孔子在陳，何思魯之狂士？」孟子曰：「孔子不得中行而與之，必也狂獧乎！狂者進取，獧者有所不爲也。孔子豈不欲中道者，不可必得，故思其次也。」

「敢問何如斯可謂之狂矣？」

曰：「如琴張、曾皙、牧皮者，孔子之所謂狂矣。」

「何以謂之狂也？」

曰：「其志嘐嘐然。曰：『古之人，古之人。』夷考其行，而不掩焉者也。狂者又不可得，欲得不屑不潔之士而與之，是獧也；是又其次也。」（盡心下）

論語子路篇，引孔子之言，「中道」作「中行」，「狂獧」作「狂狷」，乃音義相同之字。

朱子註：狂者志極高而行不掩，狷者知不及而守有餘。蓋聖人本欲得中道之人而教之，然既不可得，而徒得謹厚之人，則未必能自振拔而有爲也。故不若得此狂狷之人，猶可因其志節而激厲裁抑之，以進於道，非與其終於此而已也。（註八）

孔子不得中道之人，而取狂狷，見得聖人任道之重，以及行道之切。狂者「志極高」是其好處，所缺者不夠精密。狷者「守有餘」是其好處，所缺者不免過激。謹厚之人，雖較狂狷少過，但無擔當，難以任道。孔子寧取狂狷，不取謹厚，自亦有其合乎中道之處。若在他人，則寧取謹厚，不取狂狷矣。孔子之深意，惟孟子有以深契之；時解多以爲狂者過之，狷者不及，衡以孔子「過猶不及」之語，將狂狷平等看待。然孟子明言孔子「思魯之狂士」，下文云「狂者又不可得」，則知孟子以狂者次於中道，而狷者又次於狂者矣。蓋狂者氣質高明，卓然自有見地，勇於進取。狷者氣質貞固，超然拔出流俗，自有所守。朱註謂「狂，有志者也，獧，有守者也。有志者能進於道，有守者不失其身。」推其用意，亦以狷者次於狂者，而非二者等量齊觀。

三、中道與思誠

中者道之體，誠者道之用。中庸云：「誠者，天之道也，誠之者，人之道也。」中庸此言，亦見於孟子離婁篇，惟「誠之」二字，孟子易之以「思誠」，蓋孟子以思出於心，於學者用功尤爲得力。周子曰：「思者聖功之本，而吉凶之機也。」（註九）孟子之學，於「思」之一字著力最深。（註一〇）此處易「誠之」爲「思誠」，其喫緊之意，顯而易見。於此，亦可見孟子學術之所自。

就天道言，誠爲宇宙之動能，乃天理之本然。就人道言，誠爲道德之源泉，乃人事之當然。中庸云：「自誠明，謂之性；自明誠，謂之教。」自誠而明，循天理之本然，以達人爲之事功，是即「率性之謂道」之歷程。自明而誠，由人事之當然，以達天理本然之境，是即「修道之謂教」之歷程。其終則誠明合一，天人合一，故曰「誠則明矣，明則誠矣。」是誠明不是兩事，到此境界，誠即是中，中即是誠。誠中亦無二理。「中」是就體性而言，誠是就感性而言，明是就知性而言。朱子亦云：「中是道理之模樣，誠是道理之實處，中即誠矣。」（同註四）

中庸之旨，貴在修道，修道是誠之者事，孟子本之，強調「思誠」，便於學者用功，思誠之功，做到極處，便是至誠。

孟子曰：至誠而不動者，未之有也。不誠未有能動者也。（離婁上）

「動」就是感通，就是感化。中庸云：「唯天下至誠爲能化」，化則陶染之功深，使人遷善遠罪而不自知。俗諺云：「精誠所至，金石爲開，」亦是此意。王夫之云：「盡天地只是箇誠，盡聖賢學問只是箇思誠。」（註一一）思誠，以工夫言，由工夫以顯本體，朱註謂「思誠爲修身之本，而明善又爲思誠之本」，如顏子之「擇善固執」，即是思誠之實功。

孟子曰：「夫君子所過者化，所存者神，上下與天地同流，豈曰小補之哉！」（盡心上）「所存者神」，是就其體言，「所過者化」，是就其用言。因其「所存者神」，故能「所過者化」。「所存者神」，則至誠在其中。「所過者化」，見得至誠感化之速。如子貢稱孔子「立之斯立，道之斯行，綏之斯來，動之斯和」（論語子張），莫知其所以然而然。蓋「仁義之用行，而陰陽之撰著」（註一二），自然與天合德，上下同流矣。

孟子云：萬物皆備於我矣，反身而誠，樂莫大焉。強恕而行，求仁莫近焉。（盡心上）

朱註云：「此章言萬物之理，具於吾身，體之而實，則道在我，而樂有餘。行之以恕，則私不容，而仁可得。」此章是說仁，仁者與萬物爲一體，如禹視天下之溺猶己溺，稷視天下之飢猶己飢，此種己飢己溺之懷，即是實能備有萬物，與我一體而不分，所以說「萬物皆備於我。」不仁者心地痲木，見人飢溺，視若無睹，故雖有萬物而不能備。「反身而誠」，則實有此仁，如爲父而實有慈，爲子而實有孝，推而至於一切人倫物理，皆能備於吾心，渾身是天理流行，不待勉強而仁在我，孔子所謂「我欲仁，斯仁至矣」（論語述而），豈不快活！若是反之於身，而不能誠，則理有未得，心有未安，而樂亦不生矣。

王陽明曰：「中只是天理。」（註一三）反身而誠，渾身是天理流行，此即是仁，此即是中。梁漱溟云：「仁與中，異名同實，都是指那心理的平衡狀態。」（註一四）反身而誠，理得心安，無所愧怍，此乃仁者之事。若在學者，貴能「強恕而行」，強恕即求仁之功夫。強恕之道，在於推己及人，「通人之欲，以節己之欲；推己之欲，以遂人之欲。」（註一五）使所欲皆合乎理，以通人我之情。因推己之純熟，而能愛人如己，求仁之道，莫此爲近。蓋恕行到熟處，便能公而無私，和而無戾，公則誠，和則中，故強恕而行，是求仁之方，是思誠之本，亦是致中之道。

四、以義為準則

荀子云：「夫道者，體常而盡變。」（註一六）體常是就主義或目的而言，盡變是就實行主義或達成目的之方法而言。就體常而言，求仁是孟子一貫之主張，孟子道性善，言必稱堯舜，道性善在啓發仁心，稱堯舜在實行仁政。然孟子之時，楊墨之言盈天下，邪說誣民，戕賊人心，爲害甚大。孟子復提出「義」字，以適應時代之需要，而爲處事達變之準則。

孟子曰：「道在邇而求諸遠，事在易而求諸難，人人親其親，長其長而天下平。」（離婁上）

「親其親」是仁，「長其長」是義，仁始於孝，義始於悌，孟子此處所言之「道」，即是孝悌之道，即是堯舜之道，所謂「堯舜之道，孝悌而已矣。」（告子下）惟此處之「義」字，係指對長上之道德而言。本文所欲討論者，乃指價值規範之「義」。敬長之「義」，雖然亦是行為之規範，但此規範只能用以體常，不能用以盡變。用以盡變之「義」，乃是具有最高之指導作用，而為吾人出處去就之規範，取舍從違之準則。

孟子曰：「大人者，言不必信，行不必果，惟義所在。」（離婁下）

朱註云：「大人言行，不先期於信果，但義之所在，則必從之，卒亦未嘗不信果也。」言當信，行當果，自是常理常情。然有意於信果，而信果未必合義。若不知變通，拘執信果，如尾生之信，申徒狄之果（註一七），蹈死而害義，君子所不取。孟子主張「惟義所在」，即孔子「義之與比」之意（註一八），義須隨時隨事而制其宜。蓋理無定在，中無定體。凡事總有一個至當不易之則，此至當不易之則，即是義之所在。能遵行此原則，即合乎中道。孟子載：

萬章曰：「庶人，召之役，則往役。君欲見之，召之，則不往見之，何也？」曰：「往役，義也。往見，不義也。且君之欲見之也，何為也哉？」曰：「為其多聞也，為其賢也。」曰：「為其多聞也，則天子不召師，而況諸侯乎？為其賢也，則吾未聞欲見賢而召之也。……齊景公田，招虞人以旌，不至，將殺之。志士不忘在溝壑，勇士不忘喪其元，孔子奚取焉，取非其招不往也。」（萬章下）

同屬國君之命召，召其服役則往，召其見之則不往。服役是庶人之義務，分所當為。往見國君不僅不是義務，且有輕己失禮之嫌。往役是義，不往見亦是義。孔子取「非其招不往」，「非其招」是非禮之召，非禮之招而不往，正是義之所在。義之所在，即是「中」之所在。

孟子爲蚳鼃曰：「子之辭靈丘而請士師，似也，爲其可以言也。今既數月矣，未可以言與？」蚳鼃諫於王而不用，致爲臣而去。齊人曰：「所以爲蚳鼃，則善矣，所以自爲，則吾不知也。」

公都子以告，曰：「吾聞之也，有官守者，不得其職則去；有言責者，不得其言則去。我無官守，我無言責也。則吾進退，豈不綽綽然有餘裕哉。」（公孫丑下）

孟子諷蚳鼃進言，蚳鼃進諫，而王不聽，辭官而去。蚳鼃之去，合乎中道。但孟子在齊，滯留不去，故齊人借蚳鼃之去，以譏孟子之不去，責其明於爲人，而疏於自爲。孟子答以蚳鼃有官守、有言責，不得其職，理應求去。而孟子自己，既無官守，又無言責，故其進退，「綽綽然有餘裕」。因孟子與蚳鼃所處之地位不同，責任不同，故其去留不能一概而論。朱註引尹氏曰：「進退久速，當於理而已。」「當於理」則合乎義矣。孟子載：

禹稷當平世，三過其門而不入，孔子賢之。顏子當亂世，居於陋巷，一簞食，一瓢飲，人不堪其憂，顏子不改其樂，孔子賢之。孟子曰：「禹稷顏回同道。禹思天下有溺者，由己溺之也。稷思天下有飢者，由己飢之也。是以如是其急也。禹稷顏子，易地則皆然。」

註云：

禹有治洪水、稷有教稼穡之重任，故急於救民，顏子不在其位，不謀其政，故偏於修己。朱聖賢之心，無所偏倚，隨感而應，各盡其道，故使禹、稷居顏子之地，則亦能樂顏子之樂。使顏子居禹、稷之任，亦能憂禹、稷之憂也。蓋事無常形，理無定在。在此事則有此理，在彼事則有彼理。處之各當其理，隨事而有不同。在禹、稷以救民爲義，在顏子以修己爲義，易地則皆然。

中庸曰：「君子而時中。」程子曰：「如三過其門而不入，而禹稷之世爲中。若在陋巷則不中矣。居陋巷，在顏子之時爲中，若三過其門不入，則非中也。」（註一九）時中須因時因地而制其宜，孟子稱引「禹稷顏回同道」之事，亦不難想見其自處之道，必能合乎理義，而允執其中也，孟子載：

曾子居武城，有越寇。或曰：「寇至，盍去諸？」曰：「無寓人於我室，毀傷其薪木。」寇退，則曰：「修我牆屋，我將反。」寇退，曾子反。左右曰：「待先生如此其忠且敬也！寇至，則先去以爲民望。寇退則返，殆於不可？」沈猶行曰：「是非汝所知也。昔沈猶有負芻之禍，從先生者七十人，未有與焉。」子思居於衞，有齊寇。或曰：「寇至，盍去諸？」子思曰：「如伋去，君誰與守？」孟子曰：「曾子、子思同道，曾子，師也，父兄也。子思，臣也，微也。曾子、子思，易地則皆然。」（離婁下）

處境不同，身分不同，其行事亦不同。曾子是師，子思是臣，臣有守土之責，師無死難之理。曾子之去，在師之義當如此，子思之不去，在臣之義當如此。守道、守官雖不同，而聖賢之心則同，故易地則皆然。

陳臻問曰：前日於齊，王餽兼金一百而不受。於宋，餽七十鎰而受；於薛，餽五十鎰而受。前日之不受是，則今日之受非也。今日之受是，則前日之受非也。夫子必居一於此矣。

孟子曰：皆是也。當在宋也，予將有遠行，行者必以贐，辭曰「餽贐」，予何爲不受？當在薛也，予有戒心，辭曰「聞戒，故爲兵餽之」，予何爲不受？若於齊，則未有處也。無處而餽之，是貨之也。焉有君子而可以貨取乎？（公孫丑下）

陳臻之問，以爲接受餽贈，受則皆受，辭則皆辭，不知隨事以酌其義，義當受則受，義當辭則辭。孟子在宋將遠行，在薛有戒心，各有受餽之義。在齊既無遠行，亦無戒心，於義不當受餽。不當受而受，在齊王有貨之之意，在孟子有受賄之嫌。故君子之辭受取予，惟當以義爲準則。

孟子曰：可以取，可以無取，取傷廉。可以與，可以無與，與傷惠。可以死，可以無死，死傷勇。（離婁下）

傷廉之取，傷惠之與，傷勇之死，皆有害於義，不合乎中道。如公西赤使於齊，受五秉之粟，是傷廉也；而冉子與之，是傷惠也。（註二〇）又如子路之死於衞孔悝之亂，是傷勇也。（註二一）孟子所云之「可以」，是淺言之，是義之粗者。「可以無」，是深言之，是義之精者。欲求義精，貴能窮理致知，知至理明，始能擇善固執，守經達變。

五、執中須有權

道之所貴者中，中之所貴者權。（註二二）權者，權衡之權，所以知物之輕重。人心之權，所以量度事理，使之合義。

孟子曰：楊子取爲我，拔一毛而利天下，不爲也。墨子兼愛，摩頂放踵，利天下爲之。子莫執中，執中爲近之。執中無權，猶執一也。所惡執一者，爲其賊道也，舉一而廢百也。（盡心上）

楊子爲我，墨子兼愛，各執一端，不合中道。子莫之執中，量度於二者之間，爲調停兩可之說。「爲我」不如楊朱之深，「兼愛」而無墨子之過。譬如一主衣葛，一主衣裘，而子莫則衣袷。自以爲能「執中」，而不知當視寒暑之變。以決定衣之厚薄。子莫執中而無權，則膠於一定之中，是亦執一而已。楊子執「爲我」之一，有害於仁。墨子執「兼愛」之一，有害於義。子莫執楊墨之一，有害於仁義，是以孟子斥其「舉一而廢百」。

須知「君子而時中」，「中」是理之不可易處，而理無定在，隨時變易，如何執得？惟有因變行權，才能隨時處中。「權」之道雖發自孔子，（註二三）然論執中以權，則始於孟子。非權不足以知中，子莫之執中，似中而非中，以其不知權也。不知權，亦不知中。孟子此論，發明孔子之時中，兼破異端之害道，大有功於聖學。故朱註引楊氏（中立）曰：「子莫執爲我兼愛之「

中」而無權，鄉鄰有鬥而不知閉戶，同室有鬥而不知救之，是亦猶執一耳。故孟子以爲賊道，禹、稷、顏回易地則皆然，以其有權也。」權所以處變，中之所貴者權，權即時中，孟子載：

淳于髡曰：「男女授受不親，禮與？」孟子曰：「禮也。」曰：「嫂溺，則援之以手乎？」曰：「嫂溺不援，是豺狼也。男女授受不親，禮也；嫂溺援之以手者，權也。」曰：「今天下溺矣，夫子之不援，何也？」曰：「天下溺，援之以道；嫂溺援之以手。子欲手援天下乎？」（離婁上）

凡事有經有權，經以守常，權以達變。孟子此章，明言權以達變之理，嫂溺自是用常禮不得處，遇變當以救溺爲先，破禮行權，見義勇爲，權而得中，中即道也。朱公遷曰：「此於常道不可行之時，然後用權以通之。如湯武之征伐，伊尹之放廢，周公之誅管叔，大舜之不告而娶，是皆權之大者，異乎經而不離乎經也，不可常者也。」（註二四）此處之「權」字，與「執中無權」之權，微有不同。「執中無權」之權，在執其兩端，用權以適其宜而已。此處之權，專以處變言之。故朱子曰：「執中無權之權稍輕，嫂溺援之以手之權較重。亦有深淺也。」（註二五）男女授受不親，是禮之小節，嫂溺援之以手，是救人大事。此在常人，亦能爲之。故孟子有「嫂溺不援，是豺狼也」之言。由孟子此喻，可見權所以處變之作用，此與湯武征誅、伊尹放廢之權，顯然有淺深之不同。孔子之「未可與權」，乃指權之深者，孟子願學孔子，其所重視之權，決非嫂溺援手之類，可以斷言。孟子載：

萬章問曰：「詩云：娶妻如之何？必告父母。信斯言也，宜莫如舜，舜之不告而娶，何

也？」孟子曰：「告則不得娶。男女居室，人之大倫也。如告，則廢人之大倫，以懟父母，是以不告也。」（萬章上）

娶妻必告父母，此是禮，不告父母，此是權。告則不得娶，守小禮而廢大倫，乃不孝之大者，舜之不告而娶，是其善用權處。蓋不告之禮小，廢倫之罪大。兩者相權，舜違小禮而全大倫，是以君子以爲猶告也。

孟子曰：不孝有三，無後爲大，舜不告而娶，爲無後也。君子以爲猶告也。（離婁上）

舜處人倫之變，而能不失其正，以其精於義理，體道至深，違經從權，情非得已。權而得中，中即天理。孟子曰：「有伊尹之志則可，無伊尹之志則篡也。」（孟子盡心上）若反乎經而不合乎道，則易流於權變、權術。故非心地光明，見得道理透澈者，未可輕言權也。

六、結論

權者一時之計，變通之物，聖人不得已而用之，不敢輕以許人。孟子雖善於言權，然其教人，則以守正爲本。其言云：「大匠誨人，必以規矩。」（告子下）因爲「不以規矩，不能成方圓」（離婁上）。規矩即是標準，學者當循規蹈矩，以求合乎中正之道。不可降低標準，枉尺直尋。

公孫丑曰：「道則高矣美矣，宜若登天然，似不可及也。何不使彼爲可幾及，而日孳孳也？」孟子曰：「大匠不爲拙工改廢繩墨，羿不爲拙射變其彀率。君子引而不發，躍如

也；中道而立，能者從之。」（盡心上）

公孫丑以爲道之標準太高，希望孟子變通教法，降低標準。孟子以爲不可。蓋取法乎上，僅得其中，取法乎中，不免不下。孟子所謂「中道而立」，此即中正之道，不偏不倚。有一定之規範可循，稍有遷就，便有所偏，偏則不中。譬如學射，瞄準紅心，尚未必能中，何況不肯瞄準紅心者乎？故王夫之云：「中斯不倚，不倚則無所廢。所以但務引滿以至於彀率，而不急求其中，必以規矩爲方圓之至，而不可苟簡以爲方圓也。」（註二六）

天下之治亂繫乎人心，人心之邪正繫乎學術。心術、學術、政術，此三者息息相關，心術要存誠去僞，學術要守正闢邪，政術要貴王賤霸。心術能誠，而後學術能正。

孟子曰：我亦欲正人心、息邪說、距詖行，放淫辭，以承三聖者，豈好辯哉？（滕文公下）

正人心是積極之治本，闢邪說是消極之治標。必須標本兼治，內外兼修，始能「大德敦化，小德川流」，立天下之大本，行天下之達道。此即中庸所云：「致中和，則天地位焉，萬物育焉」之境界。

【附註】

註　一：朱子「中庸章句序」，引書經「人心惟危，道心惟微，惟精惟一，允執厥中」十六字，以此爲舜禹道統之傳。其後眞德秀編集聖賢論心格言，爲心經一卷，以此十六字冠首，明湛甘泉作「聖學格物通」，並以此十六字爲萬世心學之源。而元之王充耘，明之梅鷟，對此加以駁難，謂堯舜本無此語。

然荀子解蔽篇，引道經有「人心之危，道心之微」之句。其前且有「精於道」、「壹於道」之文，蓋作書者乃檃栝爲「惟精惟一」四字，復綴以論語「允執其中」之語，而成此十六字。其蒐輯補綴，雖出自後人，要爲古聖相傳之言，義無誣妄，未可輕詆。

註二：中庸第六章。

註三：引見王龍溪語錄卷一、頁十九。

註四：朱子語類卷六二、中庸綱領。

註五：引見四書朱子異同條辨、孟子卷三、頁六六。

註六：見梁著孔子第六節、時中的孔子。

註七：見五十三年四月十二日，總統蒞臨孔孟學會第四次會員大會訓詞。

註八：見論語子路篇朱註。又朱子語類云：「狂者知之過，狷者行之過。」又曰：「謹厚者雖是好人，無益於事。故有取於狂狷，然狂狷者又各墮於一偏。中道之人，有狂者之志，而所爲精密；有狷者之節，又不至於過激，此極難得。」

註 九：周子通書思第九。

註一〇：孟子一書思字凡二十八見。如云「心之官則思，思則得之，不思則不得也。」又云：「人人有貴於己者，弗思耳矣。」又云：「豈愛身不若桐梓哉，弗思甚也。」又云：「求則得之，舍則失之。」求亦思也。又云：「操則存，舍則亡。」操亦思也。（以上所引均見告子）又云：「君子必自反也。」（離婁下）反亦思也。

註一一：讀四書大全說卷九、離婁上、頁六〇五。

註一二：同前書卷十、盡心上、頁七三四。

註一三：傳習錄上、答陸澄問。

註一四：見梁著東西文化及其哲學第四章、頁一五四。

註一五：語見王恩洋孟子疏義、盡心第七、頁五〇四。

註一六：見荀子解蔽篇。

註一七：尾生之信，莊子盜跖：「尾生與女子期於梁下，女子不來，水至不去，抱梁柱而死。」申徒狄，殷時賢人，湯以天下授之，恥不以義聞，將自投於河，崔嘉聞而止之，不從。事見莊子不苟篇，及韓詩外傳。

註一八：論語里仁篇：「子曰：君子之於天下也，無適也，無莫也，義之與比。」

註一九：二程全書、遺書十八、頁二四。

註二〇：論語雍也：「子華使於齊，冉子爲其母請粟。」子曰：「與之釜」，請益。曰「與之庾。」冉子與之粟五秉。

註二一：事見史記卷六七、仲尼弟子列傳。

註二二：引見孟子盡心上、子莫執中章朱註。

註二三：論語子罕：子曰：「可與適道，未可與立。可與立，未可與權。」

註二四：四書通旨，卷三、頁十。

註二五：朱子語類卷五十六、頁七。

註二六：四書大全說、盡心上、頁七四三。

踐行與盡心

一、踐形之意義

孟子曰：「形色，天性也；惟聖人而後可以踐形。」（盡心）所謂形色，形指五官四體，色指形之顏色，色附麗於形，故舉形可以包色。蓋人之一身，有一體必有一體之性，此性受之於天，與生俱來，不待慮而知，不待學而能。如目之於視，耳之於聽，口之於言，四體之於行動等皆是。然吾人於視聽言動之際，或動於情欲之私，或誘於外物之利，即不能無過與不及之失，徇私者或縱欲以傷情，逐利者每忘義而害理，傷情則戕性，害理必違天，天性既失，則淪於禽獸，徒具人形矣。孔子所謂「性相近，習相遠」（論語陽貨）者，性乃本然之善，習則可善可不善，能實以「踐形」之功，則所行無不善矣。所謂踐形，踐為踐履，形為形色。如耳目視聽之性，雖皆天所賦予，然何者當視，何者不當視；何者當聽，何者不當聽；此中儘有其道理在。此道理乃天理之所當然，亦為人心之所同然。我能善用其耳目，以極其視聽之能事，而無纖毫之不盡，此之謂踐耳目之形，此之謂盡耳目之性。推而至於身之每一官體，莫不有其本然之性，吾苟能率性而行，以極其五官四體之能事，而無纖毫之不盡，此之謂踐五官四體之形，此之謂盡五官四體之性。朱注謂「衆人有是形，而不能盡其理，故無以踐其形；惟聖人有是形，而又能盡其理，然後可以踐其形而無歉也。」朱子所謂理，即是天理，此天理即是天性，天性雖非形色，然亦不離於形色。吾人誠能善用其五官四體，充分發揮其本然之性，而無纖毫之不盡，則天理即在其中表現，非於踐形之外，別有天理可盡也。夫理必著於形，而後可言盡；形必本於理，而後可言踐。故盡理即是盡此形色之理，踐形即是踐此天性之形。就盡理而言，如意欲孝親，意欲尊師，必思如何爲孝親之禮，如何爲尊師之道，而見諸孝親、尊師之行動，無纖毫之不盡，始得謂之盡孝親、尊師之理。推諸他事，莫不皆然。知其當由之理而能身體力行，無纖毫之不盡，始得謂之盡理。就踐形而言，非謂將五官四體，分割支離，逐一實踐。蓋五官四體皆統於心，故目雖能視，而所以視者心也；耳雖能聽，而所以聽者心也；口與四體雖能言動，而所以言動者心也。此心即是天理，踐形即是踐此天理，捨天理而言踐形，形必不可踐矣。

二、常人亦能踐形

夫形色天性，聖愚所同，踐形與否，操之在己。能踐形即爲聖人，不能踐形即爲衆人。其實衆人亦非不能踐形，只是不爲而已。蓋能與不能，係乎才力；爲與不爲，決於意志。才力不可強致，意志則可隨心。禮云：「力惡其不出於身也，不必爲己。」（禮記禮運篇）夫能爲而不爲，不可謂之仁；當爲而不爲，不可謂之義。

孟子曰：「挾太山以超北海，語人曰：『我不能』，是誠不能也。爲長者折枝，語人曰：『我不能』，是不爲也，非不能也。」（梁惠王）又曰：「惻隱之心，仁之端也；羞惡之心，義之端也；辭讓之心，禮之端也；是非之心，智之端也。人之有是四端也，猶其有四體也，有是四端而自謂不能者，自賊者也；謂其君不能者，賊其君者也。」（公孫丑）

此仁義禮智四端，乃性之本然，心之同然，擴而充之，此乃率性之事，易知易行，其效如「火之始然，泉之始達」，（公孫丑）人或有之而不能行者，蓋由物欲蔽其良知，習染移其天性。非眞不能也，是不爲也。有此不爲之一念，即自絕其德於聖域，自陷其身於非人。孟子所謂「自暴自棄」，皆始於此一念之差，此一念之差，即爲一己性情之否定，亦爲一己生命之否定。「易曰：失之毫釐，差之千里」，（引見大戴禮記保傅）可不愼歟！

蓋聖人不強人以不能，惟勉人以當爲。

孔子曰：「仁遠乎哉！我欲仁，斯仁至矣。」（述而）爲仁由己，不假外求；仁與不仁，決於一念。一念之善，可以爲君子；一念之惡，不免爲小人。

王陽明曰：「人到純乎天理方是聖，金到足色方是精。蓋所以爲精金者，在足色而不在

分兩；所以爲聖者，在純乎天理而不在才力。」（傳習錄上）

故常人果能擇善固執，人一己百，勇猛精進，日新又新，雖於視聽言動之微，造次顚沛之際，亦能窮理研幾，明辨是非，發乎情而止於禮，履乎順而合於道。充其行之極致，則能「小德川流，大德敦化」，（中庸）「人人自有，箇箇圓成」，（傳習錄上）孟子所謂「人皆可以爲堯舜」（告子）者，此之謂也。

三、踐形即所以盡心

孟子言踐形，又言盡心，踐形與盡心，只是一事，形不能離心而踐，心亦不能離形而盡。詩云「天生烝民，有物有則。」（大雅烝民）物者，形也、事也；則者，心也、法也。有是形則有是事，有是心則有是法。心者法之原，法者心之理。如有耳目則有聰明之性，有父子則有慈孝之理。此聰明、慈孝，皆發竅於心。故能盡其心，則聽無不聰，視無不明，父無不慈，子無不孝，然盡心之道，實自踐形始。踐形工夫之高明處即爲盡心，盡心工夫之篤實處即爲踐形。

孟子曰：「盡其心者，知其性也；知其性，則知天矣。存其心，養其性，所以事天也。殀壽不貳，修身以俟之，所以立命也。」（盡心）

所謂盡心者，盡其心之全德也。蓋心根於性，性原於天，故能盡其心，則能盡其性。

中庸曰：「惟天下至誠，爲能盡其性；能盡其性，則能盡人之性；能盡人之性，則能盡物之性；能盡物之性，則可以贊天地之化育；可以贊天地之化育，則可以與天地參矣。」

中庸此章所言，可爲孟子「盡性、知天」之註脚。此乃生知安行之事，惟聖人能之。陸象山所謂「宇宙內事，乃己分內事；己分內事，乃宇宙內事。」（象山學案）必有如此懷抱，始可與言盡心。

所謂存心者，存其心之明德也。此明德生於其性，其性受之於天，故存其明德，則能養其性；能養其性，即能事天。事者，恭敬奉承之謂。天之所與我者，我能時時存之，守而不失；又能時時養之，順而不害；以擴充善端，明其明德，此即所以事天也。

孟子曰：「人之所以異於禽獸者，幾希！庶民去之，君子存之。」（離婁）

又曰：「君子所以異於人者，以其存心也。君子以仁存心，以禮存心。仁者愛人，有禮者敬人。愛人者，人恆愛之；敬人者，人恆敬之。」（離婁）

仁者禮之本，禮者仁之貌，儒家之學，最重明體達用，孟子仁禮並舉，體用兼賅，深得聖學之眞諦。愛人敬人，則爲仁禮之發用；人愛人敬，則爲仁禮之效驗。

故孟子曰：「苟得其養，無物不長；苟失其養，無物不消。」（告子）

蓋「人心惟危，道心惟微」，操之則存，捨之則亡，此一操一捨之間，即爲善惡之分，人禽之別。於此操存得住，即爲成己成物之根本。

所謂殀壽不貳，修身以俟之，乃是見得生死有命，不以殀壽而動其心，但能擇善固執，困知勉行，以修其身，而俟天命。孔子所謂「不知命，無以爲君子」（堯曰）者，即是此意。然所謂修身以俟，此亦有其立命功夫。

故孟子曰：「從其大體爲大人，從其小體爲小人。」（告子）

又曰：「心之官則思，思則得之，不思則不得也。此天之所與我者，先立乎其大者，則其小者不能奪也。」（告子）

大體謂仁義禮智之心，小體謂耳目口腹之官，先立乎其大，則心安理得，而後天之所與我者，始不爲小者所奪。此爲一切學問之根本。

孟子曰：「人有不爲也，而後可以有爲。」（離婁）

又曰：「無爲其所不爲，無欲其所不欲，如此而已矣。」（盡心）

有不爲者，知所擇也；有不欲者，知所恥也。行己有恥，擇善固執，此固學者之本分，亦爲立命之法門。

王陽明曰：「盡心知性知天者，生知安行，聖人之事也；存心養性事天者，學知利行，賢人之事也；殀壽不貳，修身以俟者，困知勉行，學者之事也。」（答顧東橋書）

此三者之精神原爲一貫，工夫雖有淺深，而無所謂難易。或曰：「困知勉行必難於學知利行；學知利行必難於生知安行，此理顯而易知，安得云工夫無難易？」應之曰：「生知安行誠然易於學知利行，然聖人果以生知安行爲易，則不得爲聖人矣。學知利行誠然易於困知勉行，然賢人果以學知利行爲易，則不得爲賢人矣。孔子發憤而忘食，顏子好學而忘憂，聖賢猶不敢自足，而做困知勉行之功夫，是難易原無定也。蓋天下之事，畏之而不爲，則易者亦難；爲之而不畏，則

難者亦易，是難易本在心也。畏與不畏，此難易所由判也；爲與不爲，此聖愚所由分也。」夫「西子蒙不潔，人皆掩鼻而過之」（離婁）者，自棄其美者也。「雖有惡人，齋戒沐浴，則可以祀上帝」者，自新其德者也。故吾人爲學，但能專心致力於「殀壽不貳，修身以俟」，則雖難必易，雖愚必明。此即是立命功夫，亦爲盡心功夫之始。

四、結　論

要之，盡心工夫，始於踐形；踐形工夫，始於立命。而立命之道，在於求其放心。故孟子曰：「學問之道無他，求其放心而已矣。」（告子）又曰：「思則得之，不思則不得也。」（告子）蓋凡百事物，皆有其理。理雖散於萬事，而實總於一心。思則得其理，理得則心安，所謂「萬物皆備於我，反身而誠，樂莫大焉。」（盡心）即是此意。凡人內有不足，方見外之有餘；內有所重，方能外有所輕。故欲多者其得必淺，得深者其欲必寡。孔子曰：「古之學者爲己，今之學者爲人。」（憲問）爲己，故能養其中；爲人，故必務其外。養其中，則得深，務其外，故多欲。孟子曰：「其爲人也寡欲，雖有不存焉者寡矣；其爲人也多欲，雖有存焉者寡矣。」（盡心）吾人誠能求其放心，修其天爵，則富貴利達，生死壽殀，皆不足以動其心，此即是立命功夫，下學在此，上達亦在此。